練乙錚——著

驚心集

後雨傘運動香港政治評論

1841
一八四一

自序一

或者說——回天

大約是二〇〇八年左右在香港的一次六四悼念，我於夜色中走進維園，地上已經坐滿了人。那是我在海外呆了幾年之後剛回去不久，儘管反二十三條立法在之前取得暫時勝利，但運動高潮早已過去，參與者收縮到基本盤，規格也回復到季節性選舉動員加一年兩次大型集會即六四燭光靜坐和七一遊行，其中六四是主軸，因為照片會上國際媒體。我在席地而坐的人群當中走過的時候，低頭看著發覺滿眼都是「地中海」：與會人士泰半都逐漸上了年紀光了頭。那是很恰當的寫照，因為我們那時還耿耿於懷的，就是大家青壯年時期裡發生的目睹的那件慘事；為免進入可能的同一命運，於是都致力爭取九七年實施的基本法賦予的民主化承諾。

然而，這樣望著倒後鏡開車的舊運動還要延續五六年，才在佔中運動／雨傘革命爆發之後讓路給年輕人以他們的前瞻視角帶動的新運動。兩者之間有一個深刻的代溝問題：老一輩的覺得，如此盡了力爭取不到也於心無愧，到時兩腳一伸去見上帝也心安理得；但年輕人可不那樣想，二〇四七年的時候他們還有半輩子要活，沒有民主怎生得黑？運動二十年無寸進，他們於是釜底抽薪，開始思考自決獨立等更為艱難也需要付出更大代價的政治出路；在他們眼中，中國成為了新的殖民帝國，香港政府已經變質成為外來政權。

之後的那段日子裡，年輕人發動了二〇一六年初的魚蛋革命和二〇一九年整個下半年驚天動地的反送中運動。殖民地搞司法引渡從來都是爆炸性的；一七七六年北美十三殖民州聯合發表的獨立宣言裡提出的二十七條非獨立不可解的怨懟，其中第十九條赫然就是司法引渡：「For transporting us beyond Seas to be tried for pretended offenses.」引渡針對的主要對象當然是政治犯。有關的英國法律在一七七四年在上下議院都以大約四比一的大多數通過，少數派的洞見和激烈批評無濟於事。同樣，自香港特區政府提出送中議案的那天起，香港就已經淪陷，也同時注定年輕一代香港人要走上自決獨立不歸路，以致在其後為時六個月的激烈抗爭裡，「光復」寫進了運動的集體綱領。然而起義失敗了；理大一役是香港獨立革命的黃花崗。國安法實施之後，不少香港人播遷域外。這本書收集的文章，可看作是上述經過的一鱗半爪。

風景不殊，舉目有江河之異。域外生活固然相對安逸，但失去家園的感受不會好。南北朝庾信〈小園賦〉末段的描寫，沒有更深刻的了：「遂乃山崩川竭，冰碎瓦裂，大盜潛移，長離永滅。摧直轡於三危，碎平途於九折。荊軻有寒水之悲，蘇武有秋風之別。關山則風月悽愴，隴水則肝腸斷絕。龜言此地之寒，鶴訝今年之雪。百齡兮倏忽，光華兮已晚。不雪雁門之踦，先念鴻陸之遠。非淮海兮可變，非金丹兮能轉。不暴骨於龍門，終低頭於馬坂。諒天造兮昧昧，嗟生民兮渾渾。」那不只是失樂園，而更是知道回天乏術、命運已經把握不住。

近人陸以正著有《微臣無力可回天》一書；陸是民國外交官，親歷台灣被逐出聯合國、美台斷交的悲劇。是書憶述經過，用了「回天」二字，反映了他那輩寄籍台灣民國人當時的絕望。然而，把這兩個字參悟得最透澈最悲壯的，卻無疑是日本人。二戰後期，日本慘敗之勢已成，軍部決定殊死一戰，推出多款駭人聽聞的特攻兵器，最成功是大家耳熟能詳的艦載零式自殺機，但另有一件對駕駛者意志要求更高而實戰成效卻低得多的，那就是由潛艦搭載的超大型人駕高速自殺魚雷；前者由零式戰機稍作改裝即成，操控性能完整，出發後任務忽然取消的話還可以回航，但後者啟動後若攻擊失敗，駕駛員就只能按下自毀裝置，所以是必死的。這號特攻武器的正式名稱就是「回天」。當然，最後日本軍國主義者用盡一切特攻武器也無濟於事，但大家卻可以從中看到，為挽狂瀾之既倒，日本人可以付出多少、去到幾盡。

洪水已經滅世，香港已經沉淪；二〇一九年的戰鬥，我們最後慘敗。擺在我們面前的選擇有兩個，一是認命、忘情江湖，一是臥薪嘗膽、矢志光復。「光復」這個詞很好，光潔明亮使人感到希望，但可惜沒提示有多困難：古往今來世界上絕大多數流亡運動於一代人之間消失。或者，我們可以自覺在心裡多用「回天」，因為馬上就會聯想到「乏術」而嚇出一身冷汗，那才是最好的。

練乙錚

二〇二二年八月於山陰

01

開卷點睛

02 社運稜鏡

03

氣短集

04

中國側面

01

開卷點睛

新亞、明月、林行止的《信報》——戰後中港關係思想史的脈絡

2018／08／30

今夏書展上，對我而言的最大事，莫過於林行止先生[1]一組評論文章英文版結集出版的推介會。是書收集作者一九七五至一九八四年、中英就香港前途問題準備談判那前後大約十年裡的作品，由林先生的千金林在山小姐執筆繙譯，香港中文大學出版社出版。[2]林小姐邀我在推介會上講話，我欣然答允。當時我正在思考戰後至今港人對中港關係看法的沿革，認為林先生在其中有重要的分水嶺角色；這點正好成為我在書展講話的主題。之後匯集了一些寶貴意見，把講話轉為一篇關於思想史的文字，今與大眾分享。

香港思想史早有人研究，嶺南大學羅永生教授在二〇一三年開始經營的網站「思想香港」就是關注這方面的問題，不過他著重的似乎是所謂後過渡期中的社運思潮，而本文談的是戰後三十年裡在知識階層出現的一段心路歷程。

這個時段裡的香港精英，在思考中國和看待港中關係上，建構過三個重鎮，那就是農圃道新亞書院、《明報月刊》和林行止的《信報》；若以創始時期排序，大致上是五〇、六〇和七〇年代。這三個思想系的香火依然存在，其中尤以《信報》為最；我常打趣說，《信報》產權轉移之後，也變了一國兩制，林行止專欄成為了新《信報》之下的一個思想特區，飽含一種獨立傾向而至今未絕。此三系淵源甚深，也許相同點比不同點多，何況其中不少人多年遊走於三者之間；為方便起見，我逐一論述。

五〇年代：農圃道新亞系

新亞系[3]的思想，一般稱作香港新儒學[4]，雖然其最重要創始人錢穆先生並不把自己看作是這個標籤之下的一員。錢穆先生覺得中國文化不需要注入西方養分，字裡行間認為東西方之間格格不入，

1 林行止：香港《信報財經新聞》創辦人，有「香江第一健筆」之稱。曾獲《健力氏世界紀錄》肯定為「全球連續撰稿時間最長的報章專欄作家」，達四十五年之久。

2 見《Conjecturing Hong Kong's Future - Lam Hang-chi's Editorials from the Hong Kong Economic Journal, 1975-1984》。

3 新亞系：一九四九年中華人民共和國成立後，張其昀、錢穆、唐君毅、張丕介等學者南逃香港辦學，初訂名亞洲文商學院，即亞洲文商專科夜校，至一九五〇年改組為新亞書院。一九五七年，新亞書院、崇基學院、聯合書院組成中文專上學生協會為香港籌備第二所大學，一九六三年成立香港中文大學，為創校書院成員之一。新亞書院是戰後香港最重要的文化機構之一，成員多為當時中國人文社科範疇的精英，當時的畢業生如余英時、盧瑋鑾（小思）、李天命等亦成為了七〇年代以後香港文化的重要力量。

西方文化甚至不如中國文化那麼優秀。其他一些新亞泰斗如牟宗三先生，則認為中國文化開不出民主架構，於當世有必要從西方吸納。

但無論如何，這個思想系的終極關懷是中國和中國文化，他們對香港沒有特別看法，甚至可以說有點瞧不起；當年流行的說法是香港乃文化沙漠，而新亞就是沙漠裡的綠洲。誠然，開埠百多年的小城邦，怎可與五千年文化比？因此，這個思想系裡，也沒有特別關注港中關係的論述。積極看，香港是一個復興中華文化的基地；消極看，香港不過是《論語》裡寓言過，道不行——儒教去到盡頭，夫子窮途末路浮海居夷之處。正是這種心態，令一位外國人把香港稱為借來的地方、借來的時間。[5]然而，透過幾位大師作育英才著書立說，新亞系的影響非常深遠，澤及戰後嬰兒潮一整代讀書人，直到今天。

毫無疑問，新亞系在中華文化危難關頭，盡心盡力為之承傳，功不可沒。然而，大師們儘管批判中共火力十足，但對中共政權性質的分析，用力卻未見深入。他們認為中共就是一個外來意識形態現象；它接受馬列，走上歧途，必然碰壁。待到有一天中共拋棄馬列，共產黨的人性便有望復歸，中國就可望重新走上正軌。這個看法很自然。在宋以降的儒家思想裡，華夷之辨和道統觀念不斷強化，成為了讀書人的意識整體，任何不屬於先秦華夏思想體系裡的東西，都是外來的，一般都在被批判之列，例如佛教，所以韓愈才有他的《諫迎佛骨表》，何況馬列。問題是，道統中人忽視了封建文化也是中國文化的一個主要部分這個古老現實，而中共的馬列，不過是一件外衣，八〇年代起，中共脫下這件外衣之後，它所復歸的，卻不是人性，也不是儒學，而是比之更根深蒂固的中國文化裡的封建社會政治傳統。新亞系對封建文化批判不重視，是該系的致命傷，我們可從大師錢穆的一段話看出端倪：

「當然我們也可以說，抽大煙、打麻將、女子裹小腳，都在文化裡面。可是真講文化，不能如此專在太瑣碎處講。以前女子裹小腳，以後放了天足，中國社會還是這般，並沒有大變，因為女子裹腳在文化大體系裡，實在不佔重要地位。譬如一所房子，偶然在哪裡有一點髒，拿掃帚一掃就行了。」（《中國文化十二講》）

再看大師牟宗三在八〇年代初的一段話，或者更說明新亞系對中共人性復歸的滿懷希望：「最近共產黨把天安門掛的馬恩列斯像拉掉，值得嘉許。我們要催促他們步步覺悟，叫他們一下子變是很難的。『齊一變至於魯，魯一變至於道』。」（《中國文化的省察》）

4 香港新儒學：五四運動以後熊十力、梁漱溟等學人提出的「新儒家」論述在二十世紀後，相關思潮在沒有國家意識形態影響的香港得到長足發展。香港「新儒家」致力於傳承並重新詮釋傳統中國的思想，特別是宋明理學；其中一個主旨在於調和儒家思想與歐美倫理、自由、民主思想。

5 借來的地方、借來的時間：出自理查德．休斯（Richard Hughes）的著作《Hong Kong, Borrowed Place, Borrowed Time》(1968)。在書中他指「借來的地方、借來的時間」一話起源於一位旅居香港，名為 Tom Wu 的上海商人。

這種想法，與後來支撐「民主回歸」的其中一個哲學基礎是一樣的。中共早已拋棄馬列，儒教也可以在中國大陸傳播，學院派之外還有于丹等人的通俗派。因此，有些人認為，今天的中國，經濟發展了，雖還未「至於道」，但起碼是一個可以「得君行道」的盛世。最近有人批評新亞系剛作古的饒宗頤先生晚節不保，附共行為簡直豈有此理。我卻認為並不如此，而是因為中共去馬列之後，香港新儒學和中共之間的主要矛盾消失，對中共的批判已經失去關鍵理由。

的確，如果用宋明以降的傳統士大夫書寫歷史的道德和眼光看今天的中共，堪稱一個盛世。國史所謂的盛世，條件不外四個：讀書人有官做、人民有飯吃、無大規模戰亂、疆土擴張。這四個條件今天的中共基本上滿足，即具備了傳統史家筆下所謂的文治武功，所以饒宗頤先生可以把字畫賣到中央黨校裡去而不覺得有甚麼立場問題，說不定那還是他為了「得君行道」而作出的一筆前期投資。但饒大師並不是第一個；早在二十年前，就有另一國學大師南懷瑾在國共之間做穿針引線的工作。那是一種要對中共有最低限度肯定及相當高的期望才會做的工作。這當然不是說，儒學基本價值與今天的中共可以共容，更不是說錢穆等大師今天若在生會附共，但顯然，在儒學的傳統裡，有一條事功實用的理路，能夠支持一些儒者與他們認為的「品德不純，但澤被於民」的「好一些」的政權合作。（歷來有香港民主派退黨入閣，正是循此思想理路。）

南宋時，大儒朱熹、陳亮之間曾經有過一場大辯論，焦點在於對所謂漢唐盛世的評價。朱熹強調漢祖唐太並非仁君，用現代的詞彙描述就是「立黨為私」，雖有事功卻完全不可稱道，只比曹操劉裕之輩稍好。陳亮卻認為事功自有其價值，指朱熹陳義過高，結果是把三代以降看得一團漆黑：「一生辛勤於堯舜相傳之心法，不能點鐵成金，而不免以銀為鐵，使千五百年之間，成一大空闕」。他甚至還搬出孔夫子評價非聖人的管仲「如其仁」的說法，反詰朱熹：「仁人明其道，不計其功，夫子亦計人之功乎？」牟宗三先生評論朱陳之辯的時候，也不免要承認，非聖人的英雄豪傑能有事功，縱非源於「理性的自覺」，也必然是他們強大的「生命的直覺」所造就，必須在某個層次予以肯定。

明乎此，再看羅馬教廷如何汲汲於與信無神且不斷打壓宗教的中共政權談條件講合作，我們便知道，以香港新儒學為基礎的「文化中國論」[6]，在某種情況下，並非與共產專制政權絕對不相容。因此我認為，香港人如果要反共，新亞系思想中原有的反共成分已經不足為靠。

六〇年代：明月系

《明報月刊》系的領軍人物有好幾位，其中包括胡菊人先生[7]、司馬長風（胡若谷）先生[8]；兩位先生當年都主編過《明報月刊》，故以之名。此外，查良鏞先生當然也應該算一個；他長期在《明報》

6 文化中國論：「文化中國論」由美國新儒家學者杜維明在八〇年代提出，主旨在於區隔作為政治實體的「中國」（中華人民共和國）與作為文化傳統的「中國」；而作為「文化中國」（Cultural China），主體則是以儒教為中心的傳統文化，故不一定需要存在地理上的中國，而是可以歐美、日本、馬來西亞、臺灣、香港等地區植根發展。

執筆寫社論，淋漓盡致把明月的中國信息和中國分析用顯淺筆調表達無遺。

這時期的明月系在思考和理解中國上的最大貢獻，無疑是提出了一個簡單有力的分析架構，即把大陸當時期的政治動態歸結為實幹派（國務院派）和極左派（宮廷派）的鬥爭。當時的港共十分反對這個兩分法，認為在毛主席領導下的無產階級革命，沒有可能產生這種「毫無理論基礎」的矛盾。但後來「四人幫」事件曝光，事實勝於雄辯，明月系的分析架構證明是有效的。

值得注意的是，明月系的中國分析，靠的主要是一些在香港捕捉到的關於中共內部鬥爭的蛛絲馬跡，但偏偏是這種資訊零星簡約的離地分析把中國政治的實質抓住了，比起那些經常北上接受國情教育而高談「親眼見到的中國」的港共和進步人士的眼界強太多。明月系給香港人的這個經驗教訓，到今天依然重要，這點我不必多說。

但是，儘管如此，明月系面對港中關係，並無別有創建的論述。六〇年代發生的港共暴動，在明月系的意識裡，僅是一種文革的溢出效應，損害香港人在經濟不斷發展之時逐漸得到的安逸生活。那時候，「辛苦搵來自在使」[9]之類的小市民生活哲學逐漸流行，而這種大眾哲學的傳播，更多是在《明報》六、七〇年代的版面上反映出來的，與中共不斷提倡的「一不怕苦、二不怕死」革命哲學對著幹，也不失為當時一種十分有效的反共思想資源。

兩者比較，新亞系的中國意識可說是一種大乘意識：人跑到香港，驚魂未定便勇敢地回身北望，為民族和文化的復興奔走吶喊，存精於海外，枕戈而待旦。其後明月系的，卻相對是一種小乘意識：國共內戰後南來的人已經漸漸在此生根，但就像開著車子離開感情的祖國的人，在倒後鏡裡不停回望，焦慮北方不時發生的動亂會不會追著來，影響自身安危，因此寄望於或許尚有足夠活命理性的中共實幹派上台，不做亂中害港的蠢事，讓中國好，香港便更好。

七〇年代：林行止的《信報》系

步入七〇年代中，《信報》異軍突起。那時香港華人工商界羽翼漸豐，除了原有的老香港，戰後南來那一批資本家也陸續蒲頭[10]；當時的紡織界是很好的代表，得到美國特許輸入權的照顧而興旺。這時的香港，漸漸成為南來一代人在此安身立命的寶地，「香港是我家」的意識逐漸濃厚，而且是起自新興上層、漸及中層，而這個「家」的對立面，卻是那北方的「國」。用今天的流行詞彙來描述，就是本土主義在這批上層人當中滋長了。然而，與他們接軌並予以力量的，卻主要是外國文化、外國經濟，因為中國文化已蕩然無存，中國經濟奄奄一息。

7 胡菊人：香港報人，曾任《中國學生周報》社長、《明報月刊》總編輯、香港作家協會主席等。
8 司馬長風：香港作家，一九四九年來港。著有《中國新文學史》、《毛澤東評傳》、《周恩來評傳》等。
9 辛苦搵來自在使：辛苦賺錢，自在花錢之意。
10 蒲頭：粵語「出現」之義。

《信報》系的人馬，當然最主要是林行止先生。林先生來自中國，有中華文化背景，受的卻是英國高等教育，崇尚自由經濟和法治精神，而碰巧自由經濟早期的理論巨擘，泰半是英國人，而現代法治傳統最豐富最古老也最彰顯的國度，無疑也是英國，因此《信報》系的思想淵源與英國密不可分，味道與新亞系和明月系截然不同。（後話先提，後來《信報》的好幾位總編中，有留日的沈鑒治先生[11]、留美的我和長期旅英的邱翔鐘先生[12]；和林先生一樣，這幾位老總都十分積極在報紙上介紹東西洋先進文化裡的知識和思潮，而且都不同程度地用這些思潮分析中國，更加加重了《信報》系的非中國色彩。）

那麼，《信報》系、或者簡單一點說林行止先生，是怎樣看待中國的呢？

剛才說過，新亞系認為中共是可以逐漸變好的，齊一變至於魯，魯一變至於道。從人性善的信念出發，只要中共放下屠刀，便可成佛，中國也可在中共領導之下進入盛世，而新亞系近乎終極目的，就是要發揮影響力，幫助中共作根本的人性復歸。

明月系的出發點不同，我看不出他們關懷中國的目的是要對中共作一種救贖。我認識比較深，看他的作品也比較多的是明月系、後來也在《信報》工作、我和他做過同事、能詩能文的戴天先生。一想起「戴天」這個名字，我跟著想到的便是「不共」。我不能想像戴老會認為他可以幫助中共作人性復歸。明月系對中國的態度是實用的自利的。你馬列也罷，也必須馬列得有點德性，懂得你中共若要長期執政，首先就得讓人民吃飯；中共有了這點吃飯理性，六七年那種暴動才不會再干擾驚魂稍定之後的香港人在此地安居樂業，那才是最重要。因此，明月系關注的是中共內部的政治鬥爭哪派勝出、對香港有利還是不利，而對中共是否性善、能否救贖這種哲學問題提不起興趣。

《信報》系林行止先生看中共，和前二系很不同。我先和大家重溫林先生筆下一個最有名的、象徵九七回歸的比喻：蠍子過河。蠍子要過一條河，請求烏龜背他過去，烏龜有疑慮，問道：我背著你，你螫我怎辦？蠍子說，我當然不會螫你，我自己也不想淹死吧？烏龜想了一下，覺得有道理，於是就讓蠍子騎在背上過河。到了一半，蠍子就把烏龜螫了。烏龜問道，你為甚麼螫我？不是說好不螫我的嗎？你螫我對你自己有何好處？蠍子道，我無法自控，這是我的本性。這個故事裡，大家看到，蠍子違背承諾，並無惡意，態度貌相絕非凶神惡煞，而是自然而然發生，源於本性；而且，那種無理性，並非文革醜惡那一套，只不過常人無法理解。無惡惡，是真惡。

這不是一種對中共的實用分析，而是又回到本性的層次考慮，像新亞系的分析那樣，但沒有了後者的性善觀。《信報》系講的性善惡，不一定是人性的善與惡，而可以是人性與黨性的分野。林行止先生顯然看到，中共去馬列之後的惡，是繼承而且發揮中華文化封建的惡的那一面。新亞系認為這一面是小意思，根本不必提，反而常常抱怨別人說中國文化封建；他們一再強調，周代封建，

---

11 沈鑒治：資深電影人、樂評人、作家，曾任《信報》總編、籌備麗的映聲電視台、任職日本東京亞洲生產力組織等。

12 邱翔鐘：香港報人，曾任《信報》總編、英國 BBC 中文部主任。

可到了秦始皇行郡縣不就完了嘛。那當然是混淆概念。魯迅雖然偏激，但怎能一筆抹煞？

《信報》系的終極關懷是香港本身；而此時香港要面對的威脅，不再僅僅是在英國殖民保護傘下中共對香港溢出的間歇無理性干擾，而是對香港整體的存在威脅——existential threat。

單就對中共的分析和批判而言，這三個思想系，第一和第二系都過時了。新亞系在中共放棄馬列的那一刻就過時，於是有國學大師與中共的握手。明月系在中國改革開放、實務派勝出的那一刻過時。於是有查先生當上了中共國立大學的學術領導人。還未過時的，是《信報》系的林行止先生。而且，那個蠍子過河的故事，似乎不再是比喻而是現實。

論六四的神學意義

2019／06／04

三十年之後，六四大屠殺的震撼，在世界上大多數人心目中已經消退，唯獨在香港，天安門的幽魂纏繞不散，死亡夜年年輪迴，燭光維園已經成為凶案的「第二現場」。

此現象按常理不能完滿解釋。因此，有一些理性特別充沛的人，認為造成此現象的那些悼念人都是不理性的。這種認為，大家不必介意，因為在此等生死事上，不理性沒有甚麼不好；本文為「六四從八九到今天」這一完整歷史現象作的解釋便不是純理性的，而是屬靈的。

的確，論罪惡之罄竹難書，文革遠超六四；論死人多寡，大躍進搞出的大饑荒約是其三至八萬倍；論對香港直接影響，四九年的鼎革導致此地人口暴增近一倍，而且都是反共的，六四難望其背項。然而香港人都不曾對那些史事特別上心，愛國之情淡薄。況且，香港開埠之初，便有「裙帶路」的傳說而大多數人一直恬不以為恥[1]；其後經歷百多年英國殖民統治，港人的中國認同更薄弱，感情更疏離，從來都是不爭之實，但為何偏偏對八九年六月四日發生在北京那回事那麼耿耿於懷？

我今天試圖從基督教神學的視角解釋六四。先表白一下：我在少年時信奉基督，成年之後無宗教信仰，卻一直留意信仰的事，閱讀有關各種宗教的書籍，關心一切宗教自由；因此，對教會和信仰者來說，我還可說是一個「善意的非持份者」。為求書寫方便，我在本文採用了一些信仰者的口吻，希望大家不介意。

我認為六四有特別的、革命性的神學意義，神不斷透過這一歷史事件發出啟示。起先，啟示晦暗不明，其後漸漸變得清晰。但在信徒乃至世人未完整接收信息並按之實踐之前，六四不會得到解決。

歷史包含神的啟示，或更進一步說，歷史本身就是神的啟示，此乃二十世紀神學家李察・尼布爾（Richard Niebuhr，又譯理查德・尼布林）所提出的一種主流觀點。尼氏認為，神學史觀與非神學史觀並無基本矛盾。同一歷史事實，以一般非神學史觀書寫和理解的，他稱為「外歷史」；以神學史觀書寫、把該事實理解為體現著神的啟示而作成的歷史，他稱為「內歷史」，二者並行不悖。

神透過六四歷史給啟示

舉例說，一個醫師述說一個盲人透過做眼部手術恢復視覺，用的是醫學術語，把術前的症狀、手術的過程和術後的料理和前瞻，講得十分客觀科學。病人則從自己的角度出發，描述心理過程，先是如何無望和恐懼，繼而懷有一點希望和緊張，到最後喊出興奮的一聲：「我看得見了！」前者可比作外歷史，後者比作內歷史，兩者不矛盾。

面對諸如六四這種窮凶極惡的事件，無論是信仰者還是無信仰者都會立時產生疑惑：至善的全能神，怎麼會容許這種邪惡發生？基督教神學對這類問題已有深入討論，答案未必能說服所有人，本文不討論。

更富時義的問題是：如此重大事件，包含啟示了麼？若然，啟示指向甚麼？何以見得？

傳統基督教義不主張和政權對抗，反而會和明顯惡質的政權保持一定程度的對話和妥協。如此取態，一是因為神的國度不在人世，一是信徒的力量不足以和政權對抗，以卵擊石的結果總是悲慘。

《聖經》記載耶穌受難前夜，羅馬兵前來拘捕他，門徒彼得拔出佩劍一揮，把一個兵的耳朵割下，但耶穌要彼得把劍收起，說道：「收刀入鞘吧！凡動刀的，必死在刀下。」（馬太福音 26:52-54）這不僅是一種妥協，還叫人相信，妥協一方只要有真理，最後會勝出。

耶穌復活之後，著他的門徒到各地傳教，聖徒保羅在他的書信裡告誡傳道者要支持當地政權：「在上有權柄的，人人當順服他，因為沒有權柄不是出於神的。凡掌權的都是神所命的。所以，抗拒掌權的就是抗拒神的命；抗拒的必自取刑罰。」（羅馬書 13:1-2）當時整個福音世界都是羅馬或者

1 「裙帶路」：為一則香港傳說，是香港割讓予大英帝國的標誌。傳說記載英軍最初登陸香港島南區時，得到漁婦陳群（阿群、阿裙）引路至香港島北部的故事。有說英軍詢問該處地名，而陳群以水上人蜑音回答「香港」，英人即以水上人音「HONG KONG」為記，就此成為全島總稱。

羅馬殖民的天下，反抗運動並不罕見，用現代語言描述，保羅和他的教會都是當權派的支持者，對政權的一般政治取態也許和今天香港的自由黨差不多。

其後兩千年，各派耶穌教會遇到的政治迫害（有時是互相迫害）不算少，但都熬過來了。其他宗教的經歷，大致相同。中國歷史上也有過相當嚴重的宗教迫害，例如起碼四次對佛教的，原因主要不在於容不下其教義，而在於稅收等問題；滅佛通常都是個別皇帝的意見，或者是少數像韓愈等儒官的衛道主張，並無持久滅絕殺傷力。

但是，自從共產主義政權出現之後，宗教在共產國家裡，遭受到空前的厄運，而且打壓行動不是短期即興，而是有領導有理論有政策有組織有資源有機關工具的長年累月全面鎮壓；在共產政權勢力還未足以全面鎮壓的時空裡，所採取的策略則是統戰滲透奪權操控，從教會組織內部佔領，篡改其教義以為政權服務，使之完全變質而徒具虛殼，並不需要待到鎮壓時機成熟了才置之於死地。

這種規模的系統鎮壓，從一九一七年帝俄倒台、俄羅斯赤化起計，至今百多年了，非但未見收斂，還高度有意識地大規模內部膨脹、向外擴張，逐步打進西方不設防開放社會的所有角落。如果此時西方國家的教會各派還汲汲於與共產政權合作，最終一定全面變質，影響比消失了還惡劣。

面對這種曠古未有的極權，保羅在〈羅馬書〉裡一律主張支持現存政權的前提已經不復存在。大家可讀下面這段保羅的話，看看是否還適用於中國：「作官的原不是叫行善的懼怕，乃是叫作惡的懼怕。你只要行善，就可得他的稱讚。因為他是神的用人，是於你有益的。你若作惡，卻當懼怕；

因為他不是空空的佩劍，他是神的用人，是伸冤的，刑罰那作惡的。」（羅馬書 13:3-4）

在中共建政七〇年代之後的現實裡，黨由上而下保證了作惡的人橫行，行善的人懼怕；官員不是神的用人，更不是伸冤的和懲罰那作惡的，而是剛好相反。

掌了權的共產黨是一種不會妥協的政權，它的底線是要消滅你，它的妥協，只是權宜。資本家五〇年代初和它妥協，不到兩年就消失了；知識分子和它合作搞大鳴大放，沒幾個月就坐牢完蛋。他實力不足時會和你簽協議立合約，但到它強大了就反枱[2]，國共合作如此，中英聯合聲明、一國兩制、與 WTO 的合約，也無一不如此。你一妥協，它就吃了你。面對這種政權，如果教會沿用保羅的合作主義，一定會很危險；相反，如果徹底不合作，反而會有生機。

啟示一：保羅主義的終結

但是，大部分教徒、教牧乃至新舊基督教會的大司祭，卻百年如一日沉醉於對政權性質的陳舊認識，其間雖有納粹政權的反例提醒，過後卻依然故我，甚至於今尤烈，以致有香港陳日君樞機的吶喊，空谷回音，羅馬教廷卻無動於衷。出埃及之後的以色列人忘記了與神之約，反而崇拜金牛。直接由黨領導的全國政協就是今天盤踞香港受千萬人頂禮膜拜的一隻金牛，大家看有多少教會教派的大司

2 反枱：翻桌，有「翻臉」之意。

祭趨之若鶩。

我相信神很可能在一九八九年在北京的春夏之交給出了寓於歷史事件裡的啟示，而且要點在於兩個關聯事實之間的分別：一、天安門廣場的學生一跪下乞求對話，政權馬上知道學生的底線，於是就開坦克；二、在東歐，反抗的人民沒有妥協，倒下的就是羅馬尼亞的壽西斯古（Nicolae Ceau escu，台譯西奧塞古），和其他的共產政權。

然而，信徒特別是中國的信徒其實並沒有張大眼睛看清楚，他們依然錯誤引用保羅主義，尋求與中國政權對話；大司祭們甚至願意給政權奉上司祭任命權；六四的紀念者依然高喊「平反」，委婉地表示承認政權高高在上統領一切的地位、承認它手中的終極裁判權。國際間，短短的制裁結束後，中國金牛又閃閃生光，頂禮膜拜的人更加絡繹不絕。蘇聯東歐共產政權倒下後，美國總統克林頓（Bill Clinton，台譯柯林頓）卻要爭著把中國請進WTO，替共產政權作有效輸血，乃是拜金牛者中的大者。

然而，非信仰界別裡有些人已經驚醒，不再妥協。美國和西方學術界、外交界的一些先前的妥協親中派於二〇一七年一連發表兩份宣言[3]，指出二〇〇一年中國進入WTO以來，西方國家對中國的合作妥協以及高度縱容的態度完全錯誤無效，必須放棄。相反，在東方，特別是在中華文化圈的關鍵部分——台灣、香港、新加坡、日本、南韓，因為有文化血緣等關係，姑息妥協依然佔主導地位；文化血緣紐帶越強固的地方，姑息妥協就越主流。在香港，堅持要與政權妥協對話的，絕對不限於香港統治階級裡的那些據說也是基督信徒的掌權人。

《聖經》裡說，在沙漠裡的以色列人因失掉信仰，轉拜金牛，甚至有人提出要回到埃及重新當奴隸，神於是處罰他們在沙漠裡流浪四十年。今天，逃出中國的香港人的一些子孫，有些又嚷著要回到大灣區去發財了。神會不會、會怎樣處罰這些人呢？

其實，天安門的六四屠殺的確成功了。政權在說明屠殺的功勞的時候，絕對沒有錯：它保住了政權，止住了革命，平息了震盪，在民主國家姑息派的引導下，國際資本又一窩蜂搶進大陸，不及者猶恐失之。結果，今天中國經濟實力強大足以動搖美國，歐洲已經準備俯首稱臣，亞洲正在投降，第三世界的非洲已是其囊中物，關鍵真的就是八九大屠殺。世界上的民主派不願意承認這一點，是大錯特錯。

啟示二：六四饅頭、六四血田

對信徒來說，六四今天最可能包含著神的甚麼啟示？我認為有兩點：

一、整個中國經濟成果都是六四死難者血蘸的饅頭。無論是主動到中國投資發財的人，還是被動在香港或外地享受廉價中國產品的人，都直接間接在延續獨裁政權的壽命，在分享著六四的人血饅頭。

3　二〇一七年一連發表兩份宣言〈U.S. Policy Toward China: Recommendations for a New Administration〉及〈Chinese Influence & American Interests: Promoting Constructive Vigilance〉，可見 Asia Society 網站。

二、整片中華960萬平方公里的土地，是一整塊六四死難者性命買來的血田。「這時候，賣耶穌的猶大看見耶穌已經定了罪，就後悔，把那三十塊錢拿回來給祭司長和長老，說：我賣了無辜之人的血是有罪了。他們說：那與我們有甚麼相干？你自己承擔吧！猶大就把那銀錢丟在殿裡，出去吊死了。祭司長拾起銀錢來，說：這是血價，不可放在庫裡。他們商議，就用那銀錢買了窰戶的一塊田，為要埋葬外鄉人。所以那塊田直到今日還叫做血田。這就應驗了先知耶利米的話，說：他們用那三十塊錢，就是被估定之人的價錢，是以色列人中所估定的。」（馬太福音27:3-9）

消費六四饅頭、投資六四血田，不得已猶可原，你若覺著快感就是罪。以色列人曾因對神背信棄義，受耶和華處罰在沙漠裡流浪四十年。當今之世的信徒特別是香港信徒，如果不努力傾聽神在重大如六四等歷史事件裡的啟示，繼續錯誤引用保羅主義，蹉跎歲月在六四血田上流連忘返，甚至知與不知之間快樂地每天享用著六四人的血蘸的饅頭，滿懷希望地追尋對話、接受妥協，則耶和華的義怒必會降臨，送中也許就是懲罰，懺悔也許還來得及。

後記

近月小心讀了多篇「為香港禱告」的文字，覺得了教徒們的痛苦，於是作此文回應，也作為一在老舊問題上發掘新義理的努力。剛上星期六在港大舉行的美亞新聞業者年會上我的發言，也是以宗教作主題。我期望更多的人就宗教議題發聲，勿讓香港教會沉淪。

從明清「土流並治」看西環干政與二〇四七[1]

2017/07/12

民陣七一遊行頭條口號「一國兩制呃你廿年」[2]是對的，但不準確。鄧小平八四年提出「一國兩制」概念，港事官員、外交部和香港支持者立即奉為空前的「歷史性偉大發明」，這本身就是一個騙局，而鄧這個四川人，受落之餘還肯定知道這個「前期騙局」的歷史和戰略效用——並非一般指的「中共說一做二、貨不對辦」那麼簡單。

中華帝國史上僅剩的一批土司，於共產中國成立翌年陸續向北京交出政權。最後一位那樣做的土司叫安學成，大涼山彝族人。[3]從衛星圖上看，由一條一條幾乎平行的山脈構成的大涼山系，是真正的「山卡罅」[4]，幾百年來中土政權軍力多不能及，那裡一帶的土司遂成為清代改土歸流政策的漏

1 西環：為中聯辦代名詞，因其辦公室設於西環西港中心。香港非建制派及其支持者在批評中共治港時，常用「西環治港」一詞，作為對於「港人治港」的諷刺。

2 「一國兩制呃你廿年」：一國兩制騙你二十年。

網魚。大涼山在四川，與鄧小平的家鄉廣安市協興鎮相距不遠，用谷歌地圖一查，四十公里不到。

九七前避談歷史先例

鄧當年在四川念完預科（一九二〇年）才離開，不可能不知道土司這回事。土司制乃國史上如假包換的「一國兩制」，一般中學生都知道；筆者念英殖學校中史科，讀過「改土歸流」而一直記得。今天香港 DSE 歷史課程包含清初民族政策這個課題，「改土歸流」是必教內容。可是九七前的黨國官員卻胡說「一國兩制」是鄧發明的，前無古人；那怎麼可能呢？如此不堪，不會只是為了替鄧大人「攞頭彩」[5]。

元朝由世祖忽必烈在各種鬆散的「以藩治藩」政策基礎上，推出了更嚴格精緻的土司制，主要用在華南、西南一帶的苗、瑤、黎和古越族的後代壯、侗等外族人聚居處。明朝先是繼承此制，在七省廣設土司，包括廣東在內，明成祖永樂十一年（一四一三年）起，逐漸以流官取代土司，清雍正力廢而未盡除，要到中共上台方全面消失，歷時七百年。

這個過程後段尤其複雜、反覆、血腥，地方抗爭不絕，統治階級裡也不斷出現「一國」與「兩制」，即中央委任流官制與地方保存土司制的爭論，史書記錄很清楚。鄧小平等人九七前在香港和國際上推銷一國兩制之時，當然不想有人提起這段中華帝國殖民擴張鎮壓史，以免港人借古鑑今，看穿歷代中土政權「以藩治藩」背後如出一轍的殘酷與權宜，轉而不信任「一國兩制」承諾，拒絕回歸。

提出「前無古人、偉大發明」論，時人信了，便懶得翻查歷史。

這顯然是掩眼法，而且相當成功。不過，今日港人心目中的一國兩制已走樣變形，統治者手段也越見粗暴，令人擔心往後三十年是如何景象。有此憂疑，最好還是參考歷史，大家當會發覺，近年發生、和一國兩制有關的大事，都在歷史上出現過；下面舉出特別明顯的幾種。

西環治港就是「土流共治」

在雍正大力進行改土歸流之前，曾有一段很參差的「土流共治」過渡期，亦即在一些土司管轄地，朝廷派出流官在土司旁邊監督、輔導。這通常出現在土司管治無方或發生了大規模反中土運動的地方。[6]這與北京九年前空降「第二支管治隊伍」到香港何其相似！[7]

二〇〇八年一月，中聯辦曹二寶發表《「一國兩制」條件下香港的管治力量》，主張在特府之外建立由中央指派、大陸人組成的國隊「輔助」特區施政。究其原因，無非是董建華無能，一心想通過廿三條[8]立法取悅北京，卻激起龐大反抗運動。對此，北京的反應和明末清初皇朝一模一樣：派

3 詳見廣西民族大學鄭維寬的論文《論明代貴州地方流官政權的建立過程及特點》第二部分。
4 山卡罅：又寫作「山旮旯」，偏遠、隔涉、荒蕪之意。
5 攞頭彩：攞彩意為出風頭的意思。攞頭彩指從一開始就出風頭，有插頭香的意味。
6 詳見廣西民族大學鄭維寬的論文《論明代貴州地方流官政權的建立過程及特點》第二部分。

流官進駐香港，表面上維持兩制，實質上走出改土歸流中轉步。

細看歷史，明末土流共治的地方，土司一般還是地頭蟲，權力尚比從旁掣肘他的流官大；但到了清初，流官普遍佔上風，反過來控制土司。在香港，這種轉變也很明顯，但急促得多；在曾蔭權[9]第二任的幾年裡，如果流官還沒佔得絕對上風，那麼靠西環助力以689票僅勝的梁氏上台之後，土司聽命於流官便成為常態。但是，歷史上，一些流官向土司奪權太早，政權的外來性太突出，不能服眾，矛盾加劇更難調和。中土政權為穩定地方，有時不得不反向微調、稍作妥協，於是一些地方出現「廢流復土」。

梁下林鄭上就是「廢流復土」

梁振英儘管是土司一名，但他更似一個流官；那也許是因為他以兒皇帝、如黨員之身，所作所為須完全聽命於真正的流官即西環。然而，其結果也是和歷史上的一樣：由於管治性質趨同於外來政權，民眾不接受，在他任內五年之間爆出「三大革命實踐」——反國教運動、佔領運動和魚蛋革命；分離主義抬頭，年輕人切意去中。至此，北京不能不作戰術性退卻。梁被革職，由舊港英培植的AO[10]嫡系林鄭替上，演出中土政權廢流復土現代版。

有趣的是，中共在走出這一步之前，內部明顯有過一場爭拗；梁振英和西環一直以來高調合唱的港陸「融合」，忽然加進了來自習那邊的「初衷」論，要求「一國兩制不走樣、不變形」。後者是二〇一五年十二月梁在北京向習述職的時候習先對他說、然後公開的；一年之後，梁就被廢。兩支曲子對唱，最後是「初衷」論勝出。（當然，這是中共內部一派人現在認為的初衷，與香港人一貫認為的不同。）

融合 vs 初衷（清朝版）

史上中土政權要廢流復土，不可能不在統治階級內部引起爭議。為要證實這一推測，筆者花了好些工夫，最後在日本早稻田大學網站提供的古籍《黔南職方紀略》裡看到證據。此書作者羅繞典，清末湖南漢族人，曾任黔南（貴州）布政使；布政使就是永樂年間始創的流官。職方即地方，多指邊塞之地。貴州是元明清三代設土司最多的地區之一。羅在書中反對土司制，主張用流官：「或曰唐宋之世，黔南之地，為羈縻、為化外，咸自有君長，各安其國俗，奚待天子之撫存，分為郡縣，治以流官而後其民舉安也？此其說又不然。人之囿於一隅也，而異俗以生焉，故其俗鄙陋，有傷於

---

7 第二支管治隊伍：意指港澳辦、中聯辦等勢力。於二〇〇八年時，中聯辦研究部部長曹二寶發表《「一國兩制」條件下香港的管治力量》，提出為切實推行管治工作，應在香港設置第二支管治力量，第一支為「香港特區建制隊伍」，第二支則是「中央、內地從事香港工作的幹部隊伍」。

8 廿三條：指《香港特別行政區基本法》第二十三條，內容關於以法律禁止任何有損中國國家主權、領土完整、統一及國家安全的行為。

9 曾蔭權：香港第二及第三任行政長官，任期為二〇〇五至二〇一二年。

10 AO：Administrative Officer，指政務主任，俗稱政務官。在制度設計上是管理通才，被安置於不同決策局及部門，參與制定政府政策，並具有晉昇為高級官員的可能性。

教；必督之以長官，徙五方之民，以觀感之，始日就於平正通達之途而無所固蔽……國家之盡力於黔也，重科舉以進其良士，肆翦伐以除其頑苗，置守令以扶其教化，宿重兵以弭其覬覦。」[11]這段文字太有意思。西方殖民主義有所謂「白人的包袱」論（White Man's Burden，又譯白人的負擔），指殖民地人民道德文化落後甚或野蠻，白種人須不辭勞苦開化開導，視之為己任。其實，中華帝國傳統士大夫一樣有這種思想，而羅繞典是典型。

引文也提到中華殖民帝國的移民政策，作用是「溝淡」[12]、影響當地人（「觀感」作動詞用即impress）。跟著，也提到要從教育著手搞教化，說得不好聽就是皇民化，「從幼稚園就開始洗腦」。最後，協助流官管好土著的，還得有槍桿子、解放軍、遼寧號，一應俱全。

西方近代海洋殖民主義和這段舊中華內陸殖民主義同時發生，替之合理化的「包袱」論、「教化」論，以現代人眼光看，當不以為然，但假若文明真分高下，這兩個殖民主義的說辭便不是全無道理；先進統治落後，最終也會給落後帶來好處。不過，如果中國今天要來統治香港，便完全是另一回事了。單從對待「敵對分子」的手法看，便知當今中國已退化到比北韓更野蠻；後者到底把給折磨得將死的植物人奧托・瓦姆比爾（Otto Warmbier）[13]釋放了，但前者是怎樣對待還有知有覺的劉曉波的？

土司制的血腥結局

歷史的一個功用，是在人們試圖理解當下和推測未來的時候作為參考。然則看土司制最後怎樣消亡，會否有助思考二〇四七的場景呢？

雍正四年（一七二六年），大學士兼軍機大臣鄂爾泰（滿族）上疏：「雲貴大患，無如苗蠻，欲安民，必制夷，欲制夷，必改土歸流。……如欲開江路通黔、粵，非勒兵深入遍加剿撫不可。……改流之法：計擒為上，兵剿次之；令其自首為上，勒獻次之……先治內，後攘外……」[14]。

雍正從其議，開展了晚明以降最大規模也最殘酷的削土司行動。起初一兩個月，手段還算平和，之後就越發血腥，如果放在今天的視野裡，鄂爾泰每一次對土司的征剿，都是大規模掠奪、凶殘之極的屠殺。《清史稿》鄂爾泰列傳這樣記載他和雲南提督張耀祖（漢族）的改土歸流軍事行動：「五月，鄂爾泰遣兵三道入……破三十六寨，降二十一寨，……改土歸流。」「師進，焚苗寨十三。遣游擊何元攻急羅箐，殺三百餘，降一百三十餘。游擊紀龍攻者家海，破寨，盡殲其眾。勛與苗兵遇於莫都，戰一晝夜，破寨四，殺數百人。進攻奎鄉，戰三日，殺二千餘。元生、成貞自威寧攻烏蒙，射殺其渠黑寡、暮末，連破寨八十餘，擊敗其眾數萬，遂克烏蒙。鄂爾泰檄提督張耀祖督諸軍分道窮搜屠殺，刳腸截脰，分懸崖樹間。」[15]

11 早稻田大學本《黔南職方紀略》：引文分別採自原書第二和第四頁（不連目錄）。標點為筆者所加。
12 溝淡：稀釋。
13 奧托．瓦姆比爾：Otto Warmbier，美國大學生，在訪問北韓時被控盜竊，判勞教十五年，並在入獄後患嚴重神經障礙，釋放回美國六天後病逝。美國為此強烈譴責北韓，指其死亡為北韓不人道行為所致。
14 見維基文庫《清史稿》卷二百八十八鄂爾泰列傳：https://zh.wikisource.org/zh-hant/清史稿/卷288。
15 同上註。

這些滿漢軍隊的行徑，跟西方殖民主義者在南美、非洲、南亞等地的最惡劣行為沒兩樣。不過，在大家一般讀到的國史裡，這些都一筆帶過，算作是古代中土皇朝的「文治武功」，反正自漢唐起至一九五〇年共軍入藏，中土政權據說都是「以德威服人」。

二〇四七改土歸流？

二〇四七的景象會否與清代血腥改土歸流相似呢？很難說。共產黨既曾屠殺異族邊民，也屠殺過首都漢人，自也不會對港人怎麼心慈手軟。大家看《環時》一直以來那殺氣騰騰，以及一眾港事官員最近的咄咄逼人，其實和鄂爾泰上疏的口吻差不多。再者，一旦有血光之災，香港的土司會是中土政權的幫凶，不像古時的那麼傾向叛逆。

能使中共領導面對香港稍有戒懼的因素有二：一是他們自己在香港有巨大不可告人的私利要保護，不可以胡來；二是如果中共在港放肆殺人，掌權共幹在海外更巨額私人財富可能遭外國政府凍結。當頭之利，造就離心港人與共產黨「文明博弈」的一線空間。

三十年香港民主運動拾遺

2021／05／15

對無數歷史上的抗爭者而言，中國是一座五指山，失敗的給壓得粉身碎骨，「成功」的自以為跳出了逾越了，到頭來發覺還沒有。此無例外，所以歷史不斷輪迴。同盟會搞的民主革命沒多久就夭折，然後輪到共產黨做反帝反封建的夢。一九四五年，民盟始創人之一的黃培炎在延安問毛澤東：共產黨能不能跳出歷史上「其興也勃焉，其亡也忽焉」（語出《左傳》）的歷史周期率。毛回答說：行，我們有的是民主。這個玩笑鬧很大，毛自己也好像相信了，於是有反右、大躍進、文革，越搞越糟糕。後來鄧小平韜晦了一下，趙紫陽就說這回「大徹大悟」，但不過是三十年之後由那個當今聖上撥亂反正。

原因很簡單：中國的抗爭者，從來都不曾成功改變自己、改變國民性，魯迅筆下的阿Q孔乙己一直繁衍，以致活在那五千年政治文化裡的，多的是一維生物，連二度空間也進不了。

「民主回歸」逆理解

中國如此，香港何堪？最近有朋友這樣說。三十年一事無成，在地的偃旗息鼓，海外的分崩離散。但事實不是如此，反而是，短短的一代人裡，香港的運動徹底改變了自身，改變了無數香港人，更透過自身特別是二〇一九年的苦難與付出，改變了幾乎整個世界對中國的看法。此中當有機緣巧合，而且運動中人在過程裡大概也沒很自覺地以那些改變為目的。但是，其他不說，這些日子裡你只要和一些過來的年輕人接觸一下，就會明白黑格爾那句話的深意：智慧之神的鴞鷹只在日暮之後展翅。

我們是現在才明白，從歷史角度看，運動實現了的那些轉變，意義遠遠超過哪年哪月爭取到了沒有那迷惑人心的本本裡擺放著的鳥籠雙普選。目的殊非至要，運動就是一切，因為常有意想不到的更重大收益。

47人庭審，大家看著幾乎都不能自已，以致不少人沒領略到那暗含著的大義：可敬的一代與可畏的一代，在判詞下、監獄裡交棒，完成了一個變異的承傳。那是香港民主運動史上最具象徵最莊嚴的一刻，伴奏是雄渾低沉的《孟子．告子篇》。政權把牢獄變成了革命者的木人巷。

本文把三十年來發生的若干大事作一屬於香港人自己的、新老世代之間的融通性解讀；不是一篇流水帳，而是大致按事件發生的時序隨意選題。

一九八四年的英國政府不是完全看不清中國的意圖，所以簽訂《聯合聲明》的同時，著手催生香港民主運動，以期在一九九七年退出香港之後，由運動創造內部民意壓力和國際輿論，迫使中國嚴格遵守《基本法》及有關承諾。當時香港人的基本立場，可用「回歸換民主」這個說法概括，即是說：若要我們支持香港主權回歸中國，北京就得給我們民主。可見，便是在那個時候，香港人也認為接受香港主權回歸是有道義條件的。若中國要違約阻撓民主，香港人就沒有義務支持香港主權歸中國，前途自決和獨立等，便自然都可以成為合理訴求。

總體的歷史性誤會

中國無意民主，所以才會擔心香港人要求前途自決和獨立，因此早在一九七一年取得聯合國席位之後，便馬上把香港從該機構的殖民地清單上移除，企圖封死香港人的自決獨立路。多年後，當中國重新定義《基本法》、打壓香港最嚴厲、給民主派人士罪名和懲罰最重的時候，果然出現了依足「民主回歸」的邏輯逆反命題「沒民主、不回歸」而發生的香港分離主義、獨立運動。一個命題及其逆反命題在邏輯上是等價的一對，你接受一個就同時得接受另一個，中國卻是要大小通吃。

可以說，一個真正接受「民主回歸」的香港人甚麼時候看透北京不會給民主，這個人就在甚麼時候從統派變成獨派，從強調那原本命題跳到那等價的逆反命題；故新老世代在香港主權問題上沒有基本矛盾，反而是一脈承傳的，即我上面說的「變異的承傳」。從二〇一四年北京發表《8・31決定》[1]到二〇二〇年6・30《國安法》實施的這段時間裡，老世代中人都陸續看透北京的終極立場是：民主沒你想的。這就是為甚麼今天大家無論在哪裡，碰到那個年紀的民主人、或是公開或是私下，或是自覺或是不覺，都變成了獨派，「中國認同」已經離他們很遠很遠，以致最近我向一位一向和理非非[2]的老朋友提起，他的回應竟是：「屌。」[3]中國表面上給香港「一國兩制、五十年不變」的過渡安排，背後是以二〇四七中港之間無縫接軌為大前提的，所以那「不變」承諾，不過是毛式陽謀，你信是你笨。

特區政府成立頭十年裡最大改變，是在第六年開始的時候推出「主要官員問責制」。推銷方案的時候，特府把它和西方政府總統、首相委任內閣官員劃等號。那完全是胡說八道，因為西方的領導人是民主選舉產生的，香港特區的行政長官卻是中國共產黨挑選委任的，再由後者委任的官員就更沒有認受性可言，問責只是向中央問責。之前以英式公務員精英為政策制定者，獲委重任的人起碼還有清楚不過的往績可尋，絕對不能胡來；因此，二〇〇二年的做法是一種專制倒退。可是，當年的民主運動幾乎沒有提出反對意見並設法阻止，因為沒看出那個所謂的「問責制」其實是二〇四七前接軌工程的第一步，反而以為中國會愛惜香港這隻金蛋鵝，五十年之後會把一國兩制延長。然而，那只是香港人的一個歷史性誤會的一小部分。

誤會源於一九九七年前後的香港民主運動人環顧四周，見香港是一個高度開放的社會，有英式法治、美式市場、世界級金融中心、中西合璧的生活文化、廉潔高效而政治上嚴守中立的公務員和警隊，美中不足的大概就是還未達至選舉民主，但因為有《基本法》認定了的雙普選目的，遂以為那時的香港距離完美社會只是一步之遙。因此，早期的運動與政權之間的關係相當和洽，甚至比今天一些西方國家執政黨和在野黨之間的關係還要好；大家記得九七之後不久，有那麼一次「雙華論道」——

董建華邀請司徒華[4]到他的辦公室談政治，儘管談不攏也沒有一拍兩散。多年後，因為民主訴求無寸進，部分敢於觸碰底線的人於是提出公民抗命，但也還是基於先前的認知：香港基本上是一個公義社會，接近完美，而公民抗命是這種社會裡的抗爭運動的極限。

約翰．羅爾斯（John Rawls）的有關理論充分說明這點：一般的公義社會並不能保證所有法律都是公義的，因此在一般的情況底下，人們只能一面遵守那些偶有的不義法律，一面用合法的手段爭取改變之；在極少數的情況底下——當個別法律嚴重不義卻長期存在一般人的良知盲點裡，改革者用盡一切合法手段都未能剔除的時候，方可利用有限度的、針對性的、和平但違法的手段試圖達至公義，同時甘願接受因違法而引致的懲罰。這是當時的運動中人心懷對接近完美的開放社會的敬畏而能夠達到的抗爭道義極限。然而，二〇一四年到二〇一九年期間由年輕人主導的幾次運動，突破了這個極限。

---

1 八三一決定：全名為《全國人民代表大會常務委員會關於香港特別行政區行政長官普選問題和二〇一六年立法會產生辦法的決定》，為中共人大常委於二〇一四年八月三十一日對香港特首選舉及立法會產生辦法的決定，其中包括「三落閘」：即提名委員會人數、構成和產生辦法須按第四任行政長官選委會的人數（一千二百人）、構成和產生辦法；不實行公民提名及政黨提名，特首參選人須獲過半數提委會委員支持才能成為候選人；候選人限二至三名。

2 和理非非：在和平、理性、非暴力的「和理非」，多出的一非為非粗口（非髒話）

3 「屌」：並非台灣語境中讚賞之意，為粵語中表達憤怒的髒話用詞，意為「操」、「幹」。

4 司徒華（一九三一—二〇一一）：香港民主派元老，先後參與創立香港教育專業人員協會（教協），在八九民運期間成立香港市民支援愛國民主運動聯合會（支聯會），「六四」後成立香港首個政黨——香港民主同盟（港同盟，後來的民主黨）。三者在香港主權移交前後，為香港民主派中最具規模的團體。

對舊運動的禪破

新世代憑直覺看透，香港這個社會的確近乎完美，但美好的景象背後，中國正蠢蠢欲動，香港事實上危如累卵，所以他們的取態是，抗爭無底線，不可有絲毫猶疑與保留，見佛殺佛。是非經過難互諒，所以有幾年，兩世代之間成見甚深，互指對方賣港，至反送中運動方休。

因此，一九九七年之後的香港民主運動可分作三階段。第一階段是一九九七年至二〇〇九年，合共十二年，期間的運動我稱之為「舊運動」，其一切內涵，都是基於上述歷史性誤會決定的；這階段以二〇〇九年的「五區公投」、民主運動分裂，大黨失去對運動的領導地位為終結。第二階段二〇〇九年至二〇一九年，合共十年。此期間，誤會消失，大家都終於知道中國是甚麼一回事，遂有分離主義思潮的興起和普及，舊運動的「大台」逐漸凋零，演化出無領袖的分散式抗爭，最後在反送中運動達到高潮；這階段生成的運動我稱之為「新運動」。二〇二〇年起，是運動的第三階段，起點是港版國安法實施，新運動因一部分抗爭者流亡而分出本土翼和海外翼。此後的運動無論是哪一翼，都必須在非常陌生的環境裡摸索全然不同的抗爭方法；兩翼之間的聯繫，亦會變得越來越危險、困難。

本土翼的抗爭行動，在瘟疫流行之後轉為低調；這時候，出現兩種危險傾向。其一是，一些舊運動的團體和領導（包括一些很年輕的）例如民陣，慣性地組織和試圖鼓動如往日一樣的大規模和平遊行和民意表達，以為不如此就表示香港的民主運動步向死亡；過去過於溫和，現在形勢不同了，卻過於激進。另一是，國際媒體報道也普遍因為表面的抗爭逐步沉寂，從而結論出政權的鎮壓成功了。這兩種傾向的同一後果是導致一些一直未被政權盯住的抗爭者沉不住氣，做出過勇行為而被政權發覺。

兩翼抗爭各擅勝場

然而，大部分的本土翼抗爭者已敏銳地意識到，今後很長的一段時期裡，抗爭必須徹底變形。因此，去年初，制訂港版國安法的消息一傳出，所有新運動的組織馬上宣布解散，未暴露的成員進入地下。然而，新運動嚴重缺乏地下抗爭的經驗、技術和心理質素。那是因為舊運動在一段過長的時間裡以為香港是一個開放社會，因此所有抗爭基本上是公開的，保密程度低，完全沒有發展出隱蔽組織和地下工作方法。反而，共產黨因為基本上是個秘密社團，港警部門也有大量密探，它所依賴的黑社會也慣於隱蔽行事。因此，本土翼處於非常不利的主客觀運作條件底下。

不過，便是如此，也有兩個補償因素。一是年前新運動已經不搞大台，改為小圈子運作，進入地下之後，政權更難一網打盡；一是運動參與者來源越來越廣泛。此前，學生、教師、社工、法律界的一些名人，合共構成運動主體。二〇一四年及後的運動參與者包括了大量各界專業人士，舉凡醫護、金融、IT、文藝、航空運輸等界別都有大量成員參與，甚至公務員本身亦然，導致運動的能力大大提升。這個轉變，意味著本土翼運動儘管處境險惡，與政權博弈的本錢卻增加了。不難想像，豐富如此的各行業人才，便是三五成群甚至單打獨鬥，也可以發展出許多套地下抗爭者合用的軟硬件，足以繼續與政權周旋。

海外翼方面，成員很快意識到，有空間在國際上影響各國政要，向他們介紹中國真面目，敦促他們丟掉幻想，做一些對自己國家有利、也對中國周邊受壓迫民族有利的事。不過，西方國家對中國的態度，整體上是由他們自身取向決定的。當西方精英想跟中國多做生意，認為應該用商貿帶動中國開放，則任憑你怎麼游說、怎麼訴說中國暴政，作用也很有限。一旦西方政府發覺中國的威脅嚴重而緊迫，則不待外人多說，他們的抗中行動也越發堅決。香港民主運動海外翼這幾年的游說工作，在關鍵時刻轉化西方觀點上發揮了作用，但一旦這些國家的中國政策穩定下來之後，高層游說的邊際效用就會減弱到近乎零。到那階段，游說主要對象須改為當地一般群眾；要離開首都、離開政圈、離開智庫，到中小城鎮、到中下層、到學校裡，向各國投票人講中國真相，收效一定更大。

從廣東話到香港話

除了國際游說，新運動海外翼明白到還有更重要的工作。港中政權去年起全面加速在香港的學校、媒體、文化和娛樂等機構剷除香港語言文化和本土認同，目的和中國在藏疆蒙等地實行的文化換血沒有分別。因此，海外香港人的一個重要任務，就是在比較寬鬆的環境裡努力承傳香港文化和自身認同。這一點也不容易；便是在香港的時候，大多數父母並不認為香港文化重要、有特殊價值，他們很多一直以來都鼓勵子女優先學習英語和普通話；一旦移民海外，他們才發覺自己的語言文化是那麼珍貴。能否承傳，一代人的光景便有分曉，非常緊迫。

文化工作除了承傳，還有在承傳過程中的建構；兩者同時發生，同樣重要。而所謂的建構，有內容和性質的認知兩個方面。我以香港人講甚麼話為例作說明。二〇〇八年起，特府出籠「普教中」，香港人普遍非常反感，很在意要保存自己的母語，但當時的意識，還不過是一種地方主義，具體來說是在中國範圍內以「南方意識」對抗其「北方意識」、「中土意識」，所以當時指的母語，就是「廣東話」或者頂多是「港式粵語」。南方意識強烈的人，談論這話題時，有兩個特點，其一是很在意講「粵語先係真正漢語、比普通話正統得多」（姑勿論是否真確），其二是批評一般香港人講粵語「咬音唔正、寫法自製」，而以正版廣府官話為圭臬。到了分離主義興起、大中華主義被普遍冷落的時候，這種以粵語向普通話爭正統的想法不繼，被「香港話才是母語」的意識取代。的確，一個自命港獨、香港民族一分子的人，卻說自己的母語是「廣東話」，真是情何以堪。那當然不只是名稱問題。

從社會語言學角度看，香港人日常講的話，不僅跟標準漢語的差異大得完全足夠分家自立而有餘，也完全可以脫離「廣東話」而自成一體。舉例旁徵：瑞典、挪威和丹麥這三個北歐國家，其語言都是獨立的，但三者可「相互理解」（mutually intelligible），即母語是其中一種的人，不額外學習已可輕易和母語是其他兩種之一的人有效溝通。由此可見，一種語言是否可以成為一個獨立的語言，主要是一個政治問題。香港人日常講的話，跟中國北方人講的話絕對不能「相互理解」，廣東省人要明白，也需刻意學習。

至於香港人的書面語跟講普通話的人差不多，則完全是因為香港人寫的字不能跟講的話一樣，原因也泰半是政治。故香港話之所以依然被視為一個中國的方言而不是一個獨立的語言，關鍵不過是香港人自己還有沒有語言獨立的認知，以及中國准不准你那樣認為；兩者都是政治問題。若把香港話看作一個獨立的語言，把粵語看作是中國的一個方言，都完全講得通，符合社會語言學的一般學理。這是港語學ABC。

香港話包含的外來語單字、片語甚至短句非常多，尤其是英、美、日的，絕大部分都香港化了。在一些專業人士之間的日常交談裡，外來語成分更偏高；如果計算總的出現頻率，大概比得上日語中的漢字加片假名。在海外港人社群裡，香港話的外來語成分增速會比在香港快。反過來說，在香港本身，會出現對普通話元素滲入的抗拒。有一次，我在我的FB裡用了「公交」（公共交通）一詞，馬上給眾多朋友嚴詞指摘，要我注意那是「強國話」、「你國話」，不是香港話。這個在政治分離意識日漸濃厚之下出現的符號異化和文化切割現象會日益普遍。

另一方面，近幾年，用香港話書寫的嚴肅議論文和優雅文學藝術創作越來越多，明顯帶有取代普通話書面語的功效；十多年前，那樣書寫只能用來插科打諢引人發笑而不登大雅之堂。香港話這三趨勢——外來語成分增加、應用嚴肅化和優雅化——都會在環境因素和政治意識的驅使之下加速。

語言文字一般人認為是用來溝通的，但在特殊的環境之下，語文操作也可用作區隔和屏障。耶魯大學社會人類學家詹姆斯．C．斯科特（James C. Scott）的力作《不受統治的藝術》（The Art of Not Being Governed）研究了東南亞多國邊界地區海拔300米以上的高山族。本來的平埔人，他們後來受到漢族和緬甸族不斷伸展的殖民霸權侵略；為免成為異族國家的臣民，他們離開了平原和谷地，成為高山族，故事和在台灣原住民中發生的一模一樣。這些民族把他們本來有的書面語有意識地遺忘了，因為沒有文字記錄，他們面對漢緬人的步步進逼會安全一些。我估計香港話的發展，尤其在本土部，也會出現功效類似的趨勢。例如，發音會變得和漢語越發不同；效法日本語中的「和製漢字」（例如「辻」）而出現的「港製漢字」會更多出現，自然而然強化中港之間的文化隔膜，阻擋漢化；而所有自覺或不自覺參與這個語文活動的香港人，都自然而然地成為漢奸，那是不用說的。

香港社運人改變了自身，改變了西方的中國觀，還不斷改變自身的語言文化。相比真是了不起。

佔運的國史脈絡與香港新文化運動

2019／05／02

佔運是香港知識人、宗教人和年輕學生領導的政治運動，背後的歷史脈絡有一中一外兩條。中國那一條參連清初以來三起「公民」抗命實踐，即一六六一年的哭廟案、一九一九年的五四運動和一九八九年的北京民運；三者在狹義上都是失敗的，或是慘烈收場或是無疾而終。外國脈絡提供了公民抗命理論，但也包含若干經驗，如一九四二至四七年印度獨立運動最晚期的若干非暴力環節，以及美國六〇年代民權運動，都是成功經驗。貫串所有這些事例，就是違法達義四個字。正因其失敗，中國三例有更深刻的參考價值，但頭兩個年代久遠，需要重構，並作適合香港的本土新解讀。這是本文主旨。北京民運經驗需要一個局部解構與再分析，此工作則留待六月初。

中華抗命第一案：金聖歎哭廟

清初哭廟案，是國史上首宗讀書人抗命而遭集體戮殺的悲劇，一九八九年天安門大屠殺乃乘此先例的一個加強版。清順治帝十八年二月駕崩，康熙八歲繼位，由四大開國功臣輔政。此前蘇州吳縣縣令任維初私取公糧反逮捕百姓，以金聖歎為首的一班秀才遂按風俗到當地孔廟「哭靈」，並寫了控訴帖文，矛頭指向包庇任的巡撫朱國治。朱大舉抓捕一眾哭靈儒生，金等18人旋以煽惑罪問斬棄市。

漢代以降的政治傳統裡，孔廟寓政於教，是政權的柔性象徵，其建築式樣規定嚴格，祭祀對象等級森嚴，孔子像兩旁，七十二弟子分次第，四配十二哲先賢先儒等名號林立，歷代皇帝總統的贈匾居高臨下，造成一種威勢。古人在孔廟哭靈（向孔聖人申訴），姿態謙卑，卻是不折不扣的「違『禮』達義」，和今人在天安門廣場違法達義搞佔領完全一樣，都是直接向專制政權抗議說不，違反忠君愛國大義，死有餘辜。所以，佔中三子最高判刑十六個月，朱牧[1]緩刑，愛國派深感不忿，認為便宜了亂臣賊子。這些愛國派，體內長滿中國專制文化DNA，未讀過國史也能看齊朱國治，堪稱「自然統」。

朱乃有名漢族酷吏，打壓漢人不亞滿清統治者，清初江南三大案（奏銷案、通海案、哭廟案）都由他挑起或主理；清皇朝喜歡他，封漢軍正黃旗，《清史稿》把他編在卷488列傳忠義卷首。清初八旗裡，正黃旗緊接鑲黃旗排第二，旗下滿蒙漢三軍中的漢軍非同小可，裡面響叮噹的人物，

---

1 朱牧：朱耀明牧師，與戴耀廷及陳健民並稱為「佔中三子」，呼籲「讓愛與和平佔領中環」。後於二〇一九年被裁定「串謀犯公眾妨擾罪」，判監十六個月，獲准緩刑兩年。

身價和當今香港林鄭梁某湯某等人相若，包括了鄭克塽、鄭克壆，即南明國姓爺鄭成功的兩個投降清朝的孫子。

金聖歎才情洋溢，是近世中國新文化運動先驅，他評點勘校《水滸》、《西廂》等通俗小說與戲曲，把那些作品提高到「才子書」的地位，徹底改變了傳統的文學觀念，卻完全不是一個政治人。清朝把他這種人置於死地，後人視為冤枉，其實不然。

專制統治者最要防微杜漸，哪怕只是一些說話方式和閱讀習慣，他們都認為絕對危險，不會來法治社會無罪推定那一套。弔詭的是，越是專制的地方，這個想法越是正確，因為統治者越是接近與所有人為敵。近日，特府藉故為北京修改香港《逃犯條例》，引起本來乖乖的本地商界齊起反抗，可見一斑。

於是，三人行，就是非法集會；一人黨，也必須取締；任何逆反言論，等同嚴重而逼近的有害行動。如果熟悉國史，了解中國傳統管治文化，面對急促赤化的特區政府大幅採取這些政治手法，當不會覺得意外而驚惶不知所措。

進一步突破：五四運動

廣義五四運動包含兩部分，一是以抗議巴黎和會的愛國學生為主體、以火燒趙家樓為精粹的「外禦強權、內懲國賊」行動，一是其後由知識分子領導的新文化運動。國共兩黨對這兩部分都肆意閹割。

共產黨嘴巴高唱五四，把每年五月四日定為中國青年節，卻巧妙地把愛國變成愛黨，一九四九年之後，更把「德先生」改造成「人民民主專政」、「無產階級專政」。國民黨同樣刻意替五四改頭換面，使之納入「正軌」，做法卻比較隱晦。

火燒趙家樓是五四運動的火眼龍睛，學生沒點那把火，五四就只會是當時眾多群眾運動的一個，新文化運動更可能延後。然而，用港語描述，火燒趙家樓就是「勇武抗爭」，是比哭廟更進一步、更嚴重的違法達義。但是，這一歷史關鍵點卻在民國史觀裡一筆帶過，組織該次行動、痛打高官章宗祥、猛衝曹汝霖官邸趙家樓並最先點火的學生都給隱形了，姓甚名誰鮮有人知，最獲讚許的是後來奮力保護學生的蔡元培。蔡當然非常可敬，比起佔中期間幾乎所有香港各大學校長的龜縮態度，不可同日而語，但說到底，他扮演的是該次行動的一個後續角色，但在民國的五四論述裡，主次易位，而潛台詞則是：「學生過激，蔡氏不顧名位風險而力保，更見其人格偉大」。

領導火燒趙家樓並點了第一把火的是當時北京高等師範學校數理本科生匡互生，事前已和同學約好，必要時犧牲性命。匡是湖南人，運動過後立志獻身教育，後來和朱光潛、豐子愷等人創辦「立達學園」。匡曾在湖南和毛澤東合作搞學運，國民黨對他有戒心；他是無政府主義者，故共產黨也排斥他。一九三三年四十二歲時病逝，從歷史上消失。

民國史觀之下的五四歷史書寫，走樣變形雖不如共產黨搞的嚴重，卻一直影響著今天的香港知識分子特別是民主派。若五四當日的場景在二〇一四年的香港一一再現，學生領袖們恐怕不終身監禁也得坐牢幾十年，終了還得「傳車送窮北」；而更不幸的是，他們的一部分戰友，未及此已會因為他們的「勇武」而與之作道德上的切割。

後五四的啟示：香港新文化運動

佔運之後，絕大部分民主支持者回復了往常生活，並不需要求藥求診，遇到切身威脅，還會站出來表態，例如上周的「反送中」；這不像是陷入了一般所謂的集體抑鬱。只是，在大問題上，在有關香港政治前途的方向上，他們變得更穩重，對運動的領導要求更高，而且會向他們提出根本質疑：等著支持你，但你看見前路了嗎？三十年運動無成，群眾對領導有此大問並不為過。

這個情況，就如同五四火燒趙家樓的高潮過後，群眾只見北洋政府依然不長進、孫文等人領導的革命派連番失敗四分五裂，卻看不見中國的出路，非常失落，以至魯迅作《野草》，一多吟〈死水〉。但失落的人並非萎靡不振。運動中的仁人志士，個別地或者三五成群地在國內外找尋前路，思想非常活躍。有人在傳統文化方面找病源，有人要推動民主的白話文學，有人問路無政府主義，有人找上馬克思，有人搞新村實踐，有人要聯合日本反抗西方列強，可謂百花齊放，形成了二〇年代帶有濃厚政治反叛內涵的後五四新文化運動。

香港人今天同樣來到了這個寫著失落兩個大字的關口。五四百周年給的提示很清楚：前不見去路，就必會有人努力尋突破。佔運之後，在香港漸次形成的，同樣是一個新文化運動，而且明顯是一個更反叛更決絕的運動。那是這裡年輕一代人的政治經歷使然。

論香港人的文化獨立
——日本和美國經驗的啟示

2018／11／15

今年十月一日，我在倫敦大學東方與非洲研究學院（SOAS）主辦的香港政治前途研討會上介紹了香港文化獨立的概念。「文化獨立」這四個字，既有歷史與學術內涵，也在當今香港政治環境裡有現實意義。容我先聚焦後者，替這論題作一定位。幾年前，為緩和本地年輕「獨自派」當中的激烈抗爭情緒、希望幼嫩的新民主運動能夠避開政權的嚴酷打壓，我提議大家可朝「法理港獨」的方向思考，即在現存法律容許的範圍內建構一種重理性的港中區隔，以抗衡京港當權派致力推動的港中融合。

緣起

法理港獨涵蓋甚廣，包括「國祚盡時的港獨」、「研究型港獨」、「雙贏港獨」等等。「文化獨立」也可以是法理港獨的一種，尋求在進取性的「政治獨立」以外，開闢一個寬闊溫和的空間，以鞏固年輕人最重視、卻所剩無幾的「香港性」。這是一種主要是認知領域內的心智探索和說理活動，是內向防守性的，政治上非進取的。

踏入本世紀一〇年代，兩制在每一環節上都遭大幅削弱。精英陸續被吸納進政協等統戰機構，原有香港體制不斷變質，局面不斷破損，不少香港人感到前路茫茫。但我認為香港並非無險可守，因為還有一道最後屏障：文化區隔。

這是一道人人可守的天然屏障，因為文化這回事，廣義而言，就是人倫日用、衣食住行、語言文字圖像影畫方面的所有大小事物。我們參與其中，無時無刻不承傳著它、改變著它，分別是自覺還是不自覺，以及自覺之後又怎麼做。

我並非說文化這個屏障很易守。其實文化也是重災區，語言文字有點守不住，出版界、娛樂界和傳媒——所有一直以來有體制可資依附的文化活動則幾乎完全失陷。香港人不能再寄望體制提供可靠的屏障。

體制不足靠

在倫敦，我曾就這個問題與我一向尊敬的李柱銘先生討論。他認為沒必要提文化獨立，因為香港本來就和中國不一樣，最大分野是我們有法治。我不完全同意他的看法，因為文化層面很廣，法治和守法精神僅是其中部分；而且，法治很靠體制，中國只要在體制裡再動點手腳，多釋幾次法、換一些人，香港的法治就崩潰。文化的獨立不止於「不一樣」，我們需要培植一種政權搬移不動、會生根的東西。

體制既不可靠，剩下的一片，就是體制所不能及的社會空間。然而，便是在這片僅剩的文化空間裡，要加強港中區隔，也不容易。原因是，港中文化儘管差異甚大，但論上層主流，則大體同一，即我們熟知的中土漢文化。這是一個港中之間的現成通道，透過它，中國文化產品源源不絕滲透香港。以娛樂為例，本來流行香港的粵語劇、日劇、韓劇，七七八八都被中國劇淹沒了，尤其在中小學的最年輕人當中。

還不止此，便是有意識作港中區隔的朋友，也無奈失語，以致要捍衛香港人的語言，打出的旗幟卻只能是捍衛「粵」語；試圖在整個文化領域別樹一幟，卻只能把分野畫到五嶺山脈，認同於「嶺南文化」。

如果我們意識到，正音粵語及其所出自的上層嶺南文化，都是中土帝國主義文化擴張的一部分，那麼當我們喊出「捍衛粵語」、「承傳嶺南文化」的時候，其實還不是在尋求港中文化區隔，而只不過是爭取保留一點地方色彩、爭取站到中國文化的某一個角落而已，雖然那也是一個受古今中土政權冷待、歧視甚至打壓、早晚要清掃掉的角落。那是很悲哀的。文化獨立不是僅僅爭取保留地方色彩。

不僅僅是保留地方色彩

我們是在這樣的邏輯、事實和現實之下談論文化獨立的，因此困難。不過，我講的文化獨立卻不是對抗性的，並不以漢文化乃至漢化了的嶺南文化為敵。相反，我自己十分鍾情漢文化，非常尊敬孔夫子這位古人的學養和品德，這在我的朋友圈子裡大家都知道。在世界歷史範圍裡，非對抗性的文化獨立有重要先例可援。

七十年來，中國文化受馬列毛共抑制，死水一潭。但是如果香港發展出迥然獨特、與中不同的文化，便是政治上始終獨立不了，永遠是中國一部分（那是可預計的將來裡接近1的高概率事件），對中國文化的貢獻，顯然也會非常正面。因此，文化獨立是一種雙贏獨立。做得好，中國無須打壓亦無從打壓。

世界史範圍裡的兩個最重要的非對抗性文化獨立事例，大處其實大家耳熟能詳。頭一個發生在日本。日本文化從中國獨立出去，始於宋元二朝交替、蒙古軍隊第二次遠征日本失敗之後的時段，之後經過數世紀才大致完成，遠遠落在日本政治獨立之後。日本的政治獨立，一般認為始發於日本史上的飛鳥時代：推古天皇十五年（公元六〇七年），日人小野妹子代表倭王向中國隋煬帝遞國書，上款寫「日出處天子致書日沒處天子無恙」，表明日本的獨立國地位。

為甚麼日本文化從中國文化獨立出去，是要待到宋元交替的時候才有意識地開始的呢？日本中國史大師內藤湖南（一八六六—一九三四）對此有論斷。

宋元交替——日本文化獨立

日本受中國文化影響至深，中國文化傳入日本而成為其主體文化，在周秦時期開始，至唐宋達峰；宋朝理學幾乎無延遲地傳到日本，成為其知識階層的顯學。但是，宋朝文化鼎盛，竟敗亡給文化發展相對原始的蒙古人。更匪夷所思的是，不單是宋朝覆亡了，大批高官和知識分子跑的跑、投降的投降，更令日本人沮喪的，是不少儒生還趕緊鑽到元朝政府裡做事。這包括理學家許衡，以及後來當上忽必烈宰相的劉秉忠。劉是所謂的「紫金五儒」之一，其他還包括郭守敬、王恂等人。劉根據《周禮．考工記》對天子之都的詳細想像，負責建造了元大都，即北京古城。其他四位「紫金五儒」和劉一樣，都入仕蒙元。日本人對其文化母體裡的「士」如此輕易就在華夷之防的大問題上整體崩潰，不僅反抗無力，連意願也幾乎沒有，簡直看傻了眼。這是一個最強烈的衝擊，是日本文化獨立第一因。

第二因是隨之發生的「蒙古來襲」。一二七一年，蒙古帝國中國部成立，隨即侵佔並征服高麗。忽必烈的強大水師於一二七四年、一二八一年兩次渡過日本海，欲抵達今天福岡沿岸博多灣一帶登陸。第一次無功而回。第二次以數倍兵力進犯，依然佔不到上風，最後遇上「神風」，蒙古艦隊全軍覆沒。日本人於是認為這是上天之意，大和民族遂自命為神的子孫。

有此二因，日本知識界生出了文化獨立的清晰自覺。然而，這個文化獨立不是對抗性的，日本人至今珍視中華文明，甚至讓中國人有禮失求諸野之嘆，那是大家熟知的。內藤湖南在他的論文集《日本歷史與日本文化》一書裡，對其後幾百年日本國民在多領域裡的文化獨立實踐有很詳細的分析，我會另文介紹。

以下談美國文化從英國文化獨立出去的過程。

不是地球村

美國於一七七六年宣布在政治上從英國獨立出去，過程非常痛苦。前一年開始的抗英戰爭打了八年，最後在法軍的支持之下得勝。一七八三年，英國在《巴黎和約》上簽字，承認美國獨立。美國當時的人口只有二百五十萬，戰爭中犧牲七萬，即2.8%。其後英國並不甘心失去大片殖民地，繼續在經貿方面封鎖美國；美國國內中上階層親英派大批移民加拿大，造成美國經濟不振，而加拿大卻得以繁榮。緊張關係終於導致一八一二年的英美戰爭，史稱「第二次美國獨立戰爭」。英軍一度攻陷華盛頓，連白宮也燒毀了，比火燒圓明園還厲害；打了三年，英國方肯罷休。

讀這段美國史，會發現一個我們今天在「地球村」觀念深入人心的思想境況之下容易忽略、卻不難明白的事實：美國立國初年的民族主義很強烈，「他」、「我」分野明顯；支持獨立的愛國派（Patriots）和反對獨立的精忠派（Loyalists）之間的敵意，絕不比今天香港獨統二派之間的少。

其實，美國自立國之初、包括第一任總統華盛頓以降的多位總統，無一不為鞏固新生國家的主權、建立美國人政治身分認同而焦慮無間。第五任總統James Monroe（門羅主義的提出人，華盛頓總統很看得起的一個晚輩），更是其中表表者。美國史家Harry Ammon替他寫的傳記《詹姆士．門羅——民族身分認同的追求》（James Monroe: The Quest for National Identity），是迄今學術界公認最好的。Ammon在序言中特別提醒說：

「一七七六年那輩美國人並不把美國革命僅僅理解為切斷與英國的連體關係，而視之為一次創建全新體制的事情。他們的終極目的，是要在美洲建起一個在根本原則和國民氣質上與舊世界迥然不同的民族國家，並以此為己任。」

「與法國革命的領導人不同的是，門羅那輩的美國政治家並沒有要拯救世界的使命意識。他們以建立新的美國體制為第一優先。他們相信，當這件工作完成之後，美國才能成為世界的一個榜樣，從而發揮精神上的感召力。」

華盛頓、門羅、特朗普：美國優先

有人以為當今美國總統特朗普（Donald Trump，台譯川普）是喊出「美國優先」的極右派第一人，但顯然錯了。無論特朗普個人品德如何惡劣，他的政治取向其實是借用了華盛頓以至門羅等美國開國先賢的想法而已。我們當然可以批評他開歷史倒車，卻不能忽略，「地球村」理論是環球資本主義時期才出現的意識形態，甚至可能成為了這個主義的發展工具。

可以這樣理解，法國革命因為不是尋求獨立，所以沒有民族主義傾向，更不必提甚麼法國優先，因為那些概念都是離題的。它的使命不是民族解放，而是在階級鬥爭的惡質上昇華出人的解放。但美國革命卻與此相反，是要聯合各階級，包括南方的傳統地主、奴隸主和北方的新興工業資本家，打倒殖民母國的主權壓迫。兩國的革命都沒錯，因為所處的環境和要解決的問題都不同。

這個分野，對今天香港社運中的一個基本分歧——所謂本土主義和左翼民主主義之間的分歧，有參照意義。到底，今天我們在香港面對中共及其支持者的打壓，其性質是更接近階級壓迫還是民族壓迫？我們今天在香港推動的要民主、反極權運動，應該是直接求取無產階級乃至人性的終極解放，還是先要聯合各階級各社群對抗一個外來的異體？

然而，相對於美國立國初期領導人汲汲於建立與英國和歐洲大陸的政治區隔和獨特的身分認同，美國的學術界卻持續在一七七六年之後的半個世紀裡一直唯英國及歐洲大陸的文化馬首是瞻。英國文化源遠流長，內涵豐富，美國立國的主要思想資源——宗教信仰（清教）和政治哲學（民主），都源自英國；賴以思想的語言，就更不用說。如何擺脫英國文化影子而自創一格，進而為人類作出獨特貢獻，是當時很少數美國知識分子不懈思考的大問題。

走出英國文化影子

一八三七年，愛默生（R.W. Emerson，又譯艾默生）發表了題為〈The American Scholar〉的演說，完整扼要地提出創建新的美國文化的號召，後世思想史家尊之為「美國思想界的獨立宣言」。之後的四分之一世紀裡，美國文化界人才輩出，他們的世界級作品都在此期間問世。愛默生所想望的，竟在他有生之年實現了。之後逐漸成熟的美國文化獨樹一幟，品味和理路完全和英國不同，卻承傳了英國文化的所有優點，既有濃烈民族特色，也飽含普世價值。

在演講詞裡，愛默生直白提出美國文化獨立的主張：「我們在學問上當別國的學徒、靠掛別人的日子要完結了。我們周遭湧現的百萬新人口，不能永遠用外國乾癟了的餘糧餵養。」

但愛默生並不擺出一副搞文化批鬥的架勢，而是小心鋪排他的人文哲學，一種在英國和歐洲大陸已被古老歷史埋沒、必須在新大陸曠野的原始純樸裡重新發掘的人文哲學。他講人性復歸，講天人合一、格物致知。

談到知識分子的角色，他說：「按社會分工，讀書人負責思考。在正常狀態裡，他是一個思考著的人。在退化的狀態裡，他變成僅僅一個思考匠，或更糟糕地，成為了一隻學舌的鸚鵡。」

愛默生不排外拒古，反而鼓勵人們讀古代人的書、英國人的書；但「正如要創造地書寫，也須創造地閱讀」，他認為讀經典重在讀出經典的原創意念而不在具體章句：「創作活動的崇高，變成了作品的崇高。吟游著的詩人是靈慧的，此後他的詩句也便是靈慧的……（若這樣想，）書本馬上發出香臭，指引變成指令。」

這是非常顛覆的講法。我試應用在中國近代史的經典建構和書寫上。「中華民族」四個字是非常出色的一個政治創意，建基於興中會、同盟會的「驅除韃虜、恢復中華」在建國前夜一變而成為的「五族共和」。今天漢族人跳過那個創意而接受了「五族共和」的說法，固然強烈認知民國以來的秋海棠葉形中國版圖，卻無法了解諸如西藏的長期不服、文革序幕是慘烈的蒙古內人黨事件、台灣勢必是新西蘭的翻版、香港也生出分離主義，以及最近從新疆傳出的那些不方便事實。

愛默生的顛覆

美國思想史家、約翰霍金斯大學歷史系教授拉澤爾．齊夫（Larzer Ziff）的力作《文學民主：美國文化獨立宣言》（Literary Democracy: The Declaration of Cultural Independence in America），介紹了六位美國十九世紀上半期的思想家、小說家和詩人，並推崇其中的愛默生為先知。其餘五位分別是：作家梅爾維爾（Herman Melville）、愛倫坡（Edgar Allan Poe）、霍桑（Nathaniel Hawthorne）、思想家梭羅（Henry David Thoreau），詩人惠特曼（Walt Whitman）。

這些人並非個個都是自覺的文化獨立倡議者。梅爾維爾開始寫作的時候，甚至不是一個很有學問的人，當不成教師，做小生意也失敗，在陸地無以立足，於是索性報名當水手去捕鯨；那幾乎是當時最低賤、最危險也最沒有出息的職業，卻造就了後來他的寫作事業，讓他寫出新大陸第一本世界級的文學作品《白鯨記》（Moby-Dick; or, The Whale）；把小人物的小事跡寫得頂天立地，那是當時歐洲特別是英國文學裡未曾有過的。

又例如霍桑，非常保守，在南北戰爭一事上，他並不認為北方全對而南方全錯，他要尊重各地區的人的生活方式，認為抽象價值不足以支持北方對南方動武。但在他的文學作品裡，他的價值觀念卻十足前衛。我們拿他的代表作《紅字》（The Scarlet Letter: A Romance）和之前英國文學所達到的最後高峰即所謂的 novel of manners（我譯作「態度小說」）做比較，就很清楚。

英國的「態度小說」，可以珍・奧斯汀（Jane Austen）的作品《傲慢與偏見》（Pride and Prejudice）為代表，主要是在現存社會結構和道德規範之下，透過細膩的筆法，寫出「有教養」人物對情與慾的掙扎和克制，樹立社會風尚典型。這種寫作的社會目的和手法在十八世紀末的美國也大行其道，例如伊迪絲・華頓（Edith Wharton）的《The Age Of Innocence》（我譯作《純真紀》），更可謂青出於藍。大家記得這部小說結尾那幕，地點選在浪漫的巴黎，但男女主人公二十餘年不能相見最後可以相見卻又彼此都選擇不見，不可謂不感人，歌頌的是道德規範之下的自制與昇華。

但在 Hawthorne 筆下的美洲大陸，政治解放不能不同時帶來人性解放。《紅字》中的女主角有了私生子；她承認違反了當時的法律，願意接受裁決，卻認為情與慾俱出自心性，何罪之有。於是她把法律加諸她身上的兩種懲罰——胸前須掛一個紅色 A 字（A for adultery）、不得與人交談——都變成自己的選擇，甚至當輿論回心轉意、對她的懲罰終止以後，她依然選擇沉默。這和「態度小說」的主旋律比，乃南轅北轍。

篇幅所限，齊夫書中其他幾位人物的作品和思想，不能一一介紹。

結語

日本和美國的文化獨立都有其政治背景，都是在這兩個民族國家從其文化母國作出了政治獨立之後發生的。如果我們承用班納迪克・安德森（Benedict Anderson）的說法，把民族理解為「想像的共同體」的話，文化就是這個共同體自然分泌出的黏合物；當這個渾沌的物自身演化出他我意識的時候，文化就走上獨立；但如果這個自覺了的共同體是受制於另一政治實體的話，就會本能地進一步求取政治獨立，如同瓜熟蒂落。在這個論述底下，日本和美國的政治獨立走在了文化獨立之先，好像本末倒置、錯了時序，還未做好準備工夫就發生了。一個歷史解釋是，這兩起歷史發展都發生在促生現代國際秩序的《西伐利亞和約》（Peace of Westphalia，台譯西發里亞和約）以外的時空，因而是可能的；在今天，國家觀念和國際秩序普遍固化，政治獨立就沒有那麼便宜。

不過，文化和政治到底是兩碼事，兩者的發展之間並沒有必然因果關係或先後次序。如果我的了解沒錯，余英時先生認為思想發展有其自身的邏輯和規律，其範式突破每每是一種內向超越，政治因素只提供其發生時的若干表現形式。因此，當我們思考和實踐香港文化獨立的時候，並不需要把政治的方向性帶入文化空間作指引。

就今天香港文化已經表現出來的氣質而言，其與古今中國文化的差異，已不亞於日本文化之於中國文化。但我們也應該特別虛心接受中土文化對香港文化幾十年來的傳統評價：我們的確還與那「文化沙漠」的說法距離不遠，正如十八世紀的美洲大陸，相對歐洲和英國文化而言，是一片蠻荒。

然而不可思議的是，齊夫筆下那六位美國文化獨立的理論和實踐先驅，以及他們在文化上的成就，竟然都是在一八三七至一八六一年那短短四分之一世紀裡同時湧現的。好像時不我與，但觀近幾年香港文化界年輕人的躍躍欲試和已有表現，我有理由期待這裡出現同樣的黃金突破。

《參考資料》

1 內藤湖南著，劉克申譯：《日本歷史與日本文化》（北京：商務，2012）。

2 Ammon, Harry, & Speirs, K. E. (1998). *James Monroe: The Quest for National Identity*. American Political Biography Press.

3 Ralph Waldo Emerson (1937, speech). *The American Scholar*.

4 Ziff, Larzer (1982, August 26). *Literary Democracy: The Declaration of Cultural Independence in America (1st ed.)*. Penguin Books.

試論香港人的文化獨立

2014／03／06

中共批港獨，其實沒有客觀需要。她一天在，香港獨立就沒可能，猶如以卵破石；她不在了，香港獨不獨，就與她無關，而獨立的訴求，泰半也會煙消雲散。這個道理，港人明白，所以不會強求政治主權的獨立。然而，文化獨立的意識，卻是如二月早春，應時而生、悄然而至。港人這種思想上、感情裡的蠕動，既是在港陸融合的大運作中品嘗各種味質慢慢引發，也是在刀斧血光的小疑慮之下幡然悟得；於每人身上都是主觀的，於整個社會便是客觀了。文化獨立的意念渾然而生，亦會出現刻意建構，使之逐漸成形。任何這種目的規模的刻意文化建構，起碼包含三個方面：大論述、神話的藝術營造、圖騰（或 icon）的確立。負起這三方面工作的，分別是社會各階層裡與本土命脈息息相關的那些政治歷史人、藝術人和社會學人。筆者試圖對此作一客觀梳理，但自知難免帶有個人偏見。

文化獨立的大論述

在年前反國教反洗腦行動高潮裡，筆者的一位學界朋友這樣說：「師生民眾徒有一番熱血，但論述模糊不清，比起台灣的本土運動差得遠。」此是的論。台灣獨立的概念，最先由上世紀初國際共產主義運動（第三國際）提出；幾乎與之同時出現的，就是二〇、三〇年代的台灣語文鄉土化運動，至七〇年代而有第二波繼興，近百年來與政治獨立運動互為表裡，更有多學科的學術研究支撐，可謂源流久遠、底子深厚，實非尚處青澀階段的香港文化獨立意識可比擬。

然而，萬事總有起頭，港人首先需要一個「大致準確的大論述」，裡面包含幾個堅實的、必不可少的歷史文化基石，作為一切其他論述與實踐方向的立足點。

這些歷史文化基石應包含下列四塊：華夏文化與嶺南文化的傳承；一百六十年的英帝國殖民統治；二次大戰結束以來美歐日經濟及文化的飽和滲透；五十多年來與共產中國的政經分割與生活方式衝突。所有這些，都是客觀存在的歷史或現實，應該沒有嚴重爭議，問題是站在這些基石上面看未來，香港文化為甚麼應該與大陸保持距離、按自己選擇的方向發展。關於這個問題，可有如下思考：

一、香港有成就，最明顯的是在下列七個方面，做得比大陸好：核心價值建設、社會管理、商業文化、基礎設施、資訊流通、政府權力規範和總體公共資源利用。但就算是在一些我們自己也覺得不過是差強人意的其他方面，如文化事業、教育、醫療、居住等，依然比大陸優勝，否則也不會有那麼多的大陸精英要來香港觀光、讀書、就醫、定居。

二、香港很多成就，例如經濟方面的，都是港人克服了殖民主義長期剝削壓迫而取得的，並非全然拜英港殖民政府管治，以及全球化因素所賜。反觀大陸，並沒有真正經歷殖民主義的慘痛，但那麼多年來依然在很多方面未能把社會搞好，有些方面還愈來愈壞；相比，香港人更優秀，證明了本身具有吸收和發展高質文化的能力。

三、香港的各種優勢，大部分是在一九四九年後、幾乎完全獨立於中國其他地區的時間裡發展出來的（此所謂「借來的時空」）。如果回歸年是四九而非九七，香港根本不能有上述成就；就算有點雛形，五十年以來，絕大部分也會消失了。因此，歷史說明，文化獨立對香港而言是好的。

四、香港文化其實早已「被獨立」。港陸文化同源，英殖民主義做了第一次並不徹底的分流；中共則再把那剩下的完全切割。可資維繫香港與華夏嶺南文化的臍帶，亦因大陸對傳統文化的糟蹋，早已乾癟枯萎；如果強行接駁（「融合」），再灌輸過來的東西，不可能是那本來同源的文化。要是融合到大陸今天那個文化裡，壞處很多，百多年來受殖民統治之苦換來的好處，則完全白費。

以上四點，多是客觀的東西。跟著，筆者拋磚引玉談一些主觀意見，歡迎大家批駁。

文化獨立，香港往哪個方向發展？一些朋友認為，可以以香港為基地，復興華夏嶺南文化，但筆者認為那是沒有可能的。兩千多年前，孔子就希望復古：「鬱鬱乎文哉！吾從周」；「興滅國，繼絕世，舉逸民，天下之民歸心焉」，但孔子自己辦不到，他多少代的門生也辦不到。對華夏嶺南文化，香港人只能作「善意的回顧」，努力發掘出一些值得珍惜的精華，往後每一代盡量保存，但不能期望沒有損耗，因為它已是無源之水，只能活在故紙堆、研究院裡。文化不能復興，只能順水推舟。

然而，香港文化獨立，最精彩處應該還是它的未來式。香港人有良好的文化基因和教育資源；這裡還有不少有心人，（尚）有比較寬鬆的發展環境，能吸收世界各國文化。這種情況，好的方面，就跟日本、台灣差不多，應該有所作為。至於發展出來的是甚麼東西，則要看大家、要看下一代了；開放就是好。

文化獨立與神話營造

每一個文化都有一些起源神話。這些神話，不一定有事實根據，卻充滿文學意象和浪漫色彩。漢文化有盤古開天闢地、女媧煉石補天；羅馬帝國相信其建國（城）者是母狼餵奶養大的一對兄弟；美國文化裡有「五月花」號，載著追求信仰自由的人到達新大陸；中共立國，也樹立了長征、大渡河和雷鋒等神話。

近代台灣，也有過類似的神話營造，出現在當年一段最困難的日子裡的最震撼一天，可視作台灣人心理上獨立的一個里程碑。一九七八年，美國傳出放棄台灣、與大陸建交的信息，台灣人心惶惶；舞蹈家林懷民於是創作《薪傳》，以舞劇的藝術形式表達了十七世紀閩人開拓者東渡台灣建立新家園的故事，以激勵人心。

舞劇安排在同年十二月十六日由林懷民的「雲門舞集」舞蹈團在嘉義體育館首演，沒料上演當天的早上，剛好碰上美國正式宣布與北京建交；演出的九十分鐘裡，六千名觀眾熱淚盈眶、熱血沸騰。《薪傳》獨特之處，在於它既有「根源大陸」的意象，又有「種播台灣」的信息，結果受眾無論是「本省人」還是「外省人」，都可以有親和的解讀，在存有巨大文化認同差距的族群之間，產生了「命運共同體」的意識。今天，儘管人們可以更客觀解讀四百年前閩人東渡為漢殖民佔據南島人的台灣的歷史，或者留意到那最早期渡海的閩人不少都是三教九流的人物，像鄭成功的父親是半個幹走私的海賊那樣，但《薪傳》在台灣依然流行，已經成為經典。

香港文化裡，可以有些甚麼樣的起源神話呢？這首先要看我們把「起源」擺放到哪一個歷史時刻。既然我們說的文化獨立，是特別指相對於今天大陸文化的一種獨立，則「起源」可以擺放在一九四九年或之後（之前的歷史階段，可稱為近現代、近代、近古、中古、古代等）。其次，我們要問，神話裡頭的香港代表甚麼、大陸代表甚麼？人們在一九四九年之後，一浪又一浪的大陸人，不少冒生命危險從大陸湧港，主要為的是甚麼？最貼切的答案是，香港相對大陸，代表著自由；大陸來香港的人，只要不是中共派來做特別工作的，大抵都是為了得到大陸上得不到的這種或那種自由（就是今天引起很多港人不滿的大陸客，來香港也是為了自由——購物的自由）。

借用一句今天流行的話語，或可指引出神話建構的選材方向：「為了自由，香港人曾經去到幾盡？」（為了自由，香港人曾經做到甚麼程度？）

年前，筆者有一次到東平洲旅行，回程等渡輪的時候，坐在一間海邊小店裡跟店主聊天。隔海對面不遠處，便是大陸。「那些年，一到冬天，吹起大北風的時候，就會有人從那邊拚死游過來，兩三公里左右，靠的只是一隻籃球膽；春夏秋天這一帶都有鯊魚。有些人游得過來，已經幾乎凍僵，我們就在沙灘上把他們抬進來，餵熱薑湯加片糖給他們喝。很多年了，他們有些後來移民外國，回港探親的話，也會特地來這裡探望我們，帶著子女，還帶禮物。有些，游不過來……」去到盡，就成為神話的題材。筆者不是搞藝術的，但肯定將來的香港起源神話歌劇舞蹈或者小說詩歌裡，會有這樣的一幕。

獨立的香港文化有哪些圖騰

說到圖騰，總令人想起人類學裡的原始部族，但其實我們今天常說的 icon 一字，本義就和圖騰差不多，指的就是一些具代表性的圖符，供人崇拜。美國文化裡的圖騰特別多，包括 JFK、金博士、夢露、占士甸（James Byron Dean，台譯詹姆斯・狄恩）、KKK、米老鼠、人力水手、山姆叔叔、大象、驢子、超人等等；也不一定是人物，可以是物件，如經典可樂瓶、福特野馬、禿鷹、麥記金拱（麥當勞）、花花公子兔符等。中國大陸也有圖騰，不過少一些；曾經一度，全中國只有一個圖騰，就是毛的頭像。

現代圖騰不一定是代表好的，如上述的三K黨簡寫、花花公子兔符等，有些人認為很不好，起碼是有爭議的；但圖騰必須是家喻戶曉、具傳奇性、有某種代表性（不一定是「廣泛代表性」），而且應該是相當長期存在過的。在一個開放社會，甚麼可以成為圖騰、甚麼不可以，不是由權威決定話事，而是在大眾心目中自然歸結出來的。那麼，獨立的香港文化裡，大概有些甚麼圖騰，是能反映香港的獨特性和本土味的呢？筆者給一個隨手編的清單，供大家議論：李小龍、李嘉誠、劉進圖[1]、茶餐廳夥計、魚蛋檔、天星小輪、維園阿伯[2]、「西環」、長毛[3]、蘋果日報、津貼小學[4]、肥彭[5]、英文名、和理非非示威客、鍾庭耀[6]。

獨立的文化、開放的發展

五十多年來，香港的文化獨立於大陸發展，同時也是開放的，所以沒有排除適度的大陸文化進入；但適度進入不等於政府可以用行政手段強行弱化「一國兩制」達致融合。在很長的一段時間裡，香港文化獨立發展最有利。當然，既是開放的，也可能那麼有一天，香港人自願重新接近大陸文化。不過，香港人有選擇的話，那一天很遙遠。

【延伸閱讀】

近期有一些現象，可以代表香港的文化獨立因素正在增長。例如，新媒體的壯大；不少這些新媒體，本身就是傾向支持香港文化獨立的。關於新媒體，香港嶺南大學的葉蔭聰寫過一篇論文《新政治力量：香港獨立媒體的發展》，雖略為過時（二〇〇九年），但仍然很有意思。又例如，香港大學學生會會刊《學苑》最新一期刊登了五篇論本土主義的文章。七〇年代，《學苑》曾經是香港最左最愛國的刊物，今天竟然刊登本土主義的文章，本身就是一個要求文化獨立的現象。這五篇文章都收集在《輔仁媒體》網站上。年紀稍大的市民，可以通過這五篇文章，了解到一些當今最政治敏感的年輕人、社會未來的精英，到底在想甚麼、為甚麼那樣想。

1 劉進圖：《明報》前總編輯，曾發表梁振英大宅僭建報道，又於二〇一三年中國國慶日誤報「特首稍後將辭職」消息。《明報》於二〇一四年宣布更換總編輯，約110名員工於報社門外靜默抗議，一個月後，劉進圖遭襲擊，身中六刀危殆送院。遇襲後，他引用「真理在胸筆在手，無私無畏即自由」，捍衛新聞自由。

2 維園阿伯：源於香港電台在維多利亞公園舉辦的政論節目《城市論壇》，當有香港泛民主派或其支持者在節目上發言時，常有人於場內、場外大肆喧譁，立場親共。由於這些人士多為年長男性，故稱「維園阿伯」。

3 長毛：梁國雄，香港社會主義政治人物、托洛茨基主義者，因其一頭長髮得名。活躍於社會運動及相關示威活動，與黃毓民等人成立政治團體社會民主連線，慣於議會採取激進抗爭手法，有多項與示威遊行等事相關的刑事定罪紀錄，後於二〇二一年因參與立會初選犯國安法被捕入獄。

4 津貼小學：指學校非由政府主辦，但接受納稅人資助的學校。

5 肥彭：彭定康（Christopher Francis Patten），香港末代港督，於一九九七年見證香港主權移交。

6 鍾庭耀：「香港大學民意研究計劃」總監，是香港民意調查的代表人物，於二〇一九年七月一日從香港大學退休時，領導香港大學民意研究計劃脫離港大，轉為獨立機構「香港民意研究所」，自負盈虧。

從美國獨立運動看香港前途

2020／01／09

引渡條例涉人身自由，從來都是個政治炸彈。由罪犯引渡、域外審訊所觸發的危機，曾經在十八世紀北美13州殖民地及其母國英國之間出現過，是重要得寫進了一七七六年美國獨立宣言的一件事，並與其他政經問題一起，引致了前後長達八年的血腥戰爭，最後英國敗北，殖民地獨立、美利堅合眾國建國。

京港統治軸心藉故搞罪犯送中，起初自鳴得意以為聰明，沒想到導致了大規模社會動盪、經濟衰退、管治塌方，更讓港獨成為了大比例民眾特別是年輕人當中的信念，皆是習近平以降至林鄭等主要官員不學無術不懂歷史不知輕重之過。本文回顧英國當年對北美殖民地搞「送英」，結果成為獨立運動的一條引線的事例，並指出該歷史過程和香港近年發生的要事之間出奇緊密的對應，供捍衛自身自由的香港人參考。至於那些壓迫港人成性的京港掌權者，有膽的話，我也歡迎他們閱讀。

「送英」是美國獨立戰爭導火線

美國獨立革命戰爭在一七七五年爆發，之前一年十月，各殖民地代表組成的「第一次美洲會議」在費城舉行，會議的決議文是一份呈交英國議會的請願書，其中第二段和與之相應的第十一段這樣說：「因為……最近英國議會議定，按英王亨利八世在位第三十五年（一五四三年）訂立的一條法例，殖民地人若被控叛亂或隱藏叛亂罪，或隱藏在殖民地干犯的叛亂罪，可被引渡至英國審判……下列各殖民地的善良人……宣布：該等殖民地理應享有援引英國普通法的權利，特別是享有偉大而好處無可估量的由住域之內的同儕審判（即普通法意義下由陪審團判罪）的權利。」

這裡提到的叛亂罪，直接與一七七二年英國議會通過的《船塢條例》（Dockyards etc. Protection Act 1772）有關。該條例把大英帝國範圍內任何在其海軍船塢內干犯破壞罪的人提至帝國任何一個郡或縣的法庭審訊。其實，當時英國搞的域外審訊，涵括範圍很廣，不限於叛亂罪；自一七六五年通過《印花稅條例》（Stamp Act）之後，連一些干犯此稅法的殖民地人都可被引渡至加拿大 Nova Scotia（新斯科細亞省）或英國本土，由不設陪審團制度的海軍法庭（Admiralty Court）審理。

決議文裡還有多種其他權利要求。但是，英國議會完全不願滿足這些要求，而當時的英王佐治三世（George III，台譯喬治三世）更對該份文件和其他類似的請願文件不屑一顧。一年之後，英國更以依法繳械為由出兵攻打麻州（Massachusetts）的 Lexington（萊辛頓）和 Concord（康科德）兩市鎮；又於翌年（一七七六年），13 州殖民地人召開「第二次美洲會議」，這次會議不再搞請願，而是搞獨立，其決議文就是《13州美利堅合眾國獨立宣言》（The unanimous Declaration of the thirteen united States of America，又譯《美國獨立宣言》），內裡列出27條對母國英國的指控，其中第十二和第十三條便是關乎「送英」：「他（指英王佐治三世）聯合其他人士把我們置於本地憲法有效範圍以外的法域，並在沒得到本地法律承認的情況底下，同意了下列一批偽法……在很多種情況底下，取消了我們由陪審團審判的權利。強加一些虛假罪名於我們身上然後把我們運往海外審訊。」

歷史的殷鑑不遠，可惜京港統治軸心裡的包子太多。因文革上山下鄉而沒讀多少書的那包子猶可原，號稱文武全才卻其實胸無點墨的這包子就太過分，但聽說還有人因為通識學問太危險而要從學校裡清除，開學問與文明的倒車。

23條立法與香港的一七七六

我還可以補充一些資料。史家普遍認為，當時的北美13州殖民地，不僅域內經濟繁榮，人均收入和財富比英倫三島高，人民更享有舉世最高度的平等、自由和民主（其中以羅德島殖民地為最）。後者原因顯而易見，因為13州的政制基本上和英國一樣，即人民當中的男性有產者有權投票選出議會議員；在英國各地，有此權利的男性約佔所有男性的兩成不到，但美洲地廣人稀，阿水[1]都是地主，這個比率遂高達八成。因此，當時已經有人對13州裡的獨派提出質疑：你們已有那麼高度的權利和財富了，為甚麼還要付生命財產損失的代價追求獨立？（類似這樣的問題，香港人不會覺得陌生！）

問題的答案其實已包含在上述引文裡：殖民地人怕的是母國要削減他們已有的政治和人身權利，以至進一步剝奪他們的財富。當時13州殖民地行使英國普通法，因此和英倫三島一樣，都有相當完備的陪審團制度，但問題是，一旦殖民地人被引渡到英國或13州以外的殖民地受審，審判他們的陪審團就不再是「住域之內的同儕」，而是一些與他們毫不相干、完全不認識他們的生活環境、不清楚他們所處社群裡的一般道德標準和行為規範的陌生人。這些陪審團的審判標準會與他們所處殖民地的標準不一樣，故他們能享受到的法律保障，亦會因引渡而受到削弱，甚至失去。

域外審訊對當時的殖民地人被告一方而言，還有一個壞處，就是難以在審判過程裡提供有利己方的證人出庭作證。儘管當時英國法庭已經做到提供證人來往大西洋之間的旅費，但證人因遠渡重洋費時所損失的工作收入，卻得不到補償，因此往往裹足不前，被告的權利因而進一步削弱。這些論點，當時的殖民地法律界已向倫敦提得很清楚，但英國方面就是不當一回事。

事實上，人民為保衛已有的自由而作的犧牲，往往大於追求更高度民主時的。當時北美殖民者的抗爭，正正是由於害怕失去既有的自由而作出的，所發出的能量極大。這和香港社運抗爭者的奮鬥是一樣的：為了爭取還未享有的民主雙普選，香港人可以和理非二十年，但當權者一旦搞送中威脅現有的人身自由，香港人沒多少天就出到火魔法[2]、拚死。大家留意到，特府搞送中，僅僅是在原

1 阿水：雜魚，路人之意。
2 火魔法：即汽油彈，二〇一九年反送中運動時的別稱。

有的引渡條例裡剔除一小段文字，即所謂的「排中條款」（China Exclusion Clause）。為制止這一點惡意修訂，香港人願意並付出了龐大代價。由此可推斷，習氏和林鄭下一回搞全方位限制港人自由的23條立法，毫無疑問會逼出香港的一七七六。

當年北美13州和近年香港

香港的一七七六！這是否危言聳聽？回答這問題，可以先看當年影響北美13州走上獨立不歸路的「送英」，以及去年令香港分離主義思潮澎湃不已的「送中」，二者跨大片時空平行出現，是否僅僅一對孤立的歷史偶然。為了看得清楚一些，我提議做兩種觀察，一是理出當時北美13州與英國以及今天香港與中國這兩組關係的內涵，作一框架比較；一是以北美13州殖民者在一七六五年至一七七五年那關鍵十年之間經歷過的事情和走過的心路，對比香港人在二〇一四年至二〇一九這五年之間的遭遇。

北美13州的主流文化淵源在英國，各州殖民者絕大部分說英語。「殖民者」（Colonist）這身分認同，是逐漸形成的，有別於祖家的英國人；獨立革命前夕，支持獨立的殖民者自稱「愛國者」，而那些反對獨立的殖民者，則統稱「效忠者」（效忠大英帝國）。這個始自同源的蛻變和分化過程，這幾年在香港幾乎是重複了。

再從時間幅度看這身分認同的變化。13州殖民地最先設置的是維珍尼亞（Virginia，台譯維吉尼亞），於一六〇六年由英王授權予具法人身分的維珍尼亞股份公司成立，首批簽約的移民於翌年抵達北美落籍；由此至一七八三年的《巴黎和約》簽訂、英國和西歐諸國承認美利堅合眾國的獨立國身分，經歷了一百七十七年，即大約七代人的時間。對比現代香港，從一八四二年的《南京條約》起算，到香港人唱出《願榮光歸香港》、國際上普遍認知了「香港非中、香港人具獨特文化政治涵義」的二〇一九年，剛好也經歷了一百七十七年。

這個巧合，包含著必然。我們看到的是，客觀環境改變之後，人的身分認同從遺傳到變異需要七代那麼久，而且開始幾代很緩慢，異化的因子逐步累積，到最後才突變，這在當年的北美和在今天的香港都一樣。香港獨自派習慣把香港與中國的分化進程附麗於加泰羅尼亞（Catalunya，台譯加泰隆尼亞）與西班牙之間的故事，但如果考慮歷史文化的框架特徵，香港進程更貼切的參考是北美13州的獨立革命。這是因為加泰羅尼亞和西班牙主流的卡斯蒂利亞文化來自兩個不同的古老淵源，前者的祖先是法蘭克人，而後者則是西哥德人的後裔，大約二千年前就分家了。這點如果再從北美13州的政治結構觀察，可得更確切印證。

北美13州是正牌「一國兩制」

繼維珍尼亞殖民州成立之後，英國陸續頒發成立北美殖民地的許可令。起先，這些許可令有兩種，一種是判給法人股份公司的，另一種則是判給自然人的（多半是些皇親國戚），分別稱為公司殖民地（Corporate 或 Charter Colony，又譯特許殖民地）及私有殖民地（Proprietary Colony，又譯專有殖民地，產權可分讓給其他合夥人）；成立的目的很簡單，就是讓它們到美洲進行開發，成為對母國有用的經濟體。後來由於種種不同原因，一部分殖民地收歸王室所有，稱為皇家殖民地（Royal Colony，又譯直轄殖民地）。

三種殖民地都實行自治，總督一些是倫敦委派或委任的，一些是完全由地方直選的；上議院是總督委任的，下議院是直選產生的，後者有完整的提案權，不搞所謂的行政主導。除了外交、防衛和對英國的貿易，其他事務都屬於殖民地內部自治的範圍，這和香港的一國兩制相似，自不待言。13州之間，則是各自為政，例如貨幣，英鎊雖然流通，但各州在不同時期有自己發行的不同正式程度的紙幣。事實上，殖民者也用其他貨幣，包括法國和西班牙錢幣，匯率五花八門，倫敦根本管不著。

在起初的一百五十年裡，13州的自治程度非常高，因為英國實行放任政策，史家稱那段時期的狀態為「健康的忽略」（Salutary Neglect）。可是，一七五六年至一七六三年間，英國和法國打了一場堪稱爭奪世界領導權之戰，史稱七年戰爭，英國慘勝，卻因此陷入嚴重經濟困難，對殖民地的需索激增，於是加強管理，損及殖民地的高度自治，種下分離主義的種籽。

獨立前夜，13州當中，皇家殖民地約佔七個，公司殖民地兩個，私有殖民地兩個；麻州因為是「壞孩子」，本來的公司殖民地許可令給撤銷過兩次，後一次在一七七四年：英國議會通過《麻薩諸塞政府條例》（Massachusetts Government Act），強行關閉州政府和議會，改由英王直轄。結果呢？13州獨立革命武裝起義的第一槍就是在麻州打響的。

其實，所有13州到了一七七六年都已經是不同程度的「壞孩子」了。大英帝國當時的「乖孩子」在加拿大 Nova Scotia；如果把波士頓比擬作香港，則 Halifax（哈利法克斯）就是澳門。

彼邦歷史進程：香港亦步亦趨

上面描述了北美13州殖民地的大致歷史文化政制框架，以之與香港作比較，不難看出相似的輪廓。下一步，我們比較彼此在大框架之下展開的具體歷史過程，看看會不會也若合符節。為解答這問題，需要另寫一文，今天只就梗概講幾句，先給大家介紹一本美國早期史權威 Pauline Maier 的專著，只看書名香港人便會覺得滾熱辣：《從反抗到革命：1765-1776殖民地激進派與美洲反英運動的發展》（From Resistance to Revolution: Colonial Radicals and the Development of American Opposition to Britain, 1765-1776）。

你以為美洲革命派一開始就勇武的？不，13州的抗爭由和理非非（對，兩個非）開始，經過長時間的演化，出現勇武，與原先的抗爭者格格不入，後來才做到和勇結合。你以為香港抗爭過程中出現夾雜世代矛盾的「大中華膠與本土撚」[3]之爭十分無聊？那你需要知道北美13州也經歷過從以中老年「大英帝國膠」為主的體制內抗爭運動到以年輕一輩壓陣的分離主義本土守護運動的過渡。你以為

3 大中華膠與本土撚：分別是對大中華主義者和本土主義者，加上粵語髒話的蔑稱。

「血濃於水」與「反蝗」的矛盾，只香港才有？那你會大感意外地知道，原來13州最終走上獨立之路，是殖民者對英國人（對，所有英國人，不是英國政府或執政黨）徹底失望才啟動的。最後這一點，一七七六年的《獨立宣言》以一整段交代——在爭取獨立的過程裡，殖民者最終不得不視他們的「英國兄弟」為「戰爭中的敵人、和平後的朋友」。

其實，大處雷同的歷史框架開出相似的矛盾與進程，並不應讓人感到太意外。反送中運動的緣起和意義，或可從這點開始理解。

獨立與民主，孰難？

2017/07/05

前幾天和一個老朋友談論社運裡的一個看似無甚可議的問題：民主和獨立，港人爭取哪個更困難？直覺判斷當然是獨立難得多，因為那是違法的，而且，大家只要留意最近京官提起港獨時的語氣，便可穩作此判斷。但是，如果想清楚一點，繼而查看一些資料，可能發覺其實兩個答案都未必能夠一口否定，只不過這兩個答案都不在很多人的直覺裡，因此少人主動談起。拋磚引玉，筆者希望能夠增進就此問題持不同意見人士之間的相互了解。

思辨實驗

問：局部地方的民主和獨立，哪一個對中共政權的生存威脅大些？

設想一：假如西藏、新疆、內蒙古和台灣這幾個一直以來都有要求獨立的地區忽然都成功獨立出去了，成為新興國家，那麼中共活得下去嗎？答案是完全可以。那些地區，不是偏遠便是人跡稀少，像今天已經存在了幾十年的外蒙古，多幾個又如何？而且，只要中共在那幾個地方獨立之前不要太為難當地人民，它就會活得比現在更好。

設想二：假如廣東省忽然（真）民主化了，卻賴死不走，成功保持中國的一個省的地位，那麼中共能活得下去嗎？很值得懷疑。因為其他各省便是只有一半想跟廣東看齊，那中共也很可能要完蛋，至少也要脫胎換骨，才有望生存下去。

當然，一個如此簡單的思辨實驗並不能把上述問題解決，其單薄處更不具足夠說服力，但是它給大家提醒了一個大致上的真理：民主運動是專制政權的天敵，獨立卻不是。打個譬喻，周邊地方獨立，傷及的是主體的皮肉，頂多是去掉幾個指頭甚至半條腿，卻不會有生命危險，但民主則直指心臟。

儘管簡樸，這個思辨實驗已能對前述的先入為主答案提出合理質疑，引起進一步找尋正反證據的動機。一直以來，這方面的討論聚焦諸如「斷水斷糧」等近距離因素，雖然重要卻不全面，會導致「當局者迷」的困惑，因此筆者初步提供一些比較「離地」的思考材料。

戰後事例

民主和獨立都是複雜的歷史事件，每一宗都是獨特的，但我們也不能完全排除其所包含的普遍性；揭示這普遍性就要看大數據。筆者提議一個簡單進路：點算二戰後世界上出現的新興民主國家和新興獨立國家的數目，比較一下孰多孰少。箇中道理，當然是民主化和獨立的困難越大，錄得的總數就越少（這個命題有多準確，該由政治學者仔細商榷，但起碼是個第一約莫）。

先看戰後世界上幾波新增民主國家的總數。這裡引用的資料來自英國牛津大學的一位學者主持的網站 Our World in Data 其中的政治／民主部分。資料很好用，只需把滑鼠在年份點上一放，該年份全世界範圍內有多少個民主國家便顯示出來了。查看一九四五年，這個數目是17；再看二〇一〇年（資料最後年份），數目是87。這就表示，在這六十五年裡，進入民主行列的國家有70個。筆者未考慮期間有沒有異常事例發生，如一些國家滅亡了或合併了，那就會導致數目不準確，但估計問題不嚴重。

再看同期間世界上幾波新出現的獨立國家總數。資料來自維基百科的「按成立日期排序的主權國家清單」。這網頁包含兩組資料，其中一組按洲（continent）計算，另一組則統一計算，對達到「主權獨立」的要求有所不同。第一組資料顯示，一九四五年至二〇一一年這六十六年裡，非、美、亞、歐、大洋洲、跨洲的新獨立國家數目分別是19、9、18、13、11、6，總數是76。第二組的總數則是90。被納粹德國佔領、二戰末期重新獨立的歐洲六國沒算進任何一組數字。保守一點，筆者取用第一組的數據，即二戰之後取得獨立地位的國家總數是76。

民主獨立一樣難

按上述數據，若民主化和獨立運動成功的平均難度跟新興民主和新興獨立國家的數目成反比，則二戰以來的歷史大致上指出：爭取民主和爭取獨立的難度，其實「差不多」。

注意兩個總數很接近，不意味絕大多數新興國家都走上民主路，因為那70個戰後民主化國家當中，有些是一九四五年之前已經獨立成國，例如中華民國。又注意，這裡比較的是平均難度；在平均的兩側，分布其實很離散。以獨立為例，新加坡的獨立太容易，是天掉下來的，自己本來並不想要。但孟加拉從巴基斯坦壓迫之下獨立出來，就非常痛苦，死人無數。

為甚麼獨立與民主化的平均難度會差不多呢？那可能僅僅是巧合，但筆者認為有一定道理。一般而言，爭取民主化的對象是同國族的專制政權，獨立鬥爭的對象則是外來政權，二者都是壓迫性的，面對兩種反抗運動，統治者的利益同樣受損，反咬的凶狠程度，跟人種膚色分別的關係不大。

按具體情況看，香港目前的體制跟民主和獨立比，其實都是只有一步之遙，只不過這一步就是都給北京卡住了。

民主比獨立難

然而，上述的「差不多」結論可爭議，因為民主有分真假，獨立就大體上沒有真獨立還是假獨立之別（蘇俄時代可能有，東歐國家受蘇聯操控很嚴重，可隨時被老大哥出兵佔領，匈牙利和捷克斯洛伐克都曾經「領嘢」[1]，因此是假獨立）。

今年五月，三位瑞典哥騰堡大學（University of Gothenburg，台譯哥特堡大學）教授利用 V-Dem Institute 的政權仔細分類資料，把世界上所有政權按民主程度分成四等，其中第一等的要求是：除了有公平公開廉潔的一人一票普選制度之外，還要求有充分的人身、集會、結社、言論出版等自由，以及法治和受司法和立法適當制約的行政系統。這就是香港人一般認知的「真普選」。

按這個港人認同的標準定義民主的話，二〇一六年的時候，全世界只有52個國家在實行民主（而且還是把一九四五年之前已經真民主化的國家也算進去了）。這比上述所講的70個少了一大截。如果帶著這個標準比較民主化和獨立的難度，我們會說，爭取（真）民主比爭取獨立難。

大數據和認知落差

假如上述數據和分析正確，那麼就要問及香港的一個特殊性：為甚麼港人包括民主派普遍認為談港獨完全不切實際，追求民主卻「現實」得多？主因當然是港中硬實力懸殊，中方表明強烈反對港獨，那就已經「一句到尾」。但為甚麼民主乃直指其心臟的天敵，中共卻擺出「有得傾」[2]的姿勢，甚至搞出一套似模似樣的民主東西要你「袋住先」[3]呢？

---

1 領嘢：中招之意。

2 有得傾：有商量空間。

那是因為中共像全世界大多數專制政權一樣，為了騙取管治合法性，老早搞了一套專制選舉（autocratic elections）撐場面，用的語言詞彙跟民主國家九成相似，你說民主它也說民主，於是造成彼此「有得傾」的假象，讓大家以為（真）民主縱然渺茫也始終不能說沒可能。香港的大多數民主政黨便是在這種相信之下運作的。中共不會傻得一出口便反民主，因為它還要樹立自己的那一套專制選舉；但面對獨立訴求，儘管對它而言並非致命，它卻完全沒有必要作任何保留。這就造成錯覺，以為「中共反港獨比反（真）民主更堅決」。

有這些因素在，就短觀而言，在香港宣揚獨立、自決，的確比搞民主困難，何況還有那些斷水斷糧的恐嚇。因此，這個短觀結論是不需要爭辯的，問題是長觀裡的景象卻可以很不同，因為有其他結構性因素在起作用。

國史做裁決

稍早之時，本欄介紹過前上海復旦大學史學家葛劍雄教授的一些著作[4]；葛教授的研究顯示，國史上版圖分裂、出現獨立國與中土政權分治的時間，相當大程度超過統一的時間。

筆者認為，這是因為中國文化與體制有弱點，沒足夠凝聚力去保證一個不斷擴張、黏合、擴張、黏合而成的動態版圖長期穩定不甩裂；「分久必合、合久必分」因而成為貫穿兩千多年歷史的一個貼切概括。另一方面，中國文化卻不幸未能在不斷的政治競爭中衍化出民主政制。結論是，在中國，鬧分裂搞獨立是一個古老傳統，但民主卻不是風土。

最後，讓我們看看三個從中華帝國周邊成功分裂出去的國家：朝鮮、越南和台灣。三個當中，只有一個半（台灣和南韓）是民主化了。而且，分裂出去的年份，遠早於民主的來臨。這是民主不比獨立容易的又一例證。

《尚書》提出「五服」主權觀，指導了兩千多年的中華帝國版圖增長過程。在這段時間裡，歷代承先啟後武功出人的君主擴張領土，就像在大塊燒餅的周邊上一小塊一小塊地加上生麵團，再鼓動爐火加熱猛烤，以求其黏住；秦始皇征閩、粵，就那麼加了兩塊。然而，把周邊甩甩爛爛的大燒餅放到西伐利亞民族國家模型那種乾淨俐落版圖線裡框住，始終有困難；僅僅是黏著的周邊部分，要剝落很容易。遠觀中國，就是如此。

3 袋住先：字面意思為「先放進袋子裡」，引申為先接受再說。「袋住先」出現在一六—一七年香港政治制度改革爭議中，政府指出市民應該先接受中央提出的政改方案，以後再爭取真普選等權益。

4 見本書〈彭定康、葛劍雄：統一分裂歷史怎麼說？〉一文，頁311。

天主教在香港的大分裂

2020／10／10

羅馬教廷親中日甚，八十八高齡的榮休主教陳日君[1]不辭路遠不怕武肺，飛12小時到羅馬求見教宗，欲曉以大義卻吃了閉門羹，鬱鬱而返。二〇一八年，梵蒂岡與北京簽訂臨時合約，認許中國擁有主教委任權。走過兩千年崎嶇道德路之後，羅馬公教不是和撒旦握手而是與之交配、試婚。合約即將到期，梵蒂岡早已獻上續約提議，北京擺款要佔更多便宜。此後，中國乃至香港的公教上層變成甚麼怪物，香港人最清楚、香港40萬天主教徒最心悒[2]。此事勢必影響教會上下團結。湯漢大主教[3]九月二十一日發表牧函《與教會保持共融》，憂心教會「分裂」，他指的不過是教徒中對反送中運動持不同意見者之間的政治齟齬；那的確會讓教區領導難做，但他更應該關心的是教會的大分裂（schism）。

梵中協議不透明，教廷說教宗有最終話語權，香港人一聽就知荒謬，因為投懷送抱的是梵蒂岡，北京只不過順勢相壓。那好比中國給香港人「普選」特首，由北京提名，香港人投票決定當選的是藍振英還是紅月娥。[4]陳主教痛心疾首，說方濟各「不了解」共產黨本性，給壞蛋謀臣害了；那當然是處境要求他為尊者諱。香港人明白大主教的苦心，但已經不會寄本屆教廷以厚望，而不少教徒之於教會，更會因而知所進退！

縱觀羅馬公教史，兩千年來，俗世政權干預主教任命的確是常有的事。遠的不說，法國大革命前夜，97%的法國人口信奉天主教，教會控制了全國10%的耕地，高層神職人員包括所有大主教和主教，都按一五一六年訂立的規矩由法皇全權委任，羅馬教宗無從置喙；久而久之，被任用的都是皇親國戚貴族中人，形成了世襲。大革命之後，君權、貴族階級和教權都傾覆了，社會陷入混亂，拿破崙興起。一八〇一年，拿破崙與教宗庇護七世簽訂《一八〇一年教務專約》（The Concordat of 1801），大體上恢復了天主教在法國的合法性，同時容許其他新基督教存在。但專約的要點是依然讓拿破崙控制教會：主教提名權由法國政府享有，教宗最後定奪；這就跟今天方濟各透露的做法雷同。面對如日中天的拿破崙，庇護七世其實一戙都冇。[5]今天方濟各是主動獻身，那他還有甚麼可定奪的？自欺欺人罷了。《教務專約》有效到一九〇五年、法國社會以法律的形式確立了政教分離原則之日才終止。

---

1 陳日君：天主教司鐸級樞機及慈幼會會士，香港教區榮休主教，堅定支持香港民主活動。二〇二二年因涉「六一二人道支援基金」被香港警察國安處拘捕。

2 心悒：心痛。

3 湯漢：天主教香港教區榮休主教，香港首位土生土長的天主教樞機。

4 藍振英還是紅月娥：藍指支持中國的香港陣營，紅指有中國政經背景，此句暗諷所謂的「普選」特首無論藍或紅也不過是由北京欽點。

5 一戙都冇：一籌莫展，一敗塗地。

東歐主教由黨任命

二戰後，羅馬的主教任命權再度在東歐國家消失。其中，人口中幾乎100%是天主教徒的波蘭，教會命運尤其曲折。波共信無神論，一開始卻擺出笑容，「一國兩教」政策十分寬鬆，但幾年之後就變臉。一九五三年，陸續監禁了波蘭大主教、其他七位主教和900名司鐸並代之以一大批「愛國司鐸」，又查禁所有教會出版物和電台，更管控了波蘭明愛系統下的慈善組織和醫院。到七〇、八〇年代，波共的統治因團結工會等民主運動組織興起而弱化，政權有求於教會，當時的教宗才逐步得回教會內部話事權包括主教任命權。

另外，天主教大家庭裡有23個所謂「東方禮天主教會」（Eastern-rite Catholic Churches，也稱作東方歸一教會、東儀天主教會），有別於以羅馬為核心的「拉丁禮教會」，其教義與羅馬共融，教規則有些不一，教徒人數一萬以下到幾百萬的都有，主要分布在南歐、北非和中亞一帶，原先多是羅馬公教於一〇五四年發生第一次東西大分裂之後在東方教會裡的部分成員，後來成為統派，同意與羅馬「歸一」。這些教會「歸一」之後，卻依然享受高度自治，自己任命主教，而大主教則是他們提名、由鞭長莫及的羅馬作例行首肯（優於香港的一國兩制）。然而，這是教會內部的權力分配，不涉教會與俗世政權之間的矛盾。

上述諸例顯示，過去，羅馬失去主教任命權，都是為勢所逼，逼不得已；時勢不那麼糟糕的話，梵蒂岡總是按照自身的教會法（Canon Law）由教宗全權任命主教，這自四世紀初年以來便如此。波蘭在共產黨統治時期的經驗更說明，教會敢於和專制政權抗爭周旋，才能保住自身權益和教徒的禮拜自由。相比，像近年教宗興致勃勃向極權黨國獻身交出主教任命權以換取某些好處的事例，是從來未有過的。

大分裂不違國安法

不過，上述對教廷的批判，最合理出發點並不一定是「教宗獨攬權力為最佳」。在耶穌身後至四世紀初那段時間裡，各地方教會都是自治的，主教由地方信眾推選出，而羅馬的教父（pope的原義是父親，教父是尊稱）不過是同儕之首。有理由相信，那時期的教會地方自治，效果不僅不一定比教廷獨攬權力差，甚至還可以推論，若那時的自治能延續不斷，反可避免後來的兩次大分裂。大家想想，如果香港天主教區是自治的，教徒能夠選出自己的主教，起碼現在不必擔心下一個羅馬委任的香港主教是親共的。批判方濟各主動向中國讓權輸誠，主要在於輸誠對象不僅是一個世俗政權，還是當下一個極度仇視所有宗教的專制政權。

香港天主教徒一向對教會忠心耿耿，若換來的竟是由現教宗的輸誠對象任意魚肉，真是情何以堪！老一輩以陳大主教為代表的信徒，可能會作苦戀式的死忠啞忍，但八十後信徒卻很不一樣。這個世代分野，好比民主運動老派九死猶未悔那樣繼續大中華，但八十後就曾明裡暗裡和你一刀兩斷爭自決搞獨立。香港天主教也一樣，會在內部大體上以世代劃分而出現大分裂。這個分裂不違國安法，因此容易發生得多。

羅馬公教史上兩次大分裂，第一次發生於所謂的西方／拉丁教派和東方／希臘教派的對立；拉丁教派中心在羅馬，希臘教派中心則在君士坦丁堡。地域和文化分野，令兩派之間在信條及教規層面的矛盾逐漸擴大，終於在一〇五四年爆發了無可挽回的衝突，以東正教為主流的獨立教會出現了，史稱「東西教會大分裂」（The Great Schism 或 The East-West Schism）。

第二次大分裂發生在一五二一年，事緣一兩世紀之前拉丁教會內部出現了改革派，馬丁路德繼承了這條脈絡。是年，神聖羅馬帝國皇帝查理五世聯同教宗利奧十世（Leo PP. X，又譯良十世）向路德發動總攻擊，利奧於該年一月初宣布予路德以絕罰（excommunication，或譯作「破門律」），逼他走上不歸路。（拉丁教會於十四世紀末、十五世紀初還有一次分裂，但那不過是一場政治干預教會、同時出現幾個教宗爭正統的短暫鬧劇。）

利奧搞笑路德造反

利奧十世來自意大利有名的麥迪奇（Medici，台譯麥地奇）家族，家學淵源的關係，他的文化造詣很高，但他成為教宗的過程很搞笑。先是，他在13歲時由父親向當時的教宗請託，得到 cardinal 名銜；不過，他得到的是最低級的 cardinal-deacon，比司鐸（priest）還要低一級。二十多年之後，由於教廷權力博弈，有人要把他捧上宗座，竟給他極速提幹，內定之後第四天他就晉鐸，兩天之後成為主教，再兩天就榮登教宗寶座！此公好在不貪，最能傳世的政績就是公款公用，以販賣贖罪券得到的收入蓋了梵蒂岡聖彼得大教堂。

一五二一年一月底，神聖羅馬帝國皇帝查理二世在萊茵河畔小鎮奧爾姆斯（Worms，又譯沃姆斯、沃爾姆斯）召開了為期四個月的帝國議會，期間傳召了路德，以整個歐洲的政治和宗教力量對他和他的著述進行公審，路德單人匹馬連續兩天答辯。會後，查理二世發表敕令（Edict of Worms），宣布路德是教義的背叛者，把他掃地出門；誓反教由此誕生（在歐美，「誓反」含強烈褒義而鮮有用「新教」一辭者）。耶教內部出現良性競爭，不僅促成了羅馬廢除販賣贖罪券等陋習，還打破了當時天主教提倡的禁慾主義，反認為教徒透過自身不懈努力能享受物質成果是神意命定的彰顯，促進了西方經濟革命，這點馬克斯．韋伯（Max Weber）在他的巨著《誓反教倫理與資本主義精神》（The Protestant Ethic and the Spirit of Capitalism，又譯《新教倫理與資本主義精神》）裡有詳盡論述。（當然，發展到後來，誓反教也有墮落的，看香港聖公會領導如何率先向撒旦下跪就知道。）

耶教信徒分布在香港每一階層、環節；香港社會去年以來已截然二分，教會怎會波瀾不興？香港天主教更由於「方濟各折騰」，內部紛爭不會止於媒體經常泛泛而談的「撕裂」，而會出現歷史意義上的大分裂，牽涉深層道德、政治和人權。天主教徒在這方面的思想準備，半個世紀以前就打下了基礎。

上世紀六〇年代，含進步意義的第二次大公會議開過之後，羅馬公教更多從理性角度談論俗世政治，立場逐步與特別是歐洲社會對人權和民主的認識趨同（涉基本教義如墮胎等問題除外）。二〇〇六年，教宗本篤十六世更在一次對羅馬教廷講話中認為，十七、十八世紀歐洲啟蒙時代（Age of Enlightenment）生出的民主意識和對個人的具體尊重，儘管多從俗世人文主義出發，但大體與基督精神兼容。換句話說，天主教徒已經不能機械地理解「凱撒的歸凱撒，上主的歸上主」或者諸如保祿的〈羅馬書〉13:1-7及〈彼得前書〉2:13-17對信徒無條件服從俗世政權的要求。這些轉變，都實實在在反映到香港信徒的屬靈認知裡，特別是七八十後諸世代。

尤其要注意的是，目下香港信徒與梵蒂岡親中政策的衝突，所牽涉的道德價值差異，可堪比導致前兩次大分裂者而猶有過之。

一〇五四年東西教會分裂本非不可化解，而事實上自第二次大公會議結束以來，已經化解了一部分，例如彼此的一些聖事已可互通；至於一些教義爭拗，其實只有彼此教會內部的神學家才會過問，絕大多數教徒其實不甚了了。我試舉一與聖靈有關的例子。這個爭拗，英文文獻裡稱作 Filioque，從拉丁文而來，字面意義是 and from the son，中文叫作「和子說」。牽涉的問題是，聖靈（聖神）是從聖父獨出，還是從聖父「和」聖子共出。大件事！

《信經》與「和子說」

我中學畢業以前是天主教徒，至今關懷公教，恨鐵不成鋼；我幼年時即熟讀當時教會認可的文言文版《宗徒信經》，一直到今天也可完整背出。其實，信經有不同版本，分別總結個別教會或教派在不同時代所信奉的所有重要教義信條。《宗徒信經》算是最古老的，在第一、二世紀已定型、流通，下面按維基百科有關詞條抄錄。猜想與我同年代的信徒重溫這個版本，必定別有一番心頭滋味！

我信全能者天主聖父，化成天地。
我信其唯一聖子、耶穌基利斯督我等主。
我信其因聖神降孕，生於瑪利亞之童身。
我信其受難，於般雀比辣多居官時，被釘十字架，死而乃瘞。
我信其降地獄，第三日，自死者中復活。
我信其升天，坐於全能者天主聖父之右。
我信其日後從彼而來，審判生死者。
我信聖神。
我信有聖而公教會，諸聖相通功。
我信罪之赦。我信肉身之復活。我信常生。亞孟。

要注意的是尾三那行。這個古老版本說完了「我信聖神」四個字就再沒有關於聖神的論述。到了三八一年，新的《尼西亞信經》版本（那是一篇出自四世紀兩場政教同時參與的會議的文字）多了幾句關於聖神的話，其中一句「出自於父」，講聖靈的來源。這還沒有引起問題，當時的拉丁派和希臘派教會都同意。可是，到了六世紀，拉丁教會的信經關於聖靈的起源部分又加了「由聖父和聖子共發」幾個字，這就是所謂的「和子說」。問題來了。東方教會對西方教會不經照會和討論便在如此重大的神倫問題上擅作篡改非常不滿。經過兩三個世紀百般試圖調解也無效之後，這一點成為了兩派最後分裂的首要信條原因。從「現代的外面人」角度看，這個矛盾真係老鼠尾生瘡——大極有限；不過，當時的神學界可不這樣看，今天我們或應作一同情的了解，但這怎麼可以和目下香港天主教會內部最大的矛盾的道德含量相比？

今日港梵三大矛盾

一五二一年的第二度大分裂，由於年代不太久遠，大家對其兩派之間的矛盾相當熟悉，尤其非核心教義方面的。例如，一五一七年，路德向教廷打出第一炮，反對教廷販賣贖罪券。傳說他在維滕貝格諸聖堂大門上貼上《關於贖罪券效能的辯論》（即《九十五條論綱》，Ninety-five Theses）。此外，他還指出羅馬公教在基本教義裡加插了很多《聖經》裡完全沒有的信條和規例（例如司鐸的獨身誓）和異端（例如相信聖母升天和拜聖像）；他認為這等外加的東西都是應該撇除的。另外，他還反對羅馬教會的層級制和教宗對權力和教義的壟斷。這些都容易理解。基本教義方面，路德認為救贖的途徑只有一個，就是信仰；這不同於天主教認為事功也是救贖門徑。這點，「現代的外面人」大概會覺得玄虛莫測，不明有甚麼好爭拗。

今天香港天主教教徒與梵蒂岡之間有三大矛盾：一、梵蒂岡主動向一反宗教極權黨國讓出部分或全部主教任命權；二、梵蒂岡面對中國大規模迫害各種宗教和信仰宗教的民族，默然無語；三、教宗本人對香港反送中運動中各種北京授意的警察暴力和政府打壓不僅視若無睹，反而向壓迫者的後台老闆輸忠送誠。論比重，這三大矛盾的宗教意義和道德內涵絕不亞於第一、二次大分裂時存在於各教派之間的。明顯，另一次公教大分裂的條件已在香港形成。如果教宗進而任命親共香港主教，那麼這個大分裂乃無可避免。

此次大分裂不會按前兩次的形式出現。一〇五四年那次分裂，發生於兩個大致同比重的宗教體之間，彼此關閉對方在自己地域裡的教堂、互發最後通牒、互以絕罰攻擊對方重要人物，後面還有各自的俗世政權撐腰，對抗持續多個世紀。很明顯，梵港教區之間所可能出現的對抗完全不對稱，梵蒂岡是高力亞，香港這一邊是大衛。

至於一五二一年的分裂，出現方式完全不同，非常戲劇性：羅馬教會加上整個神聖羅馬帝國的雙重力量對付一小撮以路德為代表的個別人物，結果前者折服不了後者，遂用絕罰把後者「開除出黨」，後者逃到外地另起爐灶，完成分裂。期間，政權使出過殺人的手段。例如，早在路德之前一百多年，另一改革派捷克人Jan Hus（揚・胡斯）便像路德那樣被傳召出席公審答辯，但他很不幸，一抵達會場就被捕，然後遭施火刑燒死。路德比較幸運，出席公審之前已取得查理十世的不當場逮捕通知書，而且他一答辯完畢未等散會就開溜；不過，政權不放過他，很快反口發出逮捕令。好在，當時有一個王支持路德，把他秘密接到自己的城堡，他在那裡埋頭寫作著書立說，躲了將近一年才避過了風頭。

大分裂的本土形式

陳日君大主教不可能擔當路德的角色，他的人品就像《苦戀》裡的主人公凌晨光那樣，不問收穫、不思反抗；他愛教會，雖然教會不愛他。再說，大主教垂垂老矣，而路德貼大字報炮轟司令部那年才34歲未滿，是一個年輕司鐸。從倡議改革到另立新教，需要繁重的理論建構和宣教實踐，路德那時精力充沛，故能成事。不過，更重要原因，還是社會運動（且把宗教改革也看成一種社會運動）近年已進入無大台[1]時代，自然也不需要像路德那樣的superstar。

我估計，這一次分裂的方式，是信徒中的小圈子一個跟一個從教會主體剝離，自己組成有教牧或無教牧的禮拜群體。事實上，這種剝離已經在發生，而且不限於天主教；如果說有教徒對自己的教會附共而對之感到絕望、要剝離的，最先也最嚴重的並不是天主教。這些從不同教會或教派剝離的自主基督徒禮拜圈，會漸漸形成互通聲氣的鬆散網絡，發展得類似大陸的家庭教會。畢竟，一國一制底下，宗教活動的自然形態也會趨同。

由於這個大分裂非源於神學教義的異化，而是基於現時教會領導的政治行為與基本教義之間嚴重背馳，所以一旦教會領導改邪歸正或者換成了原教義的明白人，復合就不會太難。不過，如果時間久了，便是復合，也會像23個東方歸一教會那樣，保留一種獨立性。若耽擱太久，則在剝離了的禮拜群體當中，會進化出不同的基本教義，那麼，大分裂就差不多是永恆的了。

1　大台：通常指香港民主運動中主辦單位發號施令的大舞台，代表該活動的統一指揮。

藏人流亡經驗和達賴功過

2021/02/20

中華帝國版圖好比一塊上海大餅，由幾個蹩腳廚子做，嫌小了就在這端那端的邊皮上多糊一塊麵粉巴加點油水繼續煎，結果是看起來一整塊，周圍卻甩甩漏漏[1]，後來糊上的塊塊總是與餅心黏不攏。屈指一算，今天天朝邊陲上有五個令中土政權頭疼不已的獨立或分離主義運動，順時針看分別是藏、疆、蒙、台、港。「五毒攻心」以港毒最新，但香港這一塊麵粉巴卻是最早糊上去、秦帝國統一後首次南向與百越族開戰的戰利品的一小部分。復旦大學史學家葛劍雄教授評論那段歷史，指出那場戰爭清楚不過是侵略。不過，大家或者都會想，時隔兩千多年，侵略不侵略不應該是問題了罷？歷史卻說：其實不然。

和其他帝國如羅馬帝國、大英帝國一樣，這等邊皮地方都是中央政權擁有的「次領土」，所有

1 甩甩漏漏：有錯漏、有缺陷之意。

中土認為的不良貨色都往那裡扔。始皇帝以降，無論是亡命的、流放的、貶官的、戰敗的、饑荒討飯的，西南都是首選，而香港更是這南方次領土上的屁股眼，從陸秀夫宋帝昺到辛亥前夜的革命派到毛的黨內死對頭張國素乃至四〇年代末的中國資本家，要走的都往這個眼上擠；林彪和林立果文革時謀反，在四野舊部雲集的廣州建立逃亡基地，下一站當然就是香港，不過他命水[2]不好來不了。如此一個屁股眼上歷代累積而成的屁民，會和你中土北大人一團和氣血濃於水，倒是有點難以想像。香港如此，出現較晚的其他四毒就更不用說。古今中外，毒其實往往是次領土銅板的另一面，帝國自己一併搞出來的。再一擠壓，屁民跑快一點的，就成為海外播遷群、流亡者。

流亡學第一課——圖博（藏）系

香港流亡者、我名之為「光伏系」的成員，亡命海外孑然一身，稍安之後所想所做的，和任何流亡系的人其實都一樣，因此都會想從他系的生聚教訓裡得到啟發，於是有人倡議研究學習猶太人從播遷到受難到復國的一整套經驗。那當然是很好的提議，但另一有效做法，是先研究從現代中華帝國出走的其他三個流亡系——圖博（藏）系、六四系和法輪系，特別是圖博系。後者的發生時程不長不短、資料多，成敗優缺都比較清楚，抗爭對象和光伏系一樣，規模大於六四系和法輪系，與正在形成中的香港光伏系可比擬。因此，讀好圖博系這一課，提煉出若干有用觀點，或對香港流亡者更直接有益。

藏地古稱圖博或吐蕃，十三世紀中葉以後喪失主權，先後淪為蒙古人和滿人的藩屬，一九一一年之後藏人宣告獨立，但中土漢族政權拒絕承認；一九五〇年共軍入藏，北京次年宣布所謂的《十七條協議》，拒絕了藏方要求的主權獨立。一九五九年共軍再度入藏清鄉清廟，十四世達賴流亡印度並否定該協議，跟隨他流亡的約有幾萬人。其後達賴得到印度方面默許，在印北達蘭薩拉（Dharamsala）成立並親自領導流亡政府，後來流亡政府的正式名稱改為「藏人行政中央」，印度同意給若干行政權力但不予正式承認，也一直沒有任何其他國家予以承認。除了達蘭薩拉，藏人行政中央還一併管理散落在印度各地的幾十個藏族安置區。

無法正名為「流亡政府」

這裡有一個重要的問題。為甚麼要稱「行政中央」而不稱「流亡政府」呢？原因牽涉國際法（也許說「帶法律觀點的國際慣例」更合適）。一個流亡組織能否稱得上「流亡政府」，首要的觀察是，它背後代表的是否一個本來獨立而享有完整主權的載體，即 state（國家）。這裡說的 state，不能只是一個 state 的一部分，哪怕是一個高度自治體；這一點，已由常設國際法院（PCIJ）一九三七年的一個判決立下先例（一九四六年之後 PCIJ 由國際法院 PCIJ 取代，但之前的判例仍然重要）。「藏人流亡政府」的稱號顯然不能滿足這個先例的要求，因為藏人早在十三世紀喪失了獨立的主權，之後也不過

2　命水：命運之意。

是宗主國領土的一部分；二十世紀前半，藏人享受了四、五十年的實質獨立，卻沒有取得法理獨立。[3]

從流亡者或獨立運動的角度看，這個先例要求太過分、沒道理，但現代人所謂的國際法，都是十六世紀以後由主權國家提倡及把持的，當然著重主權完整性。你可以不遵守國際慣例任意自稱流亡政府，但換來的很可能是本來同情你的國家也對你敬而遠之；支持你是道義，但為此而和你一道違反國際慣例，恐怕犯不著。

「流亡議會」又如何？

那麼，藏人流亡政府稱不了，稱藏人流亡議會又如何？其實，境外的藏人議會是存在的，成立於一九六〇年，是藏人行政中央的立法機構，正式名稱是「西藏人民議會」，其成員來自中國地區以外為數十多萬的藏族選民，但無法代表還身處中國的七百萬藏胞。理論上，如果當年達賴出亡，帶著的是整套先前的藏地議會成員，那麼，一個按國際慣例成立的藏人流亡議會的確可以成立，但問題是這樣組成的議會一旦在藏地以外換屆，它的代表性就消失。大家記得，老蔣當年帶到台灣的那批國大代表就遇到這個問題，任憑蔣家的拳頭硬，在戒嚴法下號稱代表中國各省的國大代表在台灣選了又選，成為「萬年國會」，最後不得不在一片訕笑聲中落幕。所以，海外藏人的議會稱流亡議會也有問題。

參考藏人流亡組織的正名問題，我們可以結論，因為條件不具備，香港人在海外想成立流亡政府或流亡議會，都是不切實際的。而且，政府是要來管治的，議會是要來立法的，藏人起碼在達蘭薩拉需要這兩種大台組織；港人在海外散居，所需要的組織模式和功能完全不同，何必人有我有。

名稱不論，我們倒可從西藏人民議會的成立看到圖博系在境外的實質民主化努力。藏民族過去沒有建立起民主體制，但年輕達賴出亡之前就覺得藏地應該逐步民主化，卻遭到中共反對，未及實行就被迫離開。然而，七〇年代圖博系在達蘭薩拉站穩腳步之後，在達賴的領導下進行了一系列民主改革，又採取了各種福利政策，建成了一個相當完善的福利國家體制，特別注意教育、文化、環保、扶貧，有效管治印度境內十萬左右的藏族難民，無疑值得稱道。不過，達賴在政府裡的個人影響力太大，幾乎沒人可以反對他的意見，政府往往成為一言堂。二〇一一年，他從藏人行政中央的領導位置退下，或有助實質民主的發展。

「福利國家」錢從何來？

達蘭薩拉和其他印度境內的藏人，六十年來從一無所有的難民困境中拔起，現時平均收入比起鄰近地區的本地印度人高出三至四倍，非常矚目。他們的生計有三個重要來源，都十分特別。其中，最重要的是賣冬衣。大批藏人從鄰近達蘭薩拉的 Punjab（旁遮普）省成衣生產基地購得冬衣，然後

3 這一段的討論可參考德國波昂大學國際法教授 Stefan Talmon 的論文〈Who is a legitimate government in exile？〉。

在秋冬二季游走全印兜售，不少是全家出動，非常艱苦卻有可觀回報。其次是當駐守前線的印度兵；處於農業地帶安置區裡的藏人比較貧困，幾乎家家有幹這個的，是他們的主要收入來源，但因為大多數當地藏人沒歸化印籍，所以一般是「黑兵」。第三種收入來源就是海外匯款，部分來自移民海外的家族成員，部分是發達國家善心人當藏族小孩義父母的捐助，還有的是外國施主給個別喇嘛的獻金。

藏人福利政府也有三個主要的收入來源。一是名為捐獻、事實上的稅收（家庭作此捐獻才可享受政府福利），一是外國NGO的資助，還有就是西方若干政府的直接撥款。後者相當可觀，例如美國二〇一二年通過的《Tibetan Policy Act》，規定國會在每年的預算案裡要有給予藏人行政中央和其他藏人文化機構等的撥款，實際上批出的，一年總有兩三千萬美元。不過，有研究者估計，外國NGO和發達地區若干富裕「藏躉」[4]——最有名的是荷里活巨星Richard Gere（李察基爾，台譯李察吉爾），提供的資助才是藏人行政中央的主要收入來源。後者的確導致一些來自國際援助專家的微言：印度藏人的生活水準已經遠超印度平均，為何國際給予的資助六十年來卻源源不絕？不少其他地方的難民苦難深重得多，國際關注沒幾年就基本上完蛋。

中國是達賴在西方的提款機

為何藏人得「天」獨厚？原因有兩個，其一是藏傳佛教熱賣國際社會中上層。一種中世紀最封閉、最「落後」地區發展出來的宗教文化財能夠有此業績，裡面除了是藏人無師自通的市場學天才，也更是一個特殊的文化碰撞結果。但這個碰撞，卻不全是偶然。就拿寧瑪派上師索甲仁波切寫的《西藏生死書》為例，四五百頁厚的大部頭，一九九二年甫一出版即風靡全球，譯成了30多種文字，在50幾個國家發行。全書大部分內容就講一個「死」字。死乃人生大事，西方文化有所忌諱，中國人更是想也不敢想。《論語》記載了孔子和學生季路的一段對話。季路說「敢問死」，怎料給夫子一句「未知生，焉知死」就打發掉，之後兩千年再無人問津，但藏人卻花十幾個世紀在「死」這個渡口旁邊不斷體會琢磨，於是深刻。二十世紀西方經歷兩場大戰死得人多生出恐懼，卻遇上自己的基督教退潮，藏傳佛教剛巧因達賴出亡而得以傳世，青山正補牆頭缺。

另一個同樣重要的原因，無疑就是中國對藏人及其文化的不停打壓。西方上層既對藏傳佛教產生濃厚好感，中國的打壓又導致了非常強勁的文化滅絕指控，西方人生怕那麼美好珍貴的文化要給中國人摧殘殆盡，於是傾力搶救，卻無法在藏地著力，資源於是投放在達蘭薩拉那邊。中國在西藏的種種政策和手段，令它成了達賴在西方的提款機。

若拿光伏系的文化資源和圖博系作一比較，我們首先注意到的是，香港文化與西方文化之間沒有很強互補性，拿到西方不是挺好賣；同樣面對中國打壓，香港人只能喊人權賣慘。光伏系要花大錢游說西方政客，圖博系卻有西方金主把錢送上門。

4 甍：支持者、擁護者、狂熱者。藏甍則為藏人支持者之意。

順風中的逆流

不過，圖博系也不是一帆風順。儘管在推銷文化、取得資助的方面它很成功，甚至可說是太成功了，卻反而令整個流亡運動陷入困境。這可從幾個趨勢看出。

首先，藏人行政中央管轄地的人口急劇萎縮，流失最多的是精英，而且越是發展得好的地方流失就越嚴重。人口萎縮的原因有三個，其一是外向移民。一般以為移民是窮苦人才做的事，但事實上剛好相反，不少香港人在九七以前已經領略到「貧賤不能移」的苦澀，有本事移民的，都是中上階層；經濟學裡所謂的「好蘋果定理」（Alchian–Allen effect）足以解釋這點。同一現象在流亡藏人中出現，越富裕的安置區裡，外向移民就越多；一九九〇年，美國立法讓一千名藏族難民移入，開了一個頭之後一發不可收拾。第二個原因是，藏人安置區經濟發展的同時，其婦女的 TFR（總和生育率）亦急促下降，二〇一〇年時已跌至 1.18，比日本還要低。「人口過渡」是鐵的規律，藏人不能倖免。

最後一個原因，則是中國嚴格防止藏人從藏地逃出。一九八九年以前，每年大概有二千藏民從藏地出走，成為藏人行政中央的新人口，但一九八九年之後，中國封鎖邊境，每年成功出走的人數不及二百，與從安置區移往印度其他地區的人數相若，但此外還有從安置區移民西方的，每年約二百五十，主要是學業比較優秀、懂外語的精英，不少還是因應藏人行政中央在西方社會的工作需要而移出的。這些人到海外定居，逐漸被西方社會同化，他們的下一代更不用說。封鎖邊境、防止藏人逃出，是中國陰乾[5]圖博系的釜底抽薪策略。同樣做法，很可能已經有意識地在香港逐步實施。

外面風光　內陷困境

與人口萎縮同步的，是教育出問題。藏人行政中央成立當初，為了支持經濟發展，達賴主張教育現代化，注重數理化和外語，經濟於是發展了，但之後卻遇到讀好這些科目的人才外流；就算未外流的，也從這些科目裡習得和傳統文化宗教有牴觸的東西，導致安置區內的社會風氣變化，物質慾、消費主義日漸抬頭。教育當局於是走回頭路，重新強調傳統藏式教育，但已經太遲，不少家長和學生用腳投票，有能力的越發謀求出國，不少實力次一等的寧願接受區外印度學校教育。

正規學校教育如此，訓練喇嘛的寺院教育也同樣出問題。藏傳佛教在西方的寺廟和文化中心越開越多，大小城市裡都常見，需要聘用更多的喇嘛和其他有宗教訓練的人員，導致這些人當中也出現移民潮。另一方面，每一家庭讓一個兒子當喇嘛的傳統守不住了，安置區裡的寺院喇嘛人數有的許多年無進帳卻不斷流失，一般人的父母寧願兒子去當印度兵。餘下的喇嘛，有些也世俗化，忙於把寺院發展成宗教旅遊景點。

如此，藏人宗教文化在西方上層社會大行其道之際，卻在印度這邊的基地群體裡自然削弱、在藏地那邊被中國打壓、溝淡、漢化。這讓人懷疑，藏傳佛教最後會不會整個在西方上層社會「華麗轉世」？

5　陰乾：慢慢消耗之意。

光伏系若要從圖博系吸取經驗，上述的都足以讓人警醒。然而，圖博系的最大失敗、中國的最大勝利，卻是在政治方面的。

流亡者的初心都是一樣的：在有生之年看到政權坍塌、自己和手足一道榮歸故土。達賴最初推翻《十七條》，要的是西藏獨立。但是，在幾十年的時間裡，這種公開的政治立場，由於形勢變化和各國的自身利益考慮，會形成不同程度的「不方便」。所以，儘管當初達賴斬釘截鐵，既不承認藏地是中國一部分，也不認同藏人是中國人，但在一九八八年，他卻提出了所謂的「中間道路」，在能夠保證藏地高度充分自治的條件下，願意放棄尋求獨立。

從藏獨立場退卻

一九八九年的天安門事件及其後的「蘇東波」[6]相繼發生，達賴得到了諾貝爾和平獎，他的立場又偏硬。但其後中國經濟興起，國力大增；二〇〇七年前後，達賴的公開立場出現根本改變，於該年十月首次承認自己是中國人。二〇〇八年初，藏地發生嚴重反中事件，同年夏天，北京奧運會開幕，當時的美國總統小布殊（George W. Bush，台灣譯為小布希）試圖促成達賴與中國之間的談判，達賴即表明不再支持西藏獨立。這個立場一直持續到今天。武肺發生之後，中國在西方不受歡迎，達賴的語氣又有微調；二〇二〇年二月十七日，他在中印邊境事件的評論中讚揚印度、指摘中國。

達賴以流亡者身分寄人籬下，恐怕也有諸多說不出的苦衷，因此，他在不同時候有不同的立場宣示，完全可以理解。正是因為達賴的立場一直搖擺，所以中國指控他說放棄獨立是假的。達賴的內心到底怎樣想，除了他自己，恐怕沒有人知道，但我們可以推斷，任何流亡人士，形勢許可的話，都不會放棄自己的初衷，達賴也應如是，所以中國的指控很可能是正確的。然而，覆水難收，他在二〇〇七、〇八年的立場宣示是質變，很難轉圜，也導致了流亡藏人之間的意見衝突；堅持獨立主張的藏青會、自由西藏學生等激進組織和他之間，開始出現類似香港本土派、勇武派與老泛民之間那樣的裂痕。英國學者 Thomas Kauffmann 在他論圖博系的專著裡不客氣地說：「政治上而言，藏族出亡者的成就並不明顯，甚至可以說是失敗了，因為他們的政治處境五十年來都無寸進。」[7]

無可否認的事實是，達賴多年來領導的藏人流亡運動，在提高流亡藏人的生活質素、把藏傳佛教廣泛傳播到西方以至世界各地、在世人面前聚焦中國在西藏的各種暴行等方面，都做了大量工作，卻在爭取西藏獨立的立場上倒退了。這兩個相反的面相，之間多大程度上是客觀的因果關係、達賴自己有沒有在兩者之間作出過自覺的取捨和調整，都是值得探討的問題。屬於香港人、流亡者的光伏系正在增長、成形，命途多舛是必然的了，圖博系的經驗、達賴的功過等問題，因而都是必須深入探討的。

6 蘇東波：指冷戰末期東歐劇變，眾多國家脫離蘇聯並進入民主化的時期。
7 見 Kauffmann 專著《The Agendas of Tibetan Refugees》，頁 184。

給海外翼朋友淋六桶冷水

2021／01／02

今天和大家談香港社會運動的海外翼。當本土翼遇到前所未有的壓阻力之後，不少香港人寄望海外翼有所作為。一些響叮噹的社運骨幹透過各種途徑離開香港到海外立足，這些人物帶著不少港人祝福飄洋過海到異域，矢志做外國政府和民間的游說和解說工作，也盡力在香港人社群裡發揮影響力，壯大各方對香港民主自治運動的支持。游說似乎真有用。近月歐美政府的一些作為，包括對若干「鎮壓有功」的中港黨政幹部制裁、為香港人提供「救生艇」、犧牲若干自身經濟利益同香港攬炒[1]等等，反映了國際線上的汗馬功勞。不過，我認為香港人看了先別高興，倒應該也很快看到，儘管各國有所行動，但中港軸心政權並沒有絲毫退縮，反而加倍鎮壓、氣勢如虹。

如果這個全景象令人有點洩氣，那麼我還可以給大家澆幾桶涼水清醒清醒。

一、人權說帖不是符咒

首先要明白，國際游說有個限度，而這個限度，在一些最賣力、最同情香港人的國家裡，已經幾乎觸碰到了，往後難再有甚麼突破；也就是說，游說已經到了經濟學說的收益遞減區，事倍功半無可免。游說存在極限，因為事實上各國是為了你香港人在捱義氣——看到你的人權受壓，引發了他們的同情心，對中港軸心政權作出制裁，但制裁對他們而言是有經濟和其他各方面代價的；他們要對自己的國民負責，包括在經濟方面負責，不可能無限度付代價替你打人權仗。這不能怪人家。

說到底，你若要民主要自治要光復，主要還得靠你自己付出，人家不可能代你去搞這個那個革命，國際政治的餐牌上，沒有這一道免費午餐。辛亥國民革命成功推翻清帝國，關鍵恐怕不是英法日俄等國的道義制裁罷？美國獨立革命，法國在旁支持，最後還是十三州殖民地的建國者拿了槍炮把英國人的十倍兵力打垮了。中共打敗國民黨，有蘇俄的強大支持，但關鍵還是他們的三大法寶，特別是最後階段的那張王牌解放軍。三十年的香港民主運動從政權那裡爭取不到絲毫讓步，說明了一個事實：面對的原來是專制極權，香港人的付出因而遠遠不足；現在大家清楚了，光是磨損幾雙鞋底磨不出民主雙普選，哪怕是幾百萬人都經年累月在那裡磨。

那麼，二〇一九年的勇武又如何？不少手足流血了，還死了幾個人，於是有人罵政權麻木不仁——怎麼你特府黑警可以那麼無動於衷？換作是民主國家政府早倒台了！誠然。問題是大家面對

---

1 攬炒：同歸於盡之意。此概念在反送中運動中最先出現在一九年六月，在連登討論區上一個名為「我要攬炒」的用戶所提出。他認為唯有攬炒將香港的獨特用途失去，才能最直接撼動中國政府及其官員。

的是專制極權；過去二十多年北人搞韜晦，所以大家錯覺了。所以，不光是「飯民」[2]搞錯了，勇武和他們的支持者也許還是搞錯了；原來，香港人二〇一九年的付出還是遠遠不足；光是流幾灘血死幾個人，別說換不來民主，連送中也阻止不了，12人的遭遇[3]不是說明政權給大家「加倍奉還」了嗎？

好了，這邊廂的搞錯了就搞錯了，但如果舊運動的名人、新運動的骨幹，都跑到海外面對民主國家的政府搞游說，以為以人權民主價值寫在說帖上，人家就會超限量給你支持、中港政權就會讓步，那就依然會是「搞錯了」。幾十百個人磨嘴皮不會比幾百萬人磨鞋皮有效。說帖不是符咒，沒有神力。

但有人會說，游說可以很有效啊，你看當年基辛格（Henry Kissinger，台譯季辛吉）不是成功游說中國聯美抗蘇？《左傳．定公四年》不是記載有超級楚國說客申包胥「哭秦庭」哭了七日七夜，結果秦國答應出兵攻吳救楚嗎？

游說在某些條件底下當然可以非常有效。中蘇當年已經撕破臉，中國便是在社會主義陣營裡也非常孤立，朋友只剩東歐兩個小國；文革搞到後期，中國經濟已非常惡劣，基辛格於是有機可乘。秦國答應出兵救楚，絕不是被申包胥磨眼皮感動了；秦楚本來就有姻親關係，而且如果吳滅了楚的話，秦的頭號敵人晉就能夠坐大，秦稱霸中原的目的就難似登天。這些都是赤裸裸的大國利益關係算計，游說的內涵不涉絲毫道義。況且，游說者都帶了手信。基辛格準備好要出賣台灣。楚國答應秦國，事成之後讓出六百里商於之地。國際線上的流亡人光用人權反共等道義理由游說，不是沒有作用，而是力量很有限。如果沒有新的形勢突變，西方國家的現有反應，幾乎可說已接近他們的道義極限。

二、流亡組織十居其九泡沫化

西方學術界於二次大戰之後興起了「播遷學」（diaspora studies，也有譯作「離散學」）及「流亡政治學」，其中不少結論相當悲觀。一九七二年，匈牙利猶太裔作家保羅．塔波里（Paul Tabori）寫出了第一本流亡學專著《The Anatomy of Exile: A Semantic and Historical Study》，指出一個大致規律：絕大多數流亡或播遷者當中的反抗運動，一代人光景就消失。這一點我有親身體驗。十年前我每到加拿大省親，常會應當地港僑團體邀請座談香港民主運動和政經狀況，聽眾九成以上是上了年紀的香港移民，特別多是八九年離開的那批次。

主持者給我指出，較年輕港僑關注的是當地社會和生活；在那邊出生的不用說，便是在香港出生和上過學的年輕移民，也很快對香港的事務淡忘，支持香港民主的意識薄弱得幾乎可說沒有。這當然是人之常情。二〇一四年之後有變化，座談的聽眾以年輕人居多，而且人數比之前幾年的暴增。不過，我不認為這個變化可以持續；一代人（二十五至三〇年左右）之後，如無意外，那時的新一代又會忘情。塔波里的結論放在香港人身上是對的；香港人不是猶太人。

2　飯民：香港泛民主派的敵對方對「泛民」的蔑稱，形容其為金錢「討飯」。

3　12人的遭遇：因反送中運動被捕的12人，二〇二〇年八月乘坐快艇企圖棄保潛逃到台灣途中，遭中國大陸海警截獲，並送往深圳羈押，是為「12港人」案。

比利時天主教魯汶大學歷史教授 Idesbald Goddeeris 於年二〇〇七年寫了篇關於流亡研究的文獻綜論，劈頭第一句就說「Exile is the experience in impotence.」這幾乎把「流亡」和「無能」畫上了等號。他列舉二十世紀一系列流亡經驗，包括一九一七年的俄羅斯反革命流亡、三〇年代的西班牙反佛朗哥流亡、二次大戰期間的德法等國的反納粹流亡、大戰後東歐國家的反共流亡等，不是流亡者客死異鄉就是流亡組織無聲無息急速泡沫化，就算最後流亡者所針對的政權消亡了，也主要不是由於他們的在外吶喊和努力。文章指出，政治學文獻對流亡者的貢獻通常認定得比較大，但那是因為不少那些文獻是出自流亡者手筆，而所謂貢獻，通常是難以量度的。至於歷史學文獻，總的來說則是對流亡者的貢獻認定低得多。

Goddeeris 的文章還指出了非常有意思的一點：如果流亡運動產生代表性或正統性爭論的話，那這個運動就無可避免一事無成，因為正統性的爭論不僅佔據了他們的主要精力，還往往導致運動的最惡意分裂再分裂。要大台，終歸連小台也沒有。據我所知，八九六四那批中國流亡者的運動泡沫化了，爭大台是一重要原因。香港的二〇一九批次的流亡者在這個問題上的表現可能好一些，因為二〇一四年之後就批判、摒棄了大台主義；但一個問題是，流亡運動在海外沒有強大的公民社會監督，會不會重新掉進大台、正統之爭而虛耗精力？大家不要忘記了，大一統觀念在中國文化裡出現得特別早，自宋朝以後，中國人就普遍掉進大一統裡意淫；歐陽修《正統論》說：「《傳》曰：『君子大居正。』又曰：『王者大一統。』」那個《傳》指《春秋公羊傳》，戰國時期的東西。正統思想活在我們的部分文化基因裡，根深柢固，所以運動裡的人，就算主觀上反對大台，也容易「以我為中心」，彼此為之打個半死。

三、流亡團體多是道德糞坑

馬克思是流亡界的常客，一生流亡三次，第一次兩年在巴黎，第二次三年在布魯塞爾，第三次在倫敦最長，達三十四年，直到他去見上帝。前兩次他都被當地政府請走，當時最先進的資本主義民主國家英國對他仁至義盡最寬大，他卻最憎恨資本主義民主。他的流亡經驗豐富，因此對流亡團體的種種惡習十分熟悉。一八四八年巴黎二月革命失敗幾個月後，恩格斯寫信給他，痛罵流亡團體的內部失德，他十分不以為然：「(it) is an institution which inevitably turns a man into a fool, an ass and a base rascal unless he withdraws wholly therefrom, and unless he is content to be an independent writer who doesn't give a tinker's curse for the so-called revolutionary party. It is a real school of scandal and meanness in which the hindmost donkey becomes the foremost saviour of his country.」（……除非你徹底從那所謂的流亡革命黨抽身而去搞單幹，否則它一定會把你變成一個傻瓜，一頭笨驢，一個低等壞蛋。那是一所不折不扣的出產醜聞和習得尖酸刻薄的學校，最屁的驢子在那裡給認作最一品的救國者。）（《馬恩全集卷38》）

熟識中共黨史的人都知道，中共「長征」（內流亡）到了三不管的延安，高幹生活腐化不堪，給王實味、丁玲、艾青等文人黨員寫文章捅破，毛惱羞成怒，找個特務罪名把王秘密處決。不只共產黨如此，同盟會人士在日本的時候，醜聞耳語不少，孫大炮志大才疏獨裁專橫而且不是正人君子的一些說法已經傳開，只不過後來的人寫黨史都為尊者諱。

如果用理論分析，流亡革命黨因為多是地下組織，便是終極主張民主的，也不免在運作層面採用高壓一元化領導，但在革命階段，組織運作就是一切，權力於是極度集中，又因為沒有法治和社會監督，於是出現各種弊端；如果再加上不同派系之間的矛盾、十分有限的資源的爭奪、個人作風的近距離衝突、執行「家法」時的種種不公，等等，狀況的確可以非常惡劣。這僅僅是就那些尚未喪失革命鬥志和初心的流亡團體而言。換作是一些喪失了鬥志、徒具虛名不事生產而以欺騙所在地政府和 NGO 津貼度日的那些團體，當然就更不堪。

四、勇武無法適應流亡日常

流亡者離鄉別井，舉目無親到一個異文化裡生活，若無法適應，會產生難以承受的心理壓力。二〇一九離港的那批次當中，就有不少如下事例：流亡者到了目的國，人家慷慨接收，居留手續和基本生計都給苦心安排好，但因為流亡者飲食不習慣，於是沒多久就回流，寧願送頭。看官，這些人在槍林彈雨之下願意拋頭顱灑熱血，卻頂唔順[4]安全流亡生活裡冇奶茶魚蛋雲吞麵。當然，那也並不奇怪，因為大家都「真係好撚鍾意香港」[5]。不過，做出那種取捨，心理因素方面是否欠缺了甚麼？西方心理學家已經做了不少研究，證實流亡者當中，或深或淺患上各種精神病的比率偏高，自殺傾向更明顯，而香港的流亡者對此束手無策。

二〇一四年的佔運日子裡，我在佔領現場和一些年輕抗爭者交談。他們有一些告訴我，今後要進行嚴格的體能訓練，以備日後抗爭時「打得應、捱得遠、走得快」[6]，令我大吃一驚。回想，原來勇武抗爭的體力本錢，幾年前就開始累積。不過，二〇一九之後，我卻覺得，心理質素方面的弱點，可能更加致命，而克服這些弱點的本事，則更難練就，不是舉舉重、跑跑圈就可以。出身於港式大都會的抗爭者被迫要面對的，是兩種截然不同卻一樣沉悶的環境和孤獨的長時間，其一就是流亡，其二就是坐牢，所包含的心理挑戰，並不是有了勇武所需的體格就能具備。

十多年前，我的老友程翔[7]先生出獄回港，久別重逢，我問他受刑期間最難捱的是甚麼，他說：「係冇人同我傾偈，幾乎發癲。」[8]因此，培養堅強意志力和在大異環境裡的中長期心理適應能力，對抗爭者非常重要。歷史上為了達到政治目的而刻意鍛煉心理質素的最著名故事，就是春秋時代越王勾踐為了光復己國而強迫自己睡不舒適、吃不甘美，即「臥薪嘗膽」的傳說。我不知道今天的抗爭青年當中，有多少人能夠對自己作出這種鍛煉要求；也許很多，或足以令我再次感到驚訝，但我估計其實很少很少，少到接近零。

---

4 頂唔順：受不了。

5 真係好撚鍾意香港：於二〇二〇年出現的抗爭口號，撚為助語髒話，意指我們真他媽喜歡香港。

6 打得應、掟得遠、走得快：打得準、丟得遠、跑得快之意。

7 程翔：香港記者，出身親共報章《文匯報》。二〇〇五年任新加坡《海峽時報》駐中國首席特派員時，被指間諜罪遭判監五年，二〇〇八年獲假釋。

8 意為坐牢時最難熬的事「是沒有人跟我聊天，差點發瘋。」

五、學猶太人窩囊復國？

近聞海外各派抗爭者的中生代有一共同點，就是非常欣賞猶太人的堅忍承傳，播遷世界各地幾乎兩千年之後最終復國並實行民主。這種欣賞，擺在保羅．塔波里說的「流亡意識一代即消亡」旁邊看，非常有理。不過，要兩千年才能實現一個理想，凡事慣即食的香港人，真是難以認同；莫說兩千年，就是兩百年，對那些嘴邊常掛一句「希望有生之年乜乜乜」[9]的老一輩民主派而言，也是不可想像、遙不可及。因此，以猶為師，文化上不對號。

猶太人自公元初給羅馬征服乃至驅散之後，很快喪失鬥志，變得窩囊怕事，膽小如鼠；千百年來世界上排猶、猶太人遭殘殺、財產被掠奪的事例不可勝數，但他們只會逆來順受，受不了就走，好死不如賴活著。二十世紀猶太建國，也很大程度是英國開綠燈並撐腰。這種性格容或不足以稱道，但頗值得留意的是他們有信仰的軟硬件，後者指遍布世界各地每一猶太人聚居處的教堂（synagogue），那是他們發揮軟力量即信仰本身力量、達至文化承傳和民族凝聚的物質建設。支持這種物質建設的，就是猶太人的雄厚經濟實力。他們認為勤奮賺錢是本分，但同時認為所得財富不過是神託付給你今生管理的東西，死的時候應該盡量捐出。他們流亡，代代堅守信念，而且相信自食其力，不靠政府救濟或NGO施捨，和很多八九六四的中國流亡人不一樣。

還值得留意的，是他們對信仰的執著，香港人看簡直是到了病態的地步。猶太人的信仰規條以及由之而來的行為守則多如牛毛，例如單是安息日不可點燈著電發熱的規矩和例外規定就有好幾十條，電燈泡不可用但LED不發熱卻比較認為可以，安息日之前就已經開著的就可以，如此等等。規條多得連他們自己也吃不消，於是各教派和地方都會發明一些巧妙理由去盡量繞過、取得方便但名義上不違反這些規條。儒家會說那是沒有了仁的內涵的禮，徒具形式，但從他們寧願辛苦挖空心思將就也要保留那些規條，倒可看出他們的一種極度執著。大概就是這種執著讓他們窩囊地死守著復國信念近兩千年，最後神推鬼𢱑之下成功了。香港人很難效法猶太人復國（那是違反國安的）；但有些人認為能夠從猶太民族身上得到啟發，例如不靠正規學校教育而能夠有效作語言文化承傳。我則認為香港人連這一點也難學到。別說流亡在外國，就是在香港，大部分家長也以子女習得英、法、德、日、普通話等外來語為尚。

學猶？算罷啦！

六、流亡者不懂流亡學

香港人一向輕視學術，凡事靠直覺扭計精乖高轉數，所以縱有大批人流亡移民搞海外抗爭翼，卻鮮少有人提出要學懂弄通流亡學。本地翼搞民主抗爭，一代人光景下來，才發覺搞錯了，因為未弄清抗爭對象政權的本性，遂以磨鞋底抗爭三十年一事無成。海外翼現在一窩蜂搞國際游說，我估

---

9 本句意思為老一輩民主派老是「希望有生之年怎樣怎樣」，帶諷刺之意。

計一樣錯誤，因為未弄清楚民主國家政客要對投票人負責、包括要保障他們的經濟利益，因此不可能以人權為武器與中國周旋到底。若又因此磨破嘴皮一代人一事無成，那麼海外翼也是無效的，知道的時候，如保羅．塔波里所說，已經夠鐘消失。我估計在西方很多幾十年一事無成的流亡運動，包括西藏獨立、古巴復國等，都是糊里糊塗抗爭幾十年，最後又糊里糊塗地夠鐘消失。前車本來可鑑，但香港人很可能缺乏必要的文化資源去解決這個問題。

一口氣給大家淋了六桶涼水，估計會清醒，然後迷惘，因為不知路在何方。指路不是我的角色，我也無此能力。沒有大台了，也沒有唯一的正確途徑，找路因此是每個人的獨立責任。讓我改寫一位法國哲人的一句話：當你感到完全迷惘，也許就是你觸到了智慧的邊沿。

社運的獨立戰工群——帶大家浸六道溫泉！

2021／01／16

香港本無人，能夠成為一個相當龐大的社群，主要是歷代源自北面政經打壓的結果；其後港人有播遷海外，則大致是因為來自東南方面的吸引力。一個push factor一個pull。一九九七年之後，這個規律開始改變，由北而南來的移民當中，漸多是任務性移民，黨國派遣的。往東南方面轉移的，由去年開始，主要不再是源於外部的物質引力，而是因為香港政府本身成為了排出力。後者在香港歷史上幾乎從未有過，除了二戰當中的日治時期：香港淪陷了，軍警統治令大批港人四散而逃。今昔類比，有其貼切處，大家不難意會。

政治犯的出現，伴生流亡者，與近期播遷的其他有心港人融構成社運海外翼。對很多置身其間的港人而言那是全新經驗，做夢也不曾想到過的。這時，播遷者最易懷舊，即是把過去的東西帶到海外去，不意間成為自身的情物。不過，時空完全改變了，舊東西的一部分會成為包袱，更何況有些根本在帶出來之前就是錯的；兩者若交組成為一種特殊的經驗主義，就不利於他們欲繼續從事的運動。上周的文章裡，我給海外翼的朋友潑冷水，目的只一個，不是叫人悲觀失望，而是希望流亡者和他們的同道知道一些前車可鑑的環境事實，繼而做一點點必要的脫胎換骨。（哎，脫胎換骨怎麼會是一點點？）

今天的文章是續篇，試圖對現階段的運動組織模式作一總體客觀描述，並初步置之於一個多學科框架之下考慮。前有各色論者封我作本土派理論導師，我當之無愧，哈哈，但那是半被迫的，因為至今鮮有人試做一系列有關社運重要問題的必要而深入的探討，以致我這個二流分析員要常常充數上陣帶個頭。

大家沒留意，上一篇文章最後給了讀者一瓢溫水；這一篇則帶大家浸六道43℃的溫泉。

獨立戰工群

二〇一四年末，社運型態大變，大台開始消失，一位泛民老友憂心忡忡向我長嘆：這怎麼可以？那時還是生態重構的初段，破而未立，我無言以對。老實說自己心中也一片空白，落後於形勢，完全在狀況外。不過，我是芝加哥自由經濟學派出身的，想這類「極多體問題」往往十分阿當斯密（Adam Smith，台譯亞當·史密斯），即相信所謂的「無形之手」冥冥中會解決問題，而且解決得很好。

前不久我在文章裡和大家討論過社運海外翼和本地翼的比重，認為一個因千萬有心人各自按主客觀條件決定去留而引出的整體人數分配，是最高效的了。類似這種結論，可從直覺推敲得；如果有懂數學的社科專家願意花點時間建構嚴格而詳盡的模型——例如加入高斯定理（Gauss's law）等的考慮——去探討這個問題，我敢斷言其結論不會和我已得出的有甚麼分別。（馬克思花三十多年在大英圖書館面壁苦思，地板也給他磨出腳印，結果寫出的《資本論》卻是錯的，就是因為他偏離了阿當斯密，誤入歧途。）

同理，關於有無大台的爭論，想清楚之後，我一樣認為「無形之手」在抗爭大環境裡運作，最後會演化出新的、高效的、分散式的社運生態平衡，而裡面不必然有大台。我今先把這個生態圖像用類比的手法描繪出來，所借用的觀念，最先來自人工智能和昆蟲學的交配研究。科學家發現，在一些大型昆蟲群落裡，眾多分散的子群落在沒有明顯統一指揮之下獨立行動，之間只需輕度資訊交換，即能交組出配合得天衣無縫的大型運作，目的大致統一；而當客觀條件變化了，目的可以迅速更換，子群落同樣能夠迅速反應，例如不同的蜜蜂子群落一時分頭採蜜，剎那間卻可齊齊暫停生產，改為對一頭黑熊作排山倒海般的聯動出擊。

昆蟲群落為何能有如此巧妙的運作能力，依然是個未完全解開的謎。不過，人工智能（AI）研究者，卻採取不窮其究竟、但求能高度仿真的策略，虛擬出含「自主群落」、「獨立戰工群」（autonomous swarms，簡稱 AS）的動態模型。這些 AI 研究，近年得到信息技術和機器人學的支援，正在朝實用方向發展，不少管理學者有興趣，但軍事應用更為矚目。

軍事應用

傳統的軍事思想強調統一戰略指揮，上級的指示務求下級完全貫徹，不能走樣，下級戰鬥單位的自主性很少。這種軍事觀念，在打大規模攻城掠地的陣地戰最為有效，但如果資訊下達困難或出錯，後果卻不堪設想。大家在高中或讀過丁尼生（Alfred, Lord Tennyson）的英詩《輕騎兵進擊》（The Charge of The Light Brigade，又譯《輕騎兵的衝鋒》），背景是一八五四年克里米亞戰爭，描寫的是一場因英方司令官下達的指令含混不清兼錯傳而導致的失敗戰役，死傷慘重。軍令如山，就算下級判斷那是錯的，也得冒死執行。至於游擊戰，雖然強調靈活性，但指令鏈條依然以垂直為主。海明威的《喪鐘為誰而鳴》（For Whom the Bell Tolls，又譯《戰地鐘聲》）裡講的游擊隊要炸掉佛朗哥軍隊控制的一條橋，就是上級下達的一條具體指令。這兩種作戰的指揮部，都是「大台」。

現今前沿軍事研究裡的自主群體，務求把所有性質的決定權下放到最基層的每一無人機械個體。理論上說，這種 AS 的最終目的，就是最高層只需下達一個最一般的指令：「打敗對方」，其他一概不管；如何執行、用甚麼戰術、機械個體之間要不要合作、要多少合作及如何合作，完全由 AS 裡的個體或個體之間的協商決定。可以想像，如果指令一般化到那個程度，所有國家的軍事指揮部門（大台）基本上都可以收檔[1]。用 AI 下圍棋，其實有這個味道，成績也是有的，但對 AS 技術而言，那不過是其中一個點。AS 的最終技術目的，形象一點說就是復歸（以機械複製）昆蟲群落。

大家如果有興趣知道多一點 AS 在軍事方面的研究和應用，可參考聯合國軍備廢止研究所

（UNIDIR，聯合國裁軍研究所）簡易刊物〈Swarm Robotics: Technical and Operational Overview of the Next Generation of Autonomous Systems〉。商學方面的討論，見麻省理工學院兩位學者 Gloor & Cooper 的文章〈The New Principles of a Swarm Business〉。

正如生物界昆蟲群落一樣，任何社運的 AS 終極個體是生物人而不是機械人，因此社運的 AS 模式並不需要別有意識的人為設計，它在大台消失之後就自然而然 by default 形成了。它的自主程度甚至已經達到上述的最抽象模式，因為它的最高指令也是完全一般的：「打敗政權！」它和一個市場經濟的分別，僅僅在於後者的「無形之手」下達的指令是：「盡量賺錢！」而且，這個社運指令也不是甚麼「最高層」下達的；經過一次又一次的抗爭和失敗，這個指令逐步在所有抗爭者心目中形成，甚至可能一點一滴進入了他們的 epi-DNA，足以遺傳，一如商界裡的 profit motive；所以，任何社運在播遷四海之後，皆可某程度上形成類猶太族群。現時香港的社運組織結構「被逼先進」，其運作特徵，已經超越所有 AS 模型，個體自主程度已經復歸昆蟲群落中個體自主性最高的那些種類。甲由萬歲。[2]

這樣描繪出的社運 AS 型，起碼有六種優點，下面逐一說明。

---

1 收檔：關門大吉。全句指若是指令一般化能達到那麼高程度的話，大台就不用再運作了。

2 甲由：蟑螂之意，在二〇一九年抗爭期間，警方曾形容反修例示威人士為甲由。

優點一：存活力高

大家留意新聞，最近有一條是警察沒收了50多名抗爭者的200多具手機，運到祖國的IT研究所破解，說是要從手機的保留信息中重構運動網絡，順藤摸瓜抓黑手，這種擒賊先擒王的觀念背後就是一個大台模型，黑手就是大台。

政權認為二〇一九年以來的抗爭高度協調有序，因此斷言背後有大台指揮一切，而且是一個非常先進精密高智慧的大台。那是很可笑的。我估計，Benny Tai（戴耀廷）[3]背後的Big Tai大概就是他的Tai Tai（老婆大人）。市場經濟非常先進精密高智慧，有大台麼？就算這次警察真能夠抓到甚麼，也只能是因為社運本土翼的進化還未百分之百完成，以致還有一些大台的殘餘。當黑手完全進化到成為「無形之手」的時候，那些kuromono能夠抓到的只能是空氣。因此，和大台相比，AS型社運因為組織分散自主，整體存活力高，自我修復能力強。近代海軍的航母戰鬥群是一種處於戰略和戰術層次之間的軍事大台，在六倍音速的飛彈射程之下，統統成為sitting duck，所以各國海軍都致力研究AS戰鬥群作為一線戰鬥單位、把航母戰鬥群退到外圍，最後退化為助攻平台。

優點二：具「散沙凝聚力」

有人會質疑，這樣的運動形態，不就成為一盤散沙？思考這個問題，要回到歷史。孫大炮說中國四萬萬人乃散沙一盤，的確貼切，但大家要留意，那盤散沙是與中國歷史上的最大台——帝制、朝廷——同時存在的；準確地說，是大一統開到荼蘼的產物。我們不必排除大一統思想及其實踐曾經有過真正的凝聚力，正如社運的大台也曾經有過重要而不滅的凝聚貢獻。

清初那一百年，中國出現大一統，漢族歸附清王朝，知識分子不再反清復明，都跑到清廷裡當官，中華帝國的國力在世界上也因此達到空前絕後的高峰。可是，這個大一統慢慢掏空，失去號召力卻不斷擠壓民主以致新的凝聚力未能及時破土而出，人民於是變成散沙。但是，香港的社運現階段完全不同。它進入新形態的同時，每一自主群落裡的每一個體都從一波一波的運動裡不約而同地提煉出同一的抗爭最高指令，運動於是就得到了實質的凝聚力，儘管它看起來是散沙，是發散的，自主的群落各自為戰。這是一種很奇怪的凝聚力。我們通常說的凝聚力，是收斂的齊一的，但社運新形態裡的凝聚力卻是發散的多元的，這就提供了另一種力——創造力。

優點三：具 startup 創造力

大家記得不，三十年前香港有一個壟斷性的大台叫 HKTC（香港電話公司）？它的業務非常穩

---

3 戴耀廷：香港法學學者，政治人物，曾任香港大學法律學院副院長和副教授。於二〇一三年提出以公民抗命形式「讓愛與和平佔領中環」，爭取普選，並與陳健民、朱耀明並稱為「佔中三子」。後於二〇一九年被裁定「串謀犯公眾妨擾罪」及「煽惑他人犯公眾妨擾罪」，判監十六個月。

陣[4]，公司也隨著香港經濟發展而不斷增長，但就是那麼死板，電話幾十年就是一個黑色，後來破天荒有白色給選擇，就如社運後來多了一個大狀黨[5]。通訊市場百花齊放，是要等到無線技術成為主流、固網不再是經濟學裡說的自然壟斷優勢、市場不得不開放之後才出現的。同樣的變化出現在社運裡。二〇一九年的多方面創新，大家有目共睹。當然，新不一定就是好，我自己非常懷念那些英式端莊沉實黑壓壓、重得掟得死人、貴得餓得死人、撥號時嗒嗒嗒嗒、一代人一個款的轉盤電話，但有誰想回到那個時代？

自主群落的創新基於它那些數目可以無窮增加的自主子群落。這些子群落冇王管[6]，更無外加的最高指示，就像開設一間小型公司甚麼都會靠自己，逼著成員動腦筋創新，不停變化的外在環境更要求高轉數，香港人的頭腦於是最合適。某國無創新，因為要「一切行動聽指揮」，歌裡如是，生活裡那也是第一條。看看馬雲。

社運演化出自主群落，每個自主子群落就變成一個「獨立戰工群」，打自己的仗，做自己的事，任務自己給，資源自己籌，責任自己負，錯誤自己改，改不好就要被淘汰，非常無情，卻是社運自主群落型能達至最高效的主要原因。這需要深入一點說明。列出那麼多的「自己」，最重要的是頭一個：打自己的仗。

優點四：能避免嚴重資源錯配

一個獨立戰工群，決定做甚麼工作打甚麼仗的時候，最自然的第一問就是，我們這個小群落最擅長的是甚麼？我們周邊的小環境最支持我們做甚麼？而很明顯，群落的成員自己就是答案的最佳提供者。所以，答案一旦提出了，自然落實得最好。相比，在舊的社運形態裡，絕大部分參與者不能決定自己要做的事，只能按時按候到指定地點做指定動作，例如磨鞋底。磨鞋底不是不好，但人人幹那個、只能幹那個，很多人的長處就施展不出；於是，譜歌師去磨鞋底，火魔師也去磨鞋底，男女老幼都去磨鞋底，聲勢浩大很上鏡，年復一年鍥而不捨很勵志，但經濟學家會完全客觀冷酷地說，那是很嚴重的資源錯配。一旦糾正了，運動的能量就呈爆炸性增長。其實，強國一九七八年經濟上能夠翻身，講的是同一個道理。這就是為甚麼我上面說，阿當斯密的理論不僅適用於經濟，也一樣適用於社運。這種散沙很高效。

優點五：能避免全民齊抑鬱

打自己的仗，還有另外一個意義、另外一個效率解放。舊的社運形態風險其實非常高，因為只打磨鞋底一種仗，雞蛋都放一個籃子裡（這當然是言過其實，但為求說理簡單，我就這樣講）；一

4 穩陣：穩打穩紮，難以撼動之意。
5 大狀黨：香港公民黨的別稱，其骨幹多為資深大律師，即為大狀。
6 冇王管：沒有人管的意思。

旦輸了，就全民洩氣，或者到頭來發覺此路原來不通，就全民抑鬱。

我聞說，在運動裡，有一兩年，男的失去性慾，女的月經失調；果若是，運動少了很多革命後代。況且，只打一種仗的話（例如是《基本法》裡定義了的），就等如給政權牽著鼻子走，它手鬆一點你就笑，抓緊一點你就哭，情緒完全由政權操控。寫兵法的那個孫子老早告訴你，那樣打根本沒有贏面。一旦情況改變，新的運動一百個自主群落一百個新發明跟政權打一百種仗，人人不同，天天新款，一個籃子一個蛋，不僅降低情緒風險，還會反客為主讓政權疲於奔命，自己意氣風發。

優點六：符合高斯定理

最後和大家談 AS 型社運模式的交易成本效益，又從軍事科學的角度出發。戰鬥機的設計，最重要的一環就是參數優化，特別是重量和尺碼大小，因為直接和動力效益、燃料效益和隱形效益攸關。環法賽的單車設計師考慮的度量衡單位是公克和毫米，設計戰鬥機部件時，要求比這個高兩個數量級。但無論怎樣優化，以 robotics 為一特徵的 AS 戰鬥機有無比優勢，因為省掉了至少一個飛行員及支援他的所有工作和生命系統和物資——包括呼吸、飲食、排洩、防護、急救、逃生、音像通訊、駕駛盤、屏幕等，騰出的重量和空間非常可觀，大大增加有效載荷（payload）。

社運大台也一樣，要維持大台本身，花費就已經很巨大；管理一個大型政黨，不比管理一個大企業簡單，需要一整隊全職 MBA 或其他專業人士；要做政治工作，先得花一大筆交易成本撐起這個大台。這在本土翼而言，由於眾所周知的各種原因，越來越不切實際，在海外翼就更無從談起。維持一個AS系統，資訊最重要，但資訊的成本是以幾何級數的速度下降的。彼長此消，社運型態光從交易成本的角度看，往自主群落方向發展本來已經命定，近兩年的政權打壓只不過加快了這個轉化。這是經濟學高斯定理的直接彰顯。

溫泉之後給澆涼水？

本土翼莫說大台，往後連公開的中台、小台也難存在，因此只有微型的獨立戰工群才有存活的可能。至於海外翼，條件好一些，但要注意的，是「最優規模」（optimum scale）這個概念。經濟學對公司的最優規模研究很多，與企業的目的、技術條件和各種成本價格有關；一個企業的領導如果忽視這個概念，拚命追求規模增長，終會遭到市場懲罰。社運亦然。如果　個群落把固有的大台觀念帶到海外，那就會拼命招兵買馬，覺得把組織做得越大越出名越好，把抗爭群落當作一個growth business，這在一些靠眾籌或外國政府及NGO資助的群落裡，尤其是一種誘惑。

長遠而言，AS型的社運群落最健康的組織原則就是兩點：以完全經濟自立的自由人為成員、按群落自定的戰工目的尋求最優規模。每個成功的自主群落的business model裡，不能沒有這一條，否則必然烏煙瘴氣眾叛親離泡沫化，有關例子在國際上眾多出現過的流亡社群裡比比皆是。這是一個客觀事實：存在一個所謂市場自動制裁機制的社運版。徒善不足以為政，光靠一泡熱血搞不了社運。這是帶大家浸畢溫泉之後給澆的一瓢涼水，受得了受不了？

論海外復運中的三個規律兩個提升

2021年，刊於海外抗爭刊物《自由港》

中國在香港實施國安法之後，鎮壓行動不斷升級，對象已包括所有之前共產黨要統戰而未全得的那部分民主派成員，速度超越一九四九及後那幾年的上海、廣州。最要警惕的是，文革動員那些接受了十六七年愛國愛黨教育的學生，首先批鬥不夠左的老師校長，之後很快把鬥爭帶進家庭，矛頭指向父母；這一行動在香港也將加速來臨，因為在香港的愛國愛黨教育早在二〇一二年就開始為這個打基礎。黨員姓黨，你那些陳李張黃何姓香港家長算老幾。

然而，今夏最嚴酷的打壓，是迫使支聯會[1]解散，教協[2]也將不保，黨喉國舌更宣稱要對其負責人算帳，管你一向以來都血濃於水搞保釣捐汶川。「舊社運」至此前功盡廢，唯一尚存的是它培養出的大批港人的民主抗共意識。然而，這個意識只是開了花，能否結果，今後還要看這意識能否轉化為具體有效的行動，繼續壯大一個經由細胞變異、已然出世的「新社運」。

舊運動的優勢與弱點

如果這個轉化失敗，運動中人滿腹牢騷卻懷憂喪志，則舊社運培養出的民主抗共意識等如無意識。轉化的成敗，一方面視乎香港人內在質素，另一方面則直接受影響於舊運動幾十年來的培養方式。後者的優勢與弱點都很突出。

舊運動從一九八九年算起、到二〇一九年止，經歷了三十年即一代人多一點，培育的時間相當長；有理由因此相信，僅憑慣性，亦足以維繫港人民主抗共之心幾十年。不過，在能不能轉化為有效行動和展開甚麼行動的問題上，其弱點或負面影響卻不容忽視。

舊社運有兩個特點，其一是以最低的參與要求，換取最多的參與者，造成一種氣勢。這種氣勢主要是視覺上的，適合現代傳媒廣泛報道。無論是六四維園紀念晚會，還是七一港區大遊行，或者是偶發的議題抗爭，都是採用這個模式。如此，工餘每年付出七小時——三小時靜坐、兩次共四小時步行——就可成為一個問心無愧的標準社運人。

1 支聯會：全稱「香港市民支援愛國民主運動聯合會」。八九民運期間成立支援民運的組織，六四後曾透過「黃雀行動」營救大陸民運分子往外國，往後透過各種活動，傳播六四真相及關注大陸民主情況。當中以每年「六四」周年，在維園舉辦的燭光悼念集會最具代表性，每年均有過萬甚至過十萬人參與，維持三十年至二〇二〇年遭當局禁止為止。

2 教協：全稱「香港教育專業人員協會」，一九七三年成立，是香港戰後首批獨立於左右兩派的工會之一。長期以來為香港最大的教師工會，一〇年代高峰時期曾經有十萬會員。該會是民主派組織，一九八五年起，立法局設立教學界（之後稱教育界）功能組別席位後，該席位歷屆均由教協代表當選出任，直至二〇二〇年立法會民主派總辭。

當然，少數積極分子的投入比這個多得多；而且，這個「最低」，其實並非最低，網絡時代出現了所謂的 clicktivism，參與者只花幾秒鐘在眾多的網上簽名運動表格上點擊、署名，就成為點擊積極分子（clicktivist），即一種最輕度的鍵盤鬥士。這些抗爭方式確能集中表達民意、造成壓力，在開放民主社會有作用，奈何張冠李戴，面對極權，如此封了頂的輕型社運完全無效。國安法實施前後的兩年裡，大家或先或後都徹底體會到這點。

舊社運特點之二是，行動模式既定，無論是一般群眾還是行動組織者的參與，基本上都不必動很多腦筋注入新思維。這意味著，三十年來，舊社運人絕大部分未曾想過一旦統治者凶相畢露的時候要怎麼辦，抗爭的左腦廢置空白，乃有二〇一九年的落後於形勢、進退維谷。西諺有云：「Nothing concentrates the mind like the prospects of facing the firing squad」；舊運動提供的這種思考訓練是零。

人走茶涼的危機

本土翼的運動因鎮壓而匿跡；如果把先前那種「投入低、左腦廢」的運動模式帶到海外照辦煮碗，那麼香港光復便很可能遙遙無期。

流亡學規律一：抗爭者一離開本土，同樣的抗爭行動的效力便打折扣。舉個例說，我是寫文章的，有些在國際上發表；如果我在海外久了，國際媒體對我所用的香港資訊和分析的評價都會逐漸下降，最後歸零。文字工作如此，磨鞋底的功夫亦然。在海外搞遊行示威，途人好的會關心一下，卻絕對上不了《紐時》（紐約時報，New York Times）頭條，給政權的壓力更是近乎零。而且，這個折扣因時遞增，還很可能不是線性，而是像牛頓萬有引力律裡的引力隨物體之間的距離平方遞減那樣，非常急速的。若是，則流亡者必須與時間賽跑，在自己的抗爭能量大幅消減、消失之前作出努力；人走茶涼、時不我與！

有人會提出質疑，流亡之後，國際游說工作比以往的效益大得多，不是反證規律一的繆漏？非也。大批港人流亡，是政權本性顯露使然，西方國家是因為更清楚看到了其真面目而有必然反應，游說者的投入，當然起到一定的解說作用，有時甚至是關鍵的，但總的作用多大不好說；況且，那作用是在港人游說者的人數和時間投入都比以往激增的情況之下產生的。所以兩年來游說成果豐碩的說法不影響規律一，這是一個邏輯問題。（上述規律有點像經濟學裡的市場需求定律，是有一個「其他因子不變」——all else not changing——為前提的；現在的政權所作所為變本加厲了，游說人的總投入也增加了，都是因子改變。）然而，這個規律總的來說是負面的、令人沮喪的，好在還有這個。

流亡學規律二：海外大台難建立，反而釋放出舊運動參與者當中潛在的「高能粒子」的個體抗爭能量。舊運動的參與最大公約數是磨鞋底，好處是有利吸引低程度參與者；這沒有貶義，因為不然的話，老弱少小等都不能參與。不過，因為在當時的參與規則底下，很多本來能量更高的人也受限不得已，行動都止於磨鞋底。二〇一九年的抗爭沒有了大台，這部分抗爭者的能量大量釋出，於是有人發展出如水般的運動戰術，有人譜寫出香港國歌，有人引入抗爭用的火魔法，有人創作不朽的港語口號「我哋真係好撚鍾意香港」。諸事實面前，規律二不證自明。

當然，失去大台，低程度參與者失去推動力，所以理論上，規律二應該有一個孖仔[4]規律：海外大台難建立，減弱了舊運動參與者當中低程度參與者的抗爭能量。這固然可惜，不過，本來已經是低程度的參與再減弱，總的影響甚微，不必介意，況且還有補救辦法。然而，兩個規律，還是規律一的威力比較大。道理很簡單，你便是高能粒子火魔師，一旦到了海外，魔法無用武之地，假如不另謀出路，你的高能量也是白費！

被動抗爭者的自我提升

面對此情此景，要解決抗爭投入量的遞減是沒有辦法的，請大家加碼，在大多數情況底下很困難；移居海外，人地生疏，收入下降（這是規律一的經濟版，在主流經濟學裡已實證確立），過問政治怎可能加碼？當然，過一些時日，有些人會復原，但另一些人的抗爭意志卻會逐漸冷卻，例如，以前好友相約去遊行，現在天各一方大家都沒那麼起勁。怎麼辦？

我提倡一個意識轉變：把運動看成是自己的一個嗜好，最好是第一嗜好。有人會問，抗爭嚴肅事，變成嗜好豈不太兒戲？非也。對大多數人而言，職業並非志業，只不過為生計勉強而為；這些人當中比較認真的，會很在意找尋職業以外的嗜好，一旦找到了，熱情往往超過對職業的，甚至恨不得早點退休，全情投入。更有些人，畢生成就最大的是在工餘嗜好裡建立的。

例子多得很。香港第一本本土植物學專著 Flora Hongkongensis 是一八六一年初版的，至今還可在亞馬遜買到新品。是書原始資料提供者 Richard B. Hinds 和編著者 George Bentham 原來都不是專業植物學家；前者是大英帝國炮艦上的手術醫師，後者則出身大律師行業，後來在英國植物學界大名鼎鼎。

工餘有自己嗜好的人不妨比照一下，自參與運動成為抗爭一員之後，對抗爭的心力付出多還是花在自己的嗜好上的多。如果是後者居多，那我就提議你想想，是甚麼人甚麼力量把你逐出自己的家園，令你親朋失散流離海外？你真正認識那些人的邪惡嗎？他們的特點是甚麼？強在哪裡、弱點是何？你能否與之博弈、一點一滴出奇制勝、還以顏色？當你這樣想，很快就會有行動的意念，而第一步就是要強化自己、增加配備。那就好像一個人如果對馬拉松產生興趣，她就會閱讀一些關於訓練長跑的知識，講究穿甚麼跑鞋，吃甚麼食物，選擇甚麼場地或路徑去練習，有系統地提升自己的意志和體能。如此，嗜好既是情感歡快的右腦運動，也同時要求左腦作分析思考作業。

嗜好好在效益成本一定是個正數，就算目標是跑一個三小時的馬拉松最後達不到（例如我的個人最佳（PB）差得遠，是 4:06），但在訓練的過程裡的快感一定爆錶。以快感為主要動力的活動最能持久，因為它是與奮力接近目標的進程匹配共振的，而且最能令你身心健康。人人都可以是一個快樂抗爭者而不必是個苦行僧。和共產黨鬥，你是哈姆雷特，但心態最好像是玩一鋪百局圍棋。

我敢寫包單，如果海外一般抗爭者能把抗爭當成嗜好一樣看待，不僅樂在其中，還可以抵銷上述規律一所指出的海外抗爭效益折損以及因移居海外生活不便所引致的投入減縮，逆流而上！

---

4 孖仔：原意為雙胞胎，但亦可解作連體出現、同時出現。

這是本文論及的第一個提升，事關抗爭投入的量。跟著，我們討論質，即研究離開香港之後可以幹甚麼、怎樣選擇幹才能達至最高效的問題。

高能抗爭者：從守護到進擊

如果你是個衝動派，也把抗爭當成是自己喜歡做的事了，那麼，想著想著恐怕很快就恨得咬牙切齒要去當占士邦做刺客，不過我倒不希望大家鋌而走險以憤怒和復仇為長期原動力，因為對一般未受過特殊訓練的人而言風險太大。《史記》記載五位遠古史上有名的刺客，只有一人功成身退，其他四個包括劍客出身的荊軻，不是失敗身死就是同歸於盡，壯烈有餘卻成效不彰，徒令後世人嗟嘆。這與二〇一九年的火魔師不同，因為後者出現在抗爭高潮裡，有整個運動承載支撐和民意認可。那麼，選擇不丟炸彈搞暗殺可以做甚麼？

首先，我認為海外抗爭的高能粒子暫時都不必幻想誰人可以振臂一呼山鳴谷應、之後大家一條心做同樣的事，而是應該三五成群各做各的，在一個龐大而離散的網絡上相對獨立的據點上有所作為，點滴累積力量，長遠逐步有機自發地不同程度整合。這就像市場上的小企長成中企、中企繼續增長或合併成為大企一樣。那麼，最成功的小企是怎樣產生的呢？主要是靠興業者個人興趣、眼光、能力和努力，看準市場裡欠缺了甚麼、估算自己可以調動甚麼提供甚麼，然後一頭鑽進去拼搏。今後的獨立抗爭者難道可以沒有這些屬於興業家的特徵碼？這個說法，和我之前提出過的「獨立戰工群」概念一致，但有下面的進一步發展。

流亡學規律三：流亡之初，流亡者做的抗爭工作以防護性的為主，間接進擊性者次之，最少是直接的攻擊行動。這規律講的，都是自然而然地發生的事物，其順序符合一般發展邏輯；文獻裡，別的國家民族流亡經驗乃如此，我觀察這兩年來播遷外地的港人當中亦然。防護性的抗爭工作包括移民生活互助、抗爭意識培養、經濟實力發展等。間接進擊包括發表批判政權的文章、游說外國政界和民眾、展開對各國商界的中國或香港投資的抗議和衝擊、培養各種直接進擊的能力等。直接對政權的攻擊，最初步可以是一些（合法的）高能量網攻、針鋒相對「圍觀」政權在外國的公開據點、揭露政權在外國的滲透者和隱蔽代理人等。

香港的流亡抗爭與業家肯定會有前瞻意識，他們當中一部分還在做第一階段的防護工作時就不斷思考甚至規劃下一步的間接進擊，適當時機分兵兩路，用自己的實力促進抗爭的行動升級。其實，國際形勢發展提示了不少有意義的工作，等著一些人去做，其中最明顯的莫過於把反對政權的抗爭行動指向歐美商界的親中大鱷。這個工作目前仍是大片處女地，抗爭者投入的邊際效益會很高。讓我解說。

進擊第一戰場

三年前，美國總統特朗普對中國發動貿易反擊戰，拜登上台之後蕭規曹隨，令華爾街那些貪戀中國市場的商家和機構投資者憋不住，最近一方面頻頻游說拜登政府終止貿易戰，另一方面調動資金大舉投入中國市場，把美國給中國的 FDI 數字（外國直接投資，Foreign direct investment）提升到超紀錄水平和增長率，要來個「中國好、美國好」，大家一起悶聲大發財。不過，三年來，中國鎮壓新疆、香港，還有武肺一事加戰狼外交，西方社會普遍對中國反感非常大，因此民意是不支持商界跟中國「復舊」的。最明顯的事例發生在歐洲，今年五月，歐盟體制中的民意反映機制歐盟議會凍結了歐中投資協定，九月初更通過了史無前例的強力「友台議案」，中國吹鬚睩眼[5]。

此時，對抗紐約——倫敦——法蘭克福的親中財經軸心，香港海外抗爭者最宜與西方積極分子一道，打出「道德投資」（ethical investment）的旗號，就像四分之一世紀以前西方民眾曾經用這個旗號有效對付南非白人政權一樣。但做這事不能只搞議會裡的閉門游說，因為很多西方議員不同程度都是財經大鱷的關係戶，所以抗爭行動要直接在各國的財經心臟進行，例如在美國搞的示威最好在華爾街那隻大金牛旁邊，或者在曼哈頓公園附近的《華爾街日報》編輯部門口，方能吸引傳媒，把信息帶給一般民眾，讓議員受壓。一旦西方的資本水喉關上，不僅中國經濟大受影響，中共內部的派系衝突也會加劇，到時就不會是八月二十日人大叫停「反西方制裁法」的審議那麼簡單。

海外港人抗爭一部分轉向採取間接性進擊，是本文提出的第二個提升。

注意上述三個「規律」都只是規律，而不是定律或定理，有修訂和商榷的餘地，我大膽提出，還請大家繼續小心觀察。

5　吹鬚睩眼：吹鬍子瞪眼。

02

社運稜鏡

中美冷戰，香港怎辦？

2018／07／05

（中美貿易戰開打了，大家都想知道「下一步」是甚麼，最後鹿死誰手、怎樣收場。這是連專家也不一定說得準的問題；畢竟，這樣大規模的貿易戰自二戰結束以來就不曾發生過。要好好明白這場經濟博弈，恐怕要從國際政治入手。近日在外交關係圈子裡討論得很熱烈的另一話題——冷戰是否重臨，是一個很好的切入點。本文主要談「二次冷戰」諸問題；關於貿易戰本身，留待下一次討論。）

今年一月十九日，美國國防部發表了《二〇一八年國防策略》（下稱《策略》）的節本，開頭第二段列出威脅美國國安的五個對手，依次是中、俄、北韓、伊朗及以 ISIS 為首的諸恐怖組織。跟著，它先中後俄把這兩國歸在一組，統稱為「修正主義國家」，意指兩國一面積極利用西方國家自由開放所提供的好處，一面透過軍事投資和擴張企圖推翻現存的國際秩序。報告並指出，中俄這兩個修正主義國家已經取代恐怖主義組織，成為了對美國乃至對當今世界秩序的頭號威脅。這是美國近二十年來全球策略思維的一個根本性轉變。

特朗普不似人君，當總統有嚴重利益衝突，推政策粗枝大葉，經常互相矛盾，但整體而言講得通。他的內政有兩個面向。一是經濟固本培元，大幅減稅活化本國企業，吸引世界各國包括美國公司存於海外的資本。二是國土安全提升，首重鞏固美墨邊界，阻止非法移民和危險分子湧入；合法移民則棄親屬優先和抽獎優先，取技能優先。

大國崛起　刻意挑戰現行秩序

外交方面，也有兩個面向。一是向美國傳統盟友表明兩個要求，要自己負擔軍費，不能無休止依賴美國保護傘（這個要求，他的前任已經提出過，但歐日各國不當一回事，這回卻知道是玩真的）；要貿易平等，關稅差異須取消，對美國入超不能過大。為解決這個問題，美國便是跟盟友打貿易戰也在所不惜。二是對付傳統敵人有新策略，先謀求解決朝鮮問題，並一定程度降低美俄矛盾，然後從東北亞、中東及反恐問題抽身，集中力量對付中國。近月突然升溫的中美貿易戰，便是特朗普對付中國的前哨戰。

前述《策略》便是在此背景下出台的。乍看，好像是美國採取攻勢，其實不然。中國自〇八京奧之後就放棄鄧小平的韜光養晦取態，強調大國崛起，認為自己經濟發達、軍力提高、高科技追平甚或在一些方面領先世界，於是高調行事，刻意要與美國所建立的亞洲秩序一拚高下。如此，當下亞洲的緊張局面，實乃中美共業、雞與蛋互生的結果。

一個有趣問題是，這是否意味著世局因中美對抗而進入「二次冷戰」？西方保守派多認為世界已進入這樣的「二次冷戰」局面。持否定態度的，主要是西方的開明派、左派和中國；「冷戰思維」幾個字成了他們對保守派的攻擊主題。孰是孰非？

二戰了結，歐洲和東方諸國元氣大傷，剩下真正有實力的大國就是於大戰中後期才參戰的美蘇兩國。其時蘇俄君臨東歐，西歐則奄奄一息，史達林於是矢意輸出共產革命。於是，美國總統杜魯門（Harry S. Truman）於一九四七年提出所謂的杜魯門主義（Truman Doctrine），給所有可能被蘇俄顛覆的國家予經濟和軍事援助。那便是一般認為的冷戰起點。美國此舉相當有效，起碼在歐洲範圍內堵住了蘇俄的擴張意圖。一九八九年東歐變天，一九九一年蘇聯經濟衰竭，蘇共回天乏力，終於解體。冷戰結束。

回顧冷戰全過程，不難察覺其若干特徵，可與當今世局一一比較：

一、冷戰是兩種歷史傳統加兩個相反的當代意識形態之間你死我活的全面衝突。有人曾經開玩笑，說那時兩大陣營裡唯一的共同價值就是古典芭蕾，所以蘇聯國寶雷里耶夫（Rudolf Nuriev，台譯紐瑞耶夫，著名韃靼族芭蕾舞蹈家）跑到西方去，西方也奉為一等一的瑰寶。今天中國不如當年蘇聯，拿不出也舉不起一個像共產主義般清晰有力的超國家超民族意識形態大旗；要拉攏足夠的國家參加陣營，只能以經濟利益作甜頭，但中國沒可能給出那麼多的經濟利益。俄國的條件更差。

二、冷戰對峙的兩陣營領導核心，其一以美國為首、英法德日為輔；其二由蘇聯帶頭、中國跟次。「二次冷戰」裡的西方陣營縱有裂痕，但NATO（北大西洋公約組織）和美日安保條約俱在，故其基本未變；中俄專制陣營則連怎樣存在也成問題。論經濟，今天俄國已淪為三流國家，中國則三十年來突飛猛進，GDP甚或追上美國。然而，比較軍力及以之為後盾的軍事科技，則俄國無疑還領先中國幾皮。最近中國在ZTE（中興）事件[1]裡慘遭美國點穴，露出嚴重弱點；手機芯片也造不出，如何造得出戰鬥機和間諜衛星用的芯片？中俄兩國加在一起，綜合實力方或可與美國匹敵。

問題是，當年中蘇有幾乎共同的意識形態和地緣政治目的（赤化亞洲），尚且不能保住盟友關係，今天彼此都講自身利益，也沒有了共同的地緣政治利益，因為俄國的重心始終在歐洲，而中國則主要在亞洲。因此，中俄兩國沒有為打一場世界性「二次冷戰」而結盟的明顯動機。

三、往日的兩個冷戰陣營各自有為數眾多的支持國或附庸國。敵對雙方，幾乎囊括了整個世界。陣營版圖今天已經大變，俄國以前的東歐附庸國，絕大部分已吸收到NATO麾下，中亞諸國亦已然獨立。中國也好不了多少。七月一日美國主辦規模空前的亞太海軍演習，有25國的戰艦參加，當中包括7個東協國，越南是首次參加，十分熱鬧；中國卻不被邀請，只好影隻形單，自己在台海內側搞小軍演。

1　中興事件：美國商務部於二〇一八年宣布七年內禁止美國企業向中國中興通訊公司銷售零件。

綜合各點考慮，中俄兩國任一都無足夠軟硬實力挑起一場世界性冷戰，要合起來湊足能量，卻無所需的黏合力。那麼，比較可能的情況是，世界範圍內出現兩個規模較小而相對獨立的「二次冷戰」場。一個冷戰場在歐洲，由俄國對抗歐洲諸國，美國退居二線。歐洲諸國缺的是自我防衛的決心，但特朗普表明要歐洲自負防衛成本，歐洲各國最後還得增加軍費到2%GDP。另一個冷戰場在亞洲，由中國與美國博弈。每一個戰場裡，雙方有各自的啦啦隊，但這些隊員不會完全選邊站。分割冷戰場有可能是美俄即將舉行的峰會討論的問題之一；特朗普假如對普京（Vladimir Putin，台譯普丁或蒲亭）說，我少管歐洲的事，你就不要賣頂級武器和部件給中國，也不要支持北韓，普京應會考慮。

北京昏頭　難望本港嘍囉清醒

在這兩個冷戰場裡，中俄都難佔上風，但中國的風險大一些，原因很清楚。

上次冷戰以西方得勝、蘇聯解體告終。俄羅斯失掉東歐附庸國，三個波羅的海沿岸共和國和中亞諸國都獨立了；如此「輸到甩褲」，再輸也沒甚麼太可怕，所以再打一場冷戰的心理包袱很輕。中國則不同，如果輸了，很有可能遭遇像前蘇聯解體的命運：周邊地區全部獨立。這包括藏、疆、蒙、台，搞不好還會包括香港。

中國面對美國，當然有輸的風險，這就是為甚麼這幾年北京對藏、疆實行嚴格軍管、大規模殖民；對台灣實施軍事包圍、商政軍滲透、以20多萬「陸配」搶先登陸。就中國國家安全而言，這些做法無疑都是對的。

但是，面對即將來臨的區域冷戰，中國近年的香港政策對頭了嗎？上一次冷戰，因為當時香港不屬中國，反而能幫助中國：在受到西方圍堵的時候，香港成為中國唯一的戰略物資（以及高級黨員幹部享用的高級消費品）入口港。但現時的政策，是要把香港「融化」成「大灣區」的一部分。這樣子發展下去，成為了一個普通中國城市的香港，在下一次冷戰裡，沒可能替中國發揮同樣作用。

為了自身安全和最大利益，北京對香港的最優政策，應該是和香港分隔得越開越清楚越好。因此，中聯辦治港是錯的；一地兩檢是錯的；把民主派DQ[2]而讓親中派獨佔立法會是錯的；學中國炮製政治犯更是錯的。但北京最高層已經沖昏了頭腦，難望本地嘍囉清醒。

2 DQ：Disqualify 的縮寫。香港政府會使用取消參選資格作為手段以控制選舉結果。

思念社運失敗後下獄的年輕人

2019／02／14

二〇一二年至今，香港人抗拒中國專制統治的民主運動湧現出三個波峰，第一個是反國教反洗腦運動，第二個是雨傘佔領，第三個是魚蛋革命，主要參與者都是年輕人。這三波運動，飽含分水嶺意義，即從香港民間本來單純要求政制民主改革的運動，發展出根植本土意識的自決和獨立運動。具體而言，三波運動多以失敗告終，還有其他因政權反撲而導致的連帶損失，代價非常大，但改變了一整代本地年輕人對香港現狀和前途的看法，這個影響非常深刻。國際上，以億計的主流媒體閱讀者自此知道香港出現了分離主義，知道大多數的香港年輕人、也不只是年輕人，都認為Hong Kong is not China，港、中應該徹底區隔。中國的統治集團本身，也把這個變化看成出現了港獨，與其他存在已久的四獨等量齊觀。換句話說，西藏、新疆、內蒙、台灣，再加上今天的香港，便形成了中國傳統核心領土即大約所謂的「本部十八行省」以外、邊域上的一整個「五獨離心圈」。這是自一七九二年乾隆皇帝完成他的「十全武功」即以暴力為擴張手段的那個統一大業以來都未有過的。

一切歷史都是現代史

十九、二十世紀之交的意大利史學家克羅齊（Benedetto Croce，又譯克羅采）有一名言：「一切歷史都是現代史。」指的是，今天發生的事，和昨天乃至更久遠發生的事，枝葉不同，卻往往無本質分別，信手拿來，儘管未必一一與當下事對應，然鑑古亦可以知今。故社運出現三波峰，及其敗也令我想起一八九八年春夏之間發生在中國的戊戌維新運動及其終結篇即戊戌政變。

戊戌維新，是中華帝國晚清時期衰落不堪的年代裡統治階級內部發起的一場現代化民主改革自救運動。按其主要參與者例如梁啟超等人的立場，維新就是要恢復中華帝國在百年前盛世裡的那種地位，至少足以和其他東西方帝國主義國家平起平坐，繼續在各自歷史定義的地緣政治範圍裡稱霸。從今天我們的人權和民族平等價值觀衡量，這目的並不崇高，但因為參與者提出的手段或是開明君主立憲、最終建立以選舉為基礎的三權分立民主制，所以至少是我們感情上會認可的一個運動。更所以，當讀到戊戌政變——后黨保守勢力全面反撲、無情打壓帝黨之時，物傷其類，我們也會寄予深深的同情和惋惜。

一八九八年九月，慈禧策動政變，囚禁光緒，盡廢新政，大舉抓捕維新派，為首的康有為、梁啟超等逃亡日本，六君子速問斬（不經審判），六人當中，包括康有為之弟康有溥；餘的下獄；丟官者不計其數。康有溥未曾是維新核心成員，問斬的理由是「弟抵兄罪」。大家可以想像，當時的維新派，上上下下損失慘重，群眾四散，倖存者不也是進入深度集體抑鬱嗎？

同年十一月，流亡日本的梁啟超在橫濱出版《戊戌政變記》，是研究該段歷史的最重要第一手文獻，也值得對歷史有興趣的年輕人閱讀。為此，我抄錄卷一的頭一段給大家看：「孟子曰：『入則無法家拂士，出則無敵國外患者，國恆亡。』信哉言乎？我支那四千餘年之大夢之喚醒，實自甲午戰敗，割台灣，償二百兆以後始也。我皇上赫然發憤，排群議，冒疑難，以實行變法自強之政策，實自失膠州、旅順、大連灣、威海衛以後始也。自光緒十四年，康有為以布衣伏闕，上書極陳外國相逼支那危險之狀，並發俄人蠶食東方之陰謀，稱道日本變法致強之故事，請釐革積弊，修明內政，取法泰西，實行改革。當時舉京師之人咸以康為病狂，大臣阻格，不為代達，康乃歸廣東開塾講學，以實學教授弟子。及乙未之役，復至京師，將有所陳。適和議甫就，乃上萬言書，力陳變法之不可緩，謂宜乘和議既定，國恥方新之時，下哀痛之詔，作士民之氣，則轉敗為功，重建國基，亦自易易。書中言改革之條理甚詳。既上，皇上嘉許，命閣臣鈔錄副本三分，以一分呈西后，以一分留乾清宮南窓以備乙覽，以一分發各省督撫會議。康有為之初承宸眷，實自此始，時光緒二十一年四月也。」

這不是要提示大家再寄望康梁那種由上而下改革路，而是讓大家留意這部歷史文獻裡很多可資參考的材料。例如，引文中所說「康乃歸廣東開塾講學，以實學教授弟子」，其實就相當於傘佔之後的「落區工作、深耕密植」。做這種事有效嗎？看來是有的。文獻卷八記載了南方的一些情況：「自時務學堂南學會等既開後，民智驟開……人人皆能言政治之公理……其英俊沈毅之才遍地皆是，其人皆在二三十歲之間，無科第、無官階、聲名未顯著者，而其數不可算計。」這當然就是我們說的「遍地開花」，而當年竟然也是大量出現在年輕的「三無」群組裡！

社運三波峰遙相對應

大家知道，戊戌變法並不是晚清第一輪改革；之前已有曾國藩、李鴻章、張之洞等高官提倡過以「中體西用」為主旨的洋務運動。相比，康梁等以布衣之身提出全面的、包含政制改革的維新運動，就顯得十分激進，因而受到保守派的猛烈攻擊。對此，梁啟超在卷三花了幾頁紙駁斥：「辨曰：支那之言改革三十年於茲矣，然而不見改革之效而徒增其弊，何也？」他詳盡分析洋務派在各個環節小修小補割裂來做，不僅無濟於事，還往往導致問題惡化，因此他說「練兵不如不練」、「開礦不如不開」，通商、外交、辦學堂等，有比沒有更糟糕。「要之，非全體並舉、合力齊作，則必不能有功。」然而，全面改革的維新運動也失敗了，而且敗得比洋務運動更慘烈。於是逼出了後來更激烈的辛亥革命，而康梁師徒倆也因此分道揚鑣，梁啟超最後放棄支持帝制，投向革命共和。

這一筆歷史三部曲，和香港的社運遙相對應。溫和民主改革三十年無成，出現了激進泛民，卻一樣於事無補，於是有二〇一二年以來的社運三波峰，引出自決、港獨。

社運三波峰，特別是魚革之後，大批年輕社運骨幹和積極參與者繫獄，不少失掉工作機會，少數流亡海外，群眾潰散，社運人陷集體抑鬱。這個狀況，也許未如戊戌政變之後那麼淒慘，但至少可以一一比擬，閱讀《戊戌政變記》因此饒有意義。怎樣讀最好？十九世紀哲人愛默生曾經說過，所有的經典，其有價值處，僅在於後來者能夠「創造性閱讀」從中得到有益今世的啟發。這點我在去年十一月在本欄的文章〈論香港的文化獨立〉裡提到過。[1] 具體而言，歷史有其提示，但也有其默然處，後者往往更值得留意。我提三點給大家參考：

一、戊戌政變之後十四年，舊政權就覆亡了。這是歷史的明確提示之一。不過，中華帝國並不因此消失，更沒有民主化，今天中土政權鎮壓之力，與當年的清朝比，不遑多讓。民主無期，周邊民族解放獨立也談何容易。這是歷史的默然。所以，我們今天在香港思考社運，要作極長期打算。

二、戊戌變法十足十和理非非，政權鎮壓卻是十分的暴力。後來成功推翻清政權的，卻是包含大量暴力的辛亥民主革命。這裡，歷史對暴力和非暴力的提示暗晦不明，因為後來的更糟糕的革命，是更暴力的。今天，我們也在討論社運的手段，是和理非非的好，還是勇武的對，歷史卻大體默然。事實是，在今天香港，勇武的代價很大，但不是沒有可觀回報，上面已經分析過。不過，香港的運動，還遠沒有條件持久勇武，只能去到邊緣，適可而止。今後長時期裡最大量爭取民主、籌劃自決乃至傳播獨立的工作，都可以而且有必要是和平的。不過，一些民主派人士從道德層面批判勇武，卻有問題。不只辛亥是暴力，五四學生火燒趙家樓是暴力，美國革命也是暴力，中華帝國的建國神話——湯武革命——湯伐桀、武王伐紂，更加是暴力。孟子說：「聞誅一夫紂，未聞弒君。」但說到底，誅和弒一樣，都是暴力。民主派反對勇武的理由，便是去到絕對，也應該僅僅是一種必要的權宜。歷史的提示，未超越這說法。

三、一場革命失敗了，總有受難者和出亡者之分；中國的戊戌、辛亥，歐洲的一八四八、一九一七等，一律如是。馬克思、列寧、康有為、梁啟超、孫文、黃興等，都曾經是亡命之徒（毛澤東躲到井岡山、延安，其實也應該算一個）。反對革命的人多半會作離間之言，恥笑出亡者。然而，歷史卻明示，經過一段時期的蟄伏，出亡者後來對革命的貢獻往往更大，留得青山在之故也：康有為和康有溥之間、孫文和秋瑾之間，這一點都很清楚。

「低潮」不過是種錯覺

大難當前，所有的進步派別，包括泛民主派和泛本土派，都或者可以找到整合的基礎。認真閱讀歷史，誠實吸取教訓，庶幾可以開出新局。這也許是大家紀念在獄中受刑或海外流放的先行者最好的做法。

我選擇了一首英詩給大家讀，也獻給各個在獄中、在流亡的受難者。作者是美國黑人詩人朗斯頓・休斯（Langston Hughes），題為〈Montage of a Dream Deferred〉：

What happens to a dream deferred?
Does it dry up
Like a raisin in the sun?

1 見本書〈論香港人的文化獨立〉一篇，頁55。

Or fester like a sore—
And then run?
Does it stink like rotten meat?
Or crust and sugar over—
like a syrupy sweet?
Maybe it just sags
like a heavy load.
Or does it explode?

詩作於一九五一年，大約十年之後，美國黑人民權運動終於爆發得轟轟烈烈。

在香港，三波社運的種籽已經埋下，大家可能看不見。群眾四散了，但其實「低潮」不過是一種錯覺；夢想並未消失，在一個不知年的春天裡，種籽會發芽，夢就會成真。此期間，運動的精英要捱得過最寂寞的日子，這個最寂寞的日子也應該是他們最忙碌的日子。

三大社運種籽發芽 推倒送中惡法可勝

2019／05／30

反對修訂《逃犯條例》的運動正風起雲湧，政府出盡吃奶力投入的「正能量」，卻成為運動的火種。大家看特府教育局「黨委」（黨委任的）楊某[1]發言忠告教師不要以自身觀點影響學生，但他自己的立場卻把越來越多的香港大中小學師生中間派推向了反修例那邊，上百間學校成功發起聯署行動，每間學校裡署名反對修例的師生校友都已經一大串，非常踴躍。

《逃犯條例》中規範政府跨境移交犯人的「排中條款」直接影響一國兩制的廢存，剔除之，則香港馬上變大陸，保留之，則此地尚可能有一線自由生機。如此重要而且及身的法律攻防戰終於開打。黃台仰說，香港是自由世界和極權主義的戰場，此乃當今時義，一語中的。[2]表面看，交戰雙方實力懸殊。惡方由黨中央政治局常委發號施令、西環揸fit[3]、林鄭及其律政拍檔在前台領班、傳統左派老中青

1 楊某：即時任教育局局長楊潤雄。

頭面人物悉數赤膊上陣，一眾特別愛國的富商在旁邊搖旗吶喊，銀彈[4]隨時排山倒海而出，貌似非常強大。善方的情況則十分可憂，大將不是身陷牢獄就是亡命海外，陣容不整，派系四分五裂，群眾據說還患上了「抑鬱症」，很多已經「掉隊」。所以，如果有外星人要賭大細，肯定買重注落惡方。

不過，人心惟危、道心惟微。我們可以看到的，卻是二〇一二年以來本地每兩年出現一次的三大革命實踐——反國教、佔中運動及魚蛋革命——在香港人特別是年輕人的心田裡播下的無數種籽，正在點點發芽，從沙頭角到赤鱲角，從太平山到獅子山。這一次，惡方要剷除善方，恐怕連出動六四牌坦克車到彌敦道上橫衝直撞也辦不到。人心和道心，在捍衛排中條款一事上緊扣起來了。

這場硬仗，惡方出師無名。本來，一件簡單的港台罪犯移交事，按「最小動作原則」（principle of least action）能圓滿解決的辦法多籮籮，特府偏偏要捨易行難，把問題無限擴大，讓黨中央的利劍對準一國兩制的最薄弱最關鍵環節猛刺。不過，黨是愚蠢的。區區幾十字的關鍵排中條款，的確薄弱不堪，但正正因為是關鍵位，一劍刺破便到肉及身，這反而神奇地讓它充力。

任何一個社會運動，議題是否及身很重要，無論是政治的還是經濟的。如果運動的成與敗，參與者的利益都不直接而馬上受到觸動的話，這個運動很難成功。這裡說的及身，不止於僅僅有關。舉例說，民主是人人有關的議題，卻不十分及身，於是會有人說，民主不能當飯吃。排中條款卻不同，沒有了它，連一個普通在大陸有點生意的香港小商人也會嚴重受害，因為只要有大陸人要謀取他在大陸的資產，而這種人多得很，於是隨便賄賂一個當地貪官，安排給他一個可引渡罪名，他就連身家性命財產連人身自由也會一併失去。如此到肉及身，香港人哪能不反？你說民主好，抗爭成功人人有票投，對的，不過不少人會說多謝係咁先[5]，但如果你說奉公守法的小市民（不必是大劉[6]）也會飛來橫禍，終了還得「傳車送窮北」，則人人都是文天祥，很多會同你死過[7]。特府黨委愚蠢處，便是失算於此，現在運動之勢已成，香港人爭著捍衛排中條款，特府騎虎難下了。

最大力量來自全港學生青年

估計這個捍衛排中條款運動的最大力量，一是來自全香港的學生、青年。這批人在上述三大革命實踐中，開局手順，最後卻輸得焦頭爛額，苦大仇深，不少成為了自決派、獨立派，心中一團火，此是舊恨。今天他們眼見林鄭要借陳同佳案剔除一國兩制最後防線大搞送中賣港，乃有新仇。舊恨新仇，火上加油，那就不是講玩的。

另一重要力量就是商界，本地的加外來的，主要包括歐美日等國的金融資本，以及大陸來的大部分

2 黃台仰：本土派人士、本土民主前線召集人，為二〇一六年旺角警民衝突（魚蛋革命）主要領導者之一，後被警方通緝，二〇一八年流亡德國後獲批政治庇護。於二〇二〇年時，被香港警方以涉嫌違反港區國安法通緝。

3 揸 fit：有決定權之意。

4 銀彈：金錢之意，銀彈攻勢則金錢攻勢。

5 多謝係咁先：「謝謝，先這樣」，含諷刺之意。

6 大劉：劉鑾雄，香港富豪，曾於二〇一四年涉及澳門賄賂及洗黑錢案，被判囚五年三個月，但因香港澳門沒有引渡協議，只要不入境澳門就不用服刑。到了二〇一九年《逃犯條例》修訂期間，劉得悉假若條例修訂通過，他可能會即時被政府拘留，隨即離開香港。此即文中「飛來橫禍」之意。

7 同你死過：和你拚命。

紅色資本。後者藏污納垢，但不要小覷，倘若肖建華[8]逃出生天潛返香港，明裡暗裡都會強力反送中。舉一反三，結論是紅色資本，或與紅色資本勾結甚深的本地或外國資本，也討厭林鄭。

有論者留意到，《逃犯條例》擾攘至今，董伯與689[9]這兩位紅色資本之友似乎還未大力支持，以致林鄭及其黨委還指摘他們是鴕鳥，二十二年來不曾認真堵塞法律「漏洞」。其實，這兩位不是鴕鳥而是百靈鳥，非常清楚一旦修例成功，有某派大陸政商人要和他們過意不去的話，真真假假搞個甚麼罪名，林鄭就得把兩位五花大綁，押送羅湖，那真夠瞧的。

當然，商界的政治反抗是膽怯的，態度是軟弱的，阿爺臉色一沉，不少就有可能棄甲而逃，大劉反覆，最能顯示這點。然而，他們的利益，在此事上的確是與林鄭及黨中央對立的。社運左翼一向反商界，但在此單一議題上，雙方有某種低調的合作，完全有可能。二〇〇三年23條立法一役，自由黨田北俊帶頭倒戈，扭轉乾坤，救了香港十多年，功德無量，是無論泛民甚麼翼動員多少人上街也辦不到的，大家不要忘記。有人會問，廉頗老矣，尚能飯否？答案無人知道，但如果社運界的人就議題多給商界鼓勵，而不是處處批評他們畏首畏尾軟弱自私兼無力，則廉頗雖老，還是有可能再一次雄起的。社運界人當然明白，六、七月在議會裡的鬥爭，商界的意向是關鍵。

另一個有趣而值得留意的現象，就是在此事上獨派與泛民的合流。我曾經說過，香港在二〇四七臨近的時候，就好比一個星體快要墮入黑洞的強大引力場，假若星體有知，必然盡力反向逃離。此即說，無論甚麼派，只要堅決反共，在二〇四七的前夜，最終都會像有知的星體一樣懂得猛回頭，拒絕黑洞，成為自然的獨派。不過，這個估計裡的狀況，可能很快出現，遠早於二〇四七。

泛民與獨派合流，可釋出巨大能量，光是不互相惡鬥，省出來的時間精力都放在與惡方博弈上，就已經很可觀。有此利可圖，是兩派合流的客觀基礎。我因此一向對此樂觀，認為差的只是時機，但現在時機已經出現。當然，共產黨是會用盡一切辦法去破壞這個合流的，官員破口大罵警告不特已[10]，來自五毛的挑撥離間也必然更強力，花樣也更多，大家稍為留意便可以知道。

大家也會好奇，特府既然「做了二十二年鴕鳥」，為甚麼此時忽然「痛改前非」，斬釘截鐵要取消《逃犯條例》裡的排中條款呢？我認為這是近期中國與世界關係急變而無可挽回使然。

習近平佔位子越多越顯不濟

由於中國經濟發展遇到不可抗瓶頸，內部結構性問題疊加，對外則冷不防對上由特朗普發動的貿易戰和科技攻防戰，擴張受阻。無奈習近平上任七年來都不曾提出過令人信服的應對策略，以致舉國前進乏力，增長勢頭萎縮，頹勢已成。處於中央位置，強勢之時當然容易發號施令，但一旦形勢轉弱，則容易眾叛親離，甚或反過來萬箭穿心。此時的習近平，權力指數峰值已過——去年人大修憲取消國家主席有限任期制是其頂點，之前他權慾橫流，取得了比毛時代更集中的權力和更多發

8 肖建華：中國資本家，二〇一七年於香港四季酒店被帶走，押解到中國，失蹤多時後於二〇二二年出庭受審。

9 董伯與689：董建華與梁振英，後者因為在二〇一二年特首選舉中取得689票低票當選，被冠以「689」一稱。

10 不特已：粵語「不單」的意思。

號施令的位子。但他的能力跟不上，位子越多就越顯不濟，權力與表現之間差距越大就越危險，給政敵拉下馬的風險就越大。

但習近平識見有限，只能採取共產黨人最本能、體制上最方便提供、看起來最威風凜凜然而卻是最防衛性的策略——鎮壓、收緊。市場收緊，民企收縮，知識界噤聲，互聯網與外國切割，打壓宗教，鎮壓維族，恐嚇台灣，DQ香港反對派、修改香港法律，手法非常一致。

不過，無論中共怎樣反撲，形勢對它始終太惡劣，而其中人的因素特別關鍵。舉華為一例而言，它正在拚命掙扎，試圖擺脫給美帝徹底打垮的命運，於是拿出各種救亡方案，如動用儲備芯片等（那是可笑的，芯片之類的高科技產品換代急促，通常只是幾個月，就會被更新的產品取代；若放上一年半載，就已經過時）。但最要命而華為完全沒有能力阻擋的，就是人才流失。它的最好員工，大概都已準備好跳船，別的地方有沒有機會很難說，因為你是華為的，很有可能是黨員，誰敢用你？另一方面，此後再沒有出色的人會想進入華為，因為是死路一條。高科技公司以人才最重要，有人就有一切，人才之路一封，這個公司就沒有前途可言。

同樣，香港人與惡方的博弈，勝負最終由人的因素決定。目前形勢我認為已經是接近五五波，香港人還暫時處於劣勢，但正在向有利方向發展。善的種籽在發芽，惡方無法阻擋。仁義不施，攻守之勢乃異。

反送中正改變世界輿論 抗爭升呢方可血債票償[1]

2019／07／18

星火在香港燎原，大概是北方那些黑老大們做夢也未曾想到過的。在原港英時代訂立的罪犯引渡條例上，試圖取消兩個寫在小括弧裡毫不顯眼、只區區30個英文字的「排中條款」，提供了燃點地火的閃引，一發不可收拾。

本來以為已進入大冰河時期的反抗運動、給多方認定患了深度抑鬱難以自拔的傘後港老乃至港青，其實一直在處窮思變。政權施以斬首式打擊的本土運動左右翼——組織被取締、參選資格遭撤銷、領導或流亡海外或身陷囹圄——非但沒有銷聲匿跡，而是在不斷壯大。這些最徹底的港中區隔主張者的觀點與作為，更在六月以來的排中運動裡發揚光大，震驚全世界。運動者面對港中政權完全無懼，以致國際上不止一個主要媒體評論說，這種勇氣直教一眾慣性媚中的西方國家汗顏。

1　升呢：粵語升級之意，來自英語 level。

的確，西方評論界的反應有了微妙的轉變。過去，香港民主派到外國游說，會遇到兩個禁忌，一是對方只支持和正面報道完全平和的反抗運動，二是不與獨派對話。（大家留意有名如達賴喇嘛在外國之能夠有活動空間，條件是他不公開主張西藏獨立，原因很好懂。）這兩個禁忌，傘運以來逐步弱化，至反送中運動發生之後，已大體上解除。

以堪稱西方世界第一大報的《紐時》為例，「立會起義」之後幾天，其編輯部刊出的一篇 in-house 評論，清楚承認示威者勇武攻佔立會的焦點不在乎手段是否過激，而在於這個否定政權合法性、否定現時立會存在意義的激烈行動，竟然癒合了過往民主派內部的嚴重分裂，筆調完全正面。七一之前幾天，《紐時》更刊登了香港本土主義陣營健筆盧斯達用真名發表的文章。盧文不僅正面評價勇武行動，更認為港獨思潮客觀上無可避免。那是繼六月初刊出前本民前召集人黃台仰的文章之後，本土派又一次登上此國際頂級傳媒評論版。

禍港鐵三角

我前文說過，西方國家這次空前關注香港反抗運動，主要原因是林鄭要刪除排中條款「踩親西方國家條尾」[2]——修例議案一旦通過，任何在港或經港的外國人，只要北京看不順眼，也有可能被特府按北京要求逮捕送中。但是，修例的這點內容，絕對不可能是由林鄭政府主動提出，因為《基本法》沒有授權給特府處理外交事務，遑論是有可能引爆中國與他國外交風波的立法工作。修例的原意來自北京，動機是要建立機制反制如去年底發生的美、加合作抓捕華為孟晚舟那樣的事件。[3]

如果林鄭聽從了若干本地保皇派提出的「港人港審」，北京的意願大有可能輕而易舉在立會三讀通過。可惜林鄭為要邀功搏連任，在議案裡建議把港人打包送中，結果誤事，不僅導致全香港包括商界都反了，更重要的是連北京想要的那部分修例也被壽終正寢。

從北京的觀點看，搞亂香港是林鄭的錯，不符合當下北京要利用香港的西方關係破解西方國家特別是美國圍剿中國的威脅。北京要林鄭收拾爛攤子，可不能連北京本身的修法原意也給收拾掉；林鄭這一回沒會錯意，所以她怎麼說都可以，就是不能把「撤回」這兩個字說出口。關鍵原因不可能是林鄭的甚麼心理障礙或者愛面子、死牛一面頸[4]等心理因素，而是北京不能容忍香港特首自己犯錯卻把黨國意志也一併給香港人造反衝垮了，於是對她下了命令。

這就造成了一個奇特的局：林鄭在修訂《逃犯條例》上出賣香港，成為港人永遠記得的千古罪人；但說到底她不過是自甘墮落見利忘義的傀儡一名。真正邪惡的是站在她身後、扶她上台、支持她幹壞事破壞香港體制、千方百計打壓香港民主自決運動的兩幫黑惡勢力：其一當然是北京中國共產黨，另一就是盤踞香港精英階層佔據重要職位的一些人物——我稱之為本地「壞精英」。這兩幫

---

2 踩親西方國家條尾：戳到西方國家痛處。

3 孟晚舟事件：中、美、加三國的司法、政治、外交事件。中國華為公司副董事長兼財務長孟晚舟於加拿大溫哥華機場被拘留審問，加拿大方隨後根據美國的臨時引渡請求逮捕孟晚舟，罪名是詐欺和陰謀實施詐欺。加拿大傳媒報道認為孟晚舟可能因涉嫌違反美國出口管制向伊朗出售「敏感科技」，並「以假帳資料掩護」被捕。

4 死牛一面頸：形容人極為固執。

黑惡勢力與特首（不一定是目前的林鄭）形成「禍港鐵三角」。

「壞精英」的角色

禍港鐵三角各有其份，亦各有其實力基礎和罩門。其中特首這一角處的是三煞位，最不穩定。董建華與曾蔭權上任之時的民望最高，商界也十分支持，最後都「贏得倉皇北顧」。梁振英的黨脈據說非常深厚，是某方所謂的「自己人」，卻被不客氣地得到指令早早離場。林鄭嚴重辱命，北京震怒，要她收拾爛攤子，往後的三年很難捱。有職場經驗的人都明白，處在她這種情況裡，一天都嫌長，不是白拿高薪便可以抵償。故如果民主派夠聰明放她一馬，就讓她這個失去各方支持的過街老鼠掛在現位，教她求生不得、求死不能，那就是老天爺給這個賣港者的最好報應。

黨那一角不在本文討論範圍，下面談餘下的「壞精英」。這一角涵蓋很廣，如果要一個大概的名單，則全國政協加人大的前任和現任香港委員和代表（應該扣除田少和少數不甚積極或為勢所逼的參與者），再加上一些不難估認的高概率候任人選，就差不多了。政協委員和人大代表是北方黨給他們的榮譽，表揚他們對維護香港體制有貢獻；但從被體制壓迫的一方看，這些人就構成了為虎作倀的本地壞精英。他們個人作的惡可能不及林鄭，但整體而言則猶有過之。

與位勢不穩定的特首比較，壞精英的整體存在鞏固得多，其成員可連任多屆，有的還搞父死子繼、五世其昌。具體而言，這些人包括現時／前度的大學校長、教授、個別制服部隊頭頭、宗教領袖、專業界、商界、新老左成員等等。總之，特區政府在任何方面欲行使權力或發揮影響力的時候，所需要的人脈關係，有「廣泛代表性」的壞精英裡面都囊括了。

反送中運動初期，港人反擊矛頭指向特首那一角，十分自然。由於共產黨依然採取「長期埋伏、隱蔽精幹」的策略，露面的只有西環那幾個，而且幹壞事都不必自己出手，所以港人對他們個別人的仇恨，還多是原則上的。因此，港人行動反共，到今天還不常以西環為標的。這個情況，大概還會持續一段日子，因為新的爆發要待得好時機才有力，例如引入北方《國歌法》，便可能首次引發大規模反黨運動，跨越林鄭而與倡此國歌之黨短兵相接。然而，這類能導致直接反黨的運動議題並不常見，因此，當港人覺得往後再衝擊林鄭這跛腳鴨[5]的意義不大的時候，禍港鐵三角最後一角即上述壞精英，便得直面群眾運動的準星。

大家留意到，甚囂塵上的黑警並非禍港鐵三角的一角，儘管其最高領導層的成員明確屬於壞精英集團。這是因為按事物層級分，黑警員佐[6]不過是人肉工具皮包磨心而無獨立的禍港意識。對運動而言，黑警提供了勇武翼所需的訓練和測驗元素。當運動本體及其評論者一旦邁越「警察恐懼」這個心理台階，便會不為意氣所動而尋得下階段正確目標。這個心理台階已然於沙田一役大步跨過了。

5 跛腳鴨：於政治上指一個因任期快滿而失去政治影響力的公職人員。
6 員佐：泛指紀律部隊中之員佐級（初級）人員，此處指初級警務人員。

運動智慧消化真鬼

立會佔領之後，社運人的意識飛躍，各派之間的誤會冰釋，大家明白到勇武與和理之間，存有辯證關係，二者相輔相成，力量可以倍增。其實，歷史上所有的革命，都必經此種意識轉折，才得豁然開朗。具體在香港而言，這個過程還產生了一個與「鬼論」有關的有趣作用，大家不妨注意。

「鬼」[7]是客觀存在的，但不宜在無充分證據的情況底下「擬人化」，傷及無辜，害苦運動。前階段不少人誤以為港獨是鬼、勇武是鬼，殊不知在港中政權肆虐、香港即將淪亡的當下，主張港獨和勇武，已經成為兩種合理反應。其實，水漲船高，於此危急存亡之際，港人以任何合理手段反抗政權打壓，群眾再也不會認為過激。史書記載，古有夏桀無道，民無可忍，訴諸暴力：「時日曷喪，予及汝皆亡。」實行攬炒，結果亡的是夏桀。

試想，一旦民眾有此睿智，下階段社運浪潮高漲之際，北方黑老大派真鬼混入街頭抗爭，打出港獨大旗並當場打殘若干員佐，企圖以此空前「過激」之舉分化運動兩翼，不期一眾民主派齊聲喊安哥說活該，以至港獨勇武又在群眾眼中再次升呢，那教黑老大如何是好？待到員佐知道是局而非常不滿，則港中政權真是賠了夫人又折兵。最後的納殊平衡（Nash Equilibrium，台譯納許均衡）必然是民眾歡迎真鬼作動，黑老大的真鬼策略卻必自此銷聲匿跡。由此可見，民眾智慧不割席，不僅可以消化真鬼，還可化彼之真鬼為己之力量！

但這是否說，運動已然或者可以超越「暴力邊緣論」了呢？我認為否。不過，運動經過月來的實踐，世界與本地輿論已經大不同，理論或者已有若干修正空間。大家知道，暴力分「及身」和「及物」兩類。七一衝擊立會之後，港人在運動高潮裡，以「及物暴力」建立反抗的符號象徵之舉，已得到國際上主要媒體廣泛認可。如此有條件地把及物暴力納進「暴力邊緣論」，或是抗爭理論的一重要修正。大家可在此問題上再深入琢磨：台灣民主革命前輩提出此抗爭行動理論指引，其實是否早已替「及物暴力」預留空間？我的初步答案是肯定的，但條件要訂得十分嚴格，運動界在事後確定條件滿足之餘予以接受或不否定，並容許有不同意見。

「血債票償」談條件

血色初夏、警暴不斷，社運界有人提出「血債票償」這口號，有人反對，認為是不道德收割。的確，獨自派的代表已無法參選立會，支持勇武者的票投給誰呢？半年前，這問題無解；今天形勢不同，各派之間或有一細小商量空間，但代表性是首先遇到的問題。這裡面有一個兩難。現在還能夠參選的民主派政黨和個人，願意在多大程度上公開支持獨自勇武？能否把這種支持寫進政綱？意願足夠、都寫進政綱，則會否被 DQ？

---

7 鬼：於社會運動中指內奸、臥底之意。

關鍵分析在於，如果有代表因為願意公開支持勇武而被DQ怎麼辦？

首先得明白，立會一役裡的及物暴力說明，參與者已經不再承認立會的合法性和作用，所以如果要動員他們及其支持者投票，很困難。其次，獨自勇武一方也應明白，無論立會的作用如何微薄，拿得議席進得去，總有點好處。但只考慮這些，縱然有幫助，卻遠遠不夠支持雙方合作；需要的是另一層次的想法。下面拋磚引玉。

還有機會進議會的人，要把自己的政綱寫得獨自勇武到DQ邊緣。真的被DQ的話，就聯合各派再來一次更宏大而進取的運動，迫使政權讓步。這個合作，必須言明首要目的是派系大團結、把體制外的運動推向新高峰，而不是搞選舉得議席本身。也就是說，血債票償的最高目的在於推進運動。若得血票者不被DQ或被DQ之後成功翻盤，則差不多等如替獨自派進議會重新開路；那可算是計劃之外的得益。

必須明白，當權派也會總動員，而且有豐厚的資源支撐。去年五月以來有35萬人新登記選民，這裡面有多少是保皇票很難說，民主派還是保守一點好。也就是說，血債票償對民主派取得議席來說也許很重要。弔詭處在於要不以取得議席為依歸，豁出去抗爭，說不定還能出奇制勝。如果不幸輸了議席，卻換得運動進一步團結、發展，也就已經比贏了更好。

一國兩制山窮水也盡
香港光復柳暗花漸明

2019／08／10

他山之石可攻錯，本周最值得港人深思的問題，是由港澳辦發言人提出、非常尖銳的，而且準確針對了現階段香港民主運動的最大「半盲點」。真的，揭櫫「時代革命」的抗爭人，到底要把香港「光復」到哪裡去呢？有現成答案的大問題最沒趣，就如開煮罐頭湯，假色無香標準味都早有定格，吃完了件事，卻不是real food，標籤上說的肉粒罷，和木薯粉造的無異。常說的「一國兩制」就是一大鑊罐頭湯，港人囫圇喝了二十多年，裡面的贗品成分越來越高越多，一提就令起碼一大半香港人反胃、作嘔。然而，港澳辦於此時卻凶神惡煞大義凜然地質問誰人膽敢衝擊國家優惠的這鑊罐頭湯，真是有點兒滑稽。

自港澳辦煞有介事的一問之後，坊間已有不少論者指出，運動中人因為沒有大台也沒有明星領袖，所以對同一個反映意識形態的口號有起碼好幾種不同理解。「光復」的含義可以很狹窄，如用在「光復上水」這一辭裡面，指的不過是從本地街巷裡「掃蝗」，要求北人還我在自己家門口不受拖篋黨躧跛的自由。[1]如果是這個意義上的光復，政治上可歸類為「本土」而已，與「港獨」離天遠；其出現的時間，可追溯到一二／一三年出現的上水反佔領運動，故現時坊間傳聞「光復香港」這四個字乃傘運之後梁天琦代表本土民主前線參選時始出現的選舉語言，不確。何以見得？

二〇一三年一月三十一日，當時已從特府新聞處助理處長職務上退休的麥國華在保皇派愛看的《晴報》上投稿，文章的題目正是「光復香港」這四個字，講的就是上水佔領的問題，而且他也是主張「光復香港」的，不過意思是要從「反蝗人」腳底下把香港光復：「香港確需光復，因香港的臉已被這一眾人丟盡。香港不能容許梁山泊式的『替天行道』，執法人員有責任制止不法行為，保護受干擾人士。」此文更於初刊的翌日轉載在擁梁派搞的《港人講地》上。麥曾任中華能源基金會副總裁（提起此基金會，容易聯想到在美國坐黑牢甚為可憐的何志平）；後來，麥又任香港齊心基金會董事，可見是甚麼級數的親共人。

保皇派獨派都引用光復

由此可見，「光復香港」這個東西可忠可奸，意域廣闊得很，任何派別——從保皇派到港獨派——都可以而且曾經引用。對，獨派的確是用過這口號，但用過這口號的卻不一定是獨派，但跑到深圳那邊的幹部官員信口雌黃，蓄意以假邏輯罔證所有反對派都是獨派，值此享受一種滿足感，殊不知那樣做很「危險」。君不見，當年梁特把由港大學生編輯成書的《民族論》打成港獨，豈料唯一影響是令該書洛陽紙貴，以致大量只因覺得他梁特乞人憎而故意與他對著幹的年輕人一下子都變成獨派，自此獨派思想愈發變成八、九十後當中的主流，北人因此十分火光，而梁特不久就下台了。張曉明這次依樣葫蘆，結果不會兩樣：隨著這一波的運動主流參與者大幅年輕化，港獨的影響也因此擴及十三、四歲的少年。可笑的是，深圳諸公竟羅通掃北把香港的學校、老師和家長一竹竿打成港獨坐大的元凶。

至於「時代革命」這四個字，給解讀成為美英帝國主義搞的「顏色革命」，更為可笑。大家知道，「革」字在中國文化裡出現很早。《說文解字》云，革本指皮革，獸毛除去之後，皮有很大的改變，因此引申改變、改革。革的古字，形似「三十年」，三十年一世的更始，就是變革。至於「革命」，就不一樣。

《易經》六十四卦的第四十九卦是革卦，其〈彖〉詞這樣說：「革而（適）當，其悔乃亡（無）。天地革而四時成，湯武革命，順乎天而應乎人，革之時大矣哉。」歷史上的湯武革命是暴力革命，不過因為革得其時，所以偉大，大得可以說是順天應人，不管你是否顏色、甚麼顏色。這次反送中運動，參與的群眾數以百萬計，真正順天而應人，連林鄭也不得不承認原先推動的修例送中是錯誤的。如此，運動要求林鄭下台，就可算是一種改朝換代的呼聲，不一定是要推翻一國兩制。

不過，北人這次三分顏色上大紅[2]，到底為了甚麼？我認為是為了對運動進行「法外打壓」。據

1　拖篋黨：篋即行李箱之意，拖篋黨為拉著行李箱的走私客，或在香港一邊購物，一邊拉著行李箱的大陸旅客。

2　三分顏色上大紅：粵語俗語，帶貶義，可直譯為「蹬鼻子上臉」。意思為別人給一點好臉色後，就自大地以為自己了不起、得意忘形。

一位長期細心觀察時政的朋友分析，警察近日所採取的手段說明，他們向群眾施暴，不再費力尋求舉證，卻極力阻止群眾得到警察施暴的鐵證，因此他們不出示委任證，也不顯示警號，更有制服換白衣的行為，在在顯示意圖避開法律程序、作法外打壓。

運動從反送中走向反中

然而，這樣的打壓是沒用的。七年來的歷次運動——二〇一二年的反國教反洗腦運動、二〇一四年的佔運、二〇一六年的魚革——基本上都不是把矛頭指向北京政權，而是以特府為鬥爭對象。但這次反送中，由於政府要求的，是要解除與北方的直接區隔，而運動一方則相反；林鄭如此設定鬥爭議題，無可避免觸碰政權根基，這是政權本身的錯。結果當然是港人與北京短兵相接，中聯辦門口的中國國徽被潑漆、五星旗兩次給掟落鹹水海[3]，是自取其辱，此次運動乃從「反送中」走向「反中」。如此，再加上港警的法外打壓，更令抗爭者覺得義無反顧，深圳諸公要想挽回人心，已經在一整代人當中成為不可能。

我一向寄望香港人建立起對中共的心防，因為體制上的防線一個一個倒下了，內心的防線成為最後而最可靠的防線。但轉變人的心意何其困難。沒想到的是，這個轉變、這道心防，卻因政權的一個錯誤的送中修法而牢牢確立了。

3　掟落鹹水海：掉進海裡，浪費、消失無蹤。

五大訴求海牙仲裁[1]瑞士模式善意游説

2019/10/31

英國《金融時報》消息指北京準備對涉港事務官員進行大清洗，包括林鄭在內。若然，對她本人無疑是一解脫。林鄭鷹犬北人，對香港犯下彌天大罪，民主派認定她十惡不赦，愛國派反感她還不夠心狠手辣，外國人圍觀看熱鬧，要看這位欽點的第四任特首怎麼下台。可憐啊！一個曾經風頭無兩、京城裡的宰相也得讓她三分的能吏，如今連她的副官怕也看她不起，卻仍得坐在全城最當眼的位子上，怎不度日如年？

落得如此，政壇某君會笑她不懂政治、「有冇入錯行」[2]；不過，她大可反諷說：「德不孤，必有鄰。」試問她之前的三個特首，哪一個不是「入錯行」，哪一個可以善始善終？老董腳痛落台，

1 五大訴求：二〇一九年反送中運動期間，抗爭者提出五大訴求：全面撤回《逃犯條例》修訂草案，撤回抗爭的「暴動」定性；撤銷所有反送中示威者控罪；成立獨立調查委員會，徹底追究警隊濫權情況；特首林鄭月娥下台（後期改為立即實行「真雙普選」）。

2 有冇入錯行：有沒有選錯行業。

當奴（Donald 的音譯，指前特首曾蔭權）鋃鐺下獄，而那個號稱「懂政治」的專業人，卻在春風最得意的時候橫遭腰斬，後來沒事幹淪為拼存在感的鍵盤戰士。

持平而論，四個特首其實皆非等閒輩，而是香港精英中的精英，名校出身而有歷練，無論是創業守業還是兢兢業業，都能幹出名堂，最終百裡挑一當上特首，自有其過人處，而且欽點他們的，據說都是14億人當中的足赤完人至智者。然而，物競「天」擇的四次結果，大家有目共睹。

一次是偶然，兩次打問號，三次現端倪，四次顯規律。由此推斷，再換人，恐怕也於事無補，徒令香港社會繼續分化，中南海雞犬不寧，國際上惹人恥笑。那麼，南牆撞四次，顯示的到底是甚麼規律？這個問題，恐怕正從香港的街頭巷尾一直問到中南海的四中全會。

大凡一個制度，能否作為大略的自然平衡而存在，不視乎其設計師名氣有多大（例如那姓鄧的），也不視乎其宣傳口號有多吸引（例如「舞照跳、馬照跑、股照炒」），而在乎制度是否能兼顧成員自身的最低限度利益，即其機會成本，以及彼此之間的根本矛盾能否融和。這兩個要素存在的話，就具備了組織設計學裡頭說的 incentive compatibility（誘因相容，又譯激勵相容），讓大家都願意協力保持體制穩定，並從中得到足夠好處。

如此，這個制度就可以低成本運作，成員大體安居樂業，管理者不需出大力氣維穩（如讓警察變黑警），達到大略的自然平衡。

然而，這樣的優良設計，因為內外因素，偶爾出大問題還是會的，但制度管理人透過微調，以及啟動制度自身的各種自穩機制，就可以復原即所謂的「返得到去從前」，例如一九九七年金融風暴、二〇〇三年的中國沙士入侵，等等。

一國兩制的設計硬傷

不及格的制度設計，則恆常有互為表裡的雙重特徵，一是經常出現大規模動盪，一是不斷需要強制性更換或推翻領導人。常說領導坐的是「熱位」，意指那是所有矛盾的匯集點。制度的設計失宜，產生大量本身不能承受的震盪，高壓電就流向那熱位，坐那位的人，就算是由制度內部最佳選拔程序產生，也會焦頭爛額體無完膚死硬。一國兩制蜜月期二〇〇三年結束，其後十六年裡，政治大動盪出現五次，一次比一次嚴重，領導人換了又換，無論甚麼顏色的民怨民憤都已沸騰，目下這一次，還出現了勢無可擋的分離意識。所有人都明白，香港「返唔到去從前」[3]。

一國兩制是古老中華帝國管治模式裡的常用具，唐代稱羈縻，元代以降叫土司。中共故弄玄虛，稱之為少數民族自治，露出真相之後在香港改稱「一國兩制」，「自治」一詞前面冠「高度」，吹噓是鄧大爺的新發明。二〇〇八年香港特區第二管治隊伍坐鎮中聯辦，一國開始大剌剌凌駕兩制。當然，主權在中國，共產黨在香港愛怎麼搞就怎麼搞，但如果它想在香港把一加一變成三，就不是權力問題。

3 返唔到去從前：回不到從前之意。

二十二年實踐證明：由中國認可、愛國愛港小圈子選出、須無條件效忠北京的特首，無法駕馭誓要保有自由生活方式和開放社會價值、進而爭取體制民主的香港人、以致中國欲穩定香港原有的先進社會經濟體制而加以利用，也日益變得不可能。

本來，一國兩制設計規格所包含的內在矛盾，在一個會變得越來越寬鬆的中國政治氛圍裡，還是有望調和的，香港人也會接受那樣的一個制度，但中國沒有朝政治開放的方向走，而是剛好相反。於是，二十多年來，矛盾不斷固化，特別是二〇一二年之後，成為鐵打的，送中事件開始不久，更很快達至金剛鑽般的終極硬度。

由於香港內部矛盾固化，無論甚麼人當特首已無濟於事，迫在眉睫的問題無解，必須尋求界外救濟。目下最大矛盾、最解不開的死結，莫過於運動提出的五大合理訴求。

大家看看：為了解決其中最容易解決的一個訴求——撤回送中惡法，香港人和香港社會付出的代價已是何其高昂！林鄭說，法案「壽終正寢」和「撤回」是一樣的，但就是為了阻止民眾爭取這個「一樣的」，港警變成黑警，黑道人變身白衫幫[4]，二千多民眾以身抗法被捕，政府的本地威信和國際聲譽盡失，香港經歷了一場還未打完的準內戰。

以這樣沉重的代價解決一個不是問題也不應是問題的問題，唯一的結論是：一國兩制證實失靈。試問，如果還要解決其餘四個問題，香港社會還要付出多少代價？代價過高，即等於無解。香港如果要重新達至一個大略的自然平衡，需要在一國兩制之外尋求新設計，不能再迷信一些諸如「港人治港，高度自治」之類的真誠謊話。這是無論甚麼政治派別的人也應該思考的香港前途問題。

短期：五大訴求國際仲裁

目下運動以五大訴求向政府施壓，而政府的回應是加強打壓。此導致所謂的膠著狀況，表明此矛盾於香港內部無解；唯一出路，是雙方特別是政府願意改在國際上找尋非對抗性解決辦法。這種辦法有好幾個，其中最可行最文明的，是到海牙的常設仲裁庭（Permanent Court of Arbitration，PCA）尋求仲裁。這個機構跟海牙國際法庭完全不同，不是聯合國一部分，因此中國雖是成員卻無否決權。仲裁的好處是無分原告與被告，完全非對抗性。（此仲裁本可在香港進行，是替香港仲裁業界在國際上打響名堂的絕好機會，但因為律政司裡那位阿姐涉事也涉仲裁業界太深，在港仲裁給人的觀感是結果可能偏袒政府，所以不宜，殊為可惜。）

PCA成立於一八九九年，品牌聲譽良好，既可解決國與國之間的主權仲裁，也能處理法人與國家之間的商務及人權糾紛。二〇一六年菲律賓不服中國在南海的行為，把問題交到PCA要求仲裁，中國拒絕參與，並表示不會承認仲裁結果；菲律賓依然以要求一個法律意見的方式單方面呈請PCA，結果在道理上得直。這替今天外國軍艦在南海諸島12海里範圍內巡航提供了國際法基礎。

4　白衫幫：意指元朗721事件中身穿白衣的施襲者。

二〇〇七年，三間前蘇聯國營石油公司私有化分拆出來的石油公司同時向俄羅斯聯邦政府提出業權仲裁的要求。這些公司的物業在俄羅斯，公司則在境外註冊。俄羅斯聯邦政府還是比較文明，同意參與PCA主持的仲裁，並願意接受仲裁結果。最後，PCA通判三公司得直。爭議額不算大，俄羅斯後來總共賠償了一億美元左右，其中約10%是三間公司所付出的仲裁費和法律服務費（可見仲裁費用不算高）。

如果特區政府認為五大訴求不合理，大可主動把問題拿到PCA要求仲裁。運動方面，儘管沒有大台或統一領導，也可由某些團體如民陣及個人聯名參與並取得眾籌支持，到PCA要求給個說法。

長期：「瑞士模式」國際游說

不僅是五大訴求，其他如《中英聯合聲明》的有效性、歷次選舉中的DQ事件、特府一手挑起送中事件導致所有社會損失的直接間接賠償責任金額等，都可以拿到PCA找個說法。

同理，二〇四七年的香港前途懸而未決，而現在《基本法》太多空子給中國鑽，特區政府也過分軟弱而不斷犬隨，從而導致一國兩制明顯失效，對香港對中國皆無好處；那麼，考慮二〇四七年後香港的政治前途和中國在香港的利益之時，獨立自決都應該成為合理選項。這個立場的正當性，如果在香港內部無法取得各方確認，也可以拿到國際上找說法。

二〇四七距今還有二十八年，故除了快速尋求國際仲裁之外，還可以有更廣泛更積極的其他做法，例如向國際包括中國游說。如果要考慮的「後二〇四七方案」不同於《基本法》所規範的「前二〇四七框架」，則游說比仲裁更合適，因為牽涉到法律條文以外的政策空白。

這種游說的內容，應該盡可能讓西方國家視為非對抗性、多方皆贏，而且真正符合中國長遠利益。本來，在一九八四至一九八九那幾年裡，一國兩制理論上就是一個多方皆贏的方案，所以能得到國際支持。不過，一國兩制的弱點和漏洞越來越多越明顯；反送中運動開展以後，其內在矛盾已不可能調和，再提「高度自治」無疑自欺欺人。未來二十八年裡，還有六個或更多的特首很可能要「死」於非命。如此一個令中國頭疼、西方不滿而香港重傷的體制，還要在二〇四七之後存在下去嗎？

如此一問，愛國派如以前那位律政司和一眾自乾五[5]會狂喜：好啊，一國一制，中央直轄！不過，這些蠢蛋馬上會遭上頭打臉，因為他們忘記了鄧江溫習四大家族的私募基金都需要在一國以外的香港運作。

5 自乾五：全稱「自帶乾糧的五毛」，即自發支持黨和政府、在網絡上發表親政府言論以引導輿論。他們與「五毛」網路評論員的分別，是他們的行動是自發的。

非對抗性雙贏港獨

二〇一六年，我在《壹週刊》寫了題為〈瑞士模式：雙贏港獨的納殊平衡〉[6]，馬上招來愛國派圍攻，說我在主權問題上搞對抗，違反《基本法》，那當然是無稽的。一來，二〇四七年《基本法》壽終正寢等如撤銷，任何有關的安排提議都無法可違；二來，圍攻者未搞清楚納殊平衡乃是一個完全因私利而自願的東西，比姜太公釣魚還要好，連計謀也沒有，哪來甚麼搞對抗？

至於民主派內部，當時因為誤會重重，也沒有多大迴響。大概是因為，一來大家對一國兩制還未心死，不願旁騖；二來認為共產黨和中國人都很「民族主義」，絕對不會同意任何形式的港獨，但那是嚴重誤讀中共及其治下中國人的深層心理特性。

但是，今年發生送中事件，一國兩制徒剩空殼，港人不得不另謀出路，明白這點的人多了，不同取向的民主派之間的誤會減少，團結加強。因此，上星期六我在公民實踐論壇上作題為〈一國兩制之外有路行？〉的演講，再次介紹了這個完全和理非、具備非對抗性多贏的特性、對中國非常有利非常善意的瑞士模式港獨方案；在場二百多來賓來賓的反應超越我的預期。

到目前為止，香港民主派在外國的游說工作，主要都是內部抗爭的直接外延，或多或少都帶有反中對抗性，會遇到相當阻力，主要原因當然是外國政府要衡量和中國做生意時會否受到影響。因此，如果一個方案是多贏的，即對中國對西方各國都是「誘因相容」的，都是善意的，而且都有利可圖，那麼，游說遇到的阻力就比較小。

對抗型港獨在國際上的接納程度很低；自決也因為可能包含對抗性選項，所以拿到國際上游說也會遇到很大保留；瑞士模式港獨，因為不含與中國的對抗性而是多贏的微笑的善意的，因此在國際上的接納程度反而會較高。開始的時候，中國一時之間也許接受不來，但假以一些時日待它想清楚其中奧妙，這個方案的接受程度就會逐漸提高。

一國兩制是一場單邊的美麗誤會，於共產黨的「初心」裡從來都是一項權宜。這點，中華帝國史上那血淋淋的「改土歸流」一幕已說明一切。那段歷史彌足殷鑑，我在兩年前的一篇題為〈從明清「土流並治」看西環干政與二〇四七〉[7]的文章裡引《清史稿》及其他文獻詳說過。

往者已矣，知來者之可追。大家今天清楚知道，香港已經「回不去」，但正當你開始感到失落迷惘，你就差不多找到了希望的泉源。

6 見本書〈瑞士模式——雙贏港獨的納殊平衡〉一文，頁277。
7 見本書〈從明清「土流並治」——看西環干政與二〇四七〉，頁31。

勝敗常事　烽火連天
——反中運動半年結

2019／11／21

反送中抗爭經歷中大保衛戰而士氣為之一振，卻隨即因理大一役遇到重大挫折。然而，抗爭者在強弱懸殊底下用命而有損，非戰之罪，故亢龍無有悔，痛定思痛、心力復原之後勢必捲土重來；支持者深明大義亦只會惋惜而不會氣餒。

半年來的鎮壓和抗爭，已令運動進化為戰爭或準戰爭，參與者亦因而知道勝敗乃兵家常事的道理，自會從若干失誤之中總結經驗，令下一波的抗爭更為有效。二〇一四年到今天，進化之快令人驚訝；今夏以來的試錯糾正速度更高，因此完全可以消化失誤，變成下一步抗爭的智慧和能量。具體行動的檢討很有用，不過，我既非身在前線，自不會當後座駕駛員。今天只和大家談一些觀察所得。

一、輪到政權「唔知點收科」[1]

反送中運動持續將近半年，和二〇一四年佔領運動的最大不同點，在於交戰雙方怎樣看待終局。佔運中後期，特府好整以暇，採取拖字訣，民主派一方的評論者卻首先顯出焦慮，不斷提出「點收科」之問，運動最後以人員流失、政府輕易清場告終。這次不同了，首先出現焦躁不安的是京港統治軸心，並由其最高領導人提出所謂的「止暴制亂」，其他各級人員，由韓正[2]而林鄭乃至那些網絡自乾五都應聲附從。那是硬的一面。軟的，就是新近由建制大老曾鈺成在法國媒體推銷的「特赦論」，出口轉內銷。

但抗爭者這次不著急。這除了因為他們一早就認定要抗爭到底無退路，還因為政權仁義不施，不斷放狗咬人，黑警白匪出動了還不夠，上周還從懲教署調動了100名志願軍當特務警察，駐港共軍也變成了抗美援娥執磚志願軍[3]，以致一些本來無可置疑的建制派、中立或政治色彩輕微的民眾，都因為越來越看不過眼而選擇了或多或少站到政權的對立面，從而替運動減少阻力。

二、商界逐漸離心同情運動

所謂「無可置疑的建制派」，包括（一）上月底在倫敦批評一國兩制一開始就有問題的聯交所

1 「唔知點收科」：不知如何收場。
2 韓正：中共政治家及現任主要領導人之一。現任國務院副總理、中共國務院黨組副書記。
3 執磚志願軍：二〇一九年十一月，抗爭者在浸會大學附近馬路以磚頭砌起路障，旁邊的軍營派出解放軍清理地上磚頭，被譏為「執磚志願軍」。

CEO 李小加——他認為「北京並無信心大部分香港人不反對一國」，暴露了一國在兩制裡的不堪；（二）全面反水、指自己個人從來沒有支持過政府搞送中的地建界功能組別議員石禮謙；（三）提出當權者要對社會未來主人翁「網開一面」的李超人[4]。商界翹楚也如此，於是近日帶起了教人動容的中環上班族 full gear（西裝革履香水高跟鞋）「和你 lunch」[5]。與此同時，一個以支持運動的中小企業家為主體的「黃色經濟圈」的雛形也出現了。運動曉進化，商界亦然；這在香港從來未有過。人同此心、心同此理，逐漸跟林鄭政權離心離德者，最近還包括了公務員，以致班頭羅智光也急忙站出來厲聲警告要嚴懲。這些一步一步的發展，都是特府逼出來的，鼓勵了前線抗爭者前仆後繼，儘管損失一直巨大，卻無半點妥協之意。

令當權派有收科壓力的，還有一個根本原因。二〇一四年的運動，是反對派主動進擊；到後來，藍營順勢把佔領導致的社會成本賴到運動方，壓出了反對派的焦慮。但送中大頭佛[6]是京港統治集團一手炮製、一手拖延導致的，反對派只是被動接招；冤有頭、債有主，市民要找元凶，唯習與林鄭。所有市面上出現的「裝修工程」[7]、附帶傷亡、經濟衰退等代價，這次都是京港統治集團需負起的 consequential damages。解鈴還須繫鈴人，收科壓力於是都集中在兩位元凶身上。這還未包括諸如外圍輿論和外交方面的壓力，以及北方四大家族在港私募基金縮水之痛。

三、政權內部推莊卸膊[8]

值得留意的發展是，當權派內部各山頭推莊避責。帶頭的，當然是北人，把二十多年來以各種聰明過頭的藉口違反雙普選承諾，種下了港人特別是年輕人的反中意識，卻把責任推到地產商頭上（其實這十年來的地價升幅主要是紅色資本如海航等國企或偽民企推高的）；這經過西環的加持，成為特府及其支持者文宣主旋律，卻避而不談五大訴求無一與經濟有關，是典型的卸字訣。CS（政務司司長英文簡稱）張建宗更妙，當被問及民憤何所起，此公竟說缺民意資料無法知道，把責任推給經常因做民意研究被打壓排擠的鍾庭耀等知識分子（那邊廂，盧偉聰[9]卻認為民意資料很豐富，都顯示市民對警隊的信任度創新高！）。

警隊方面，奪了最高權力打了幾個月高殺傷力超限戰——林鄭口中警隊成為了香港社會安定的唯一防線也是推莊的傑作——卻完全無法控制局面，最近還得要他們素來看不起的其他制服部隊當特務警察給支援。於是，在中大二號橋之役後惱羞成怒，把局面失控的責任推給各大學管理層。但阿

---

4 李超人：為香港首富李嘉誠的綽號。他於一九年九月表示反送中事件為香港在二戰後的最大衝擊，希望年輕人能夠體諒大局，而執政者應對香港的未來主人翁網開一面。

5 和你 lunch：工作日午飯時段街頭抗爭。

6 大頭佛：搞出一大堆麻煩之意。

7 裝修工程：為一九年反送中運動時的用語，即破壞政府部門、立法會與警署，和更主要的支持政府的「監營」建築，如地鐵站、銀行、食肆和店舖等。

8 卸膊：不負責任。

9 盧偉聰：前警務處處長，退休前發生了持續數個月的反對逃犯條例修訂草案運動。其間警隊多次濫用武力、侵害人權，使警察民望跌至谷底。後被美國財政部制裁，凍結在美國資產及不能使用美國銀行及公司提供的服務。

兵哥發言人此卸膊說法卻跡近無稽；大學管理層是管教育和科研的，雞毛蒜皮的學生品行問題當然也在管理之列，但由特府點火、積多年民憤變成的柴草熊熊燃燒，怎能算到大學校長的頭上？況且，大學管理層九七以來已經大部分是特府委任和控制的了（有個姓梁的，不是當了某大學的校董之類很多年？還有那個何甚麼、李甚麼……都是大家熟知）。

四、內外咸認特府失責違憲

於是，九所大學的校長們吃不下這隻死貓[10]，上星期五晚發表聯合聲明，特別指出「任何認為大學可以化解這場危機的期望是不切實際的，因為這些極其複雜而艱難的困局，並非由大學造成，亦無法透過大學紀律程序來解決。這些困局反映的是整個香港社會的分歧，政府必須牽頭聯合社會各界，以迅速和具體的行動來化解這一政治僵局，以恢復公共秩序和社會的安定」。九校長如此大腳傳中[11]，把波踢回給特區政府，完全正確。但，可憐，這個特區政府已經無法駕馭局面，因為半年來它的所作所為所不為，在在令它徹底失去管治的正當性。正當性是何物？

特府不是民選產生，乃先天缺陷，然而如果它能嚴格按《基本法》第43條辦事，未嘗不能取得某種程度事實上的管治正當性。43條首先說：香港特別行政區行政長官代表香港特別行政區；然後說，行政長官對中央政府和香港特別行政區負責。這裡說的代表，指的是能夠而且願意爭取與維護香港人利益，特別是政治利益者。如果只是個別特首違反43條，那麼換一個特首，問題就可解決。但是，如果特首一個一個地換，43條依然一次一次地被違反，而且越來越嚴重，以至特首的屁股越發坐到北人那邊去了，則政權正當性就越發薄弱，以至歸零。高鐵入城中，選勝被DQ，遊行禁蒙面，黑警打橫行，都是特首失責違憲賣港之過。失掉「43條正當性」之後，特府質變，無可避免成為一個相對於香港人而言的「外來政權」。

五、港人確立「他我分野」觀

特府因長期罔顧乃至損害港人利益（例如送中），把自己打造成一個不折不扣的外來政權，幫助香港人樹立起心目中的「他我分野」。

此前，不少香港人的他我分野模糊不清，不僅一直以來受中國政府好話說盡的宣傳影響，還讓一些充滿低劣種族意識的說法，諸如「血濃於水」、「黃皮膚黑頭髮、龍的傳人」等，弄得是非不辨，敵友混淆。半年來的抗爭非常慘烈，卻讓大家開了竅：林鄭這個中國同胞，要出賣香港人，比誰都更快更徹底；黃皮膚黑頭髮的黑警，要打殺抗爭者，心狠手辣無人及（最近索性把原本用來驅散群眾的催淚彈當子彈用，近距離單一目標打頭）；那些血濃於水的白匪，行起凶來，獸性比甚麼人都強。大家如今也很清楚，這個態度最頑劣、手段最卑鄙的他者群，是受中國操控、由中共指揮的。因此，

10 吃不下這隻死貓：即為吞不下這口氣，不能忍受被污蔑之意。
11 大腳傳中：大腳傳中與波皆為足球用語，指把責任傳回特區政府之意。

通過目下這場運動，絕大部分香港人確立了「中國／中共及其所有支持者乃他者」的觀念。

有人會問，鑑於反送中運動成為國際焦點之後，外國媒體經常報道香港人遭中國人在世界各地的群體如大學裡襲擊、干擾，那麼上述「他我分野」中的他者，是不是還應該包括「中國人」。我認為還未到這個地步，但至少在統計意義上，「中國人」已經成為「香港人」的一個對立面。據我自己的觀察，明白、同情香港人處境的中國人只佔很少數。

六、國際表同情、西方不割席

以前香港民主派到西方游說，會得到很清晰的印象，就是國際間一不支持港獨，二只支持完全的和理非，但二〇一四年之後已經有變。西方媒體對香港出現獨自派和勇武抗爭，最初十分冷漠、不解，但後來表現出興趣，加強了這方面的正面報道和評論。今天，經過半年逐步升溫的反中暴力抗爭，接受程度依然不斷提高。略有微言的，大概只有新加坡；但便是李顯龍對香港人抗爭有說法，也得相當技巧，沒敢直接批評運動，而只是說如果事情發生在新加坡，「結果可能更糟，因為新加坡更小和更加脆弱，信心將被摧毀，新加坡會完蛋」。採取比較負面態度的國際主要媒體，除了新加坡的，就是俄羅斯的，但也不是每一則報道或評論都負面。當今之世資訊發達，閉門造車車大炮不怕醜的國家只有中國。

國際輿論有此大變化，其實反映香港內部政治意識的改變。

評論界已經得出「反送中運動」進化成為「反中運動」這個結論。反中，在香港的具體意義幾乎就是港獨。港獨意識隨著催淚煙瀰漫擴散，不僅前線抗爭者入心入肺，穿窗入戶之後，一般人也受感染；起初不習慣的，後來百無禁忌了。這一點，連曾主席[12]在上述法媒訪問裡也同意：局面再拖不好，不如特赦了結，否則僵持下去，只會令更多人支持港獨。幾年前香港社運界有統獨之爭，現在無論統派獨派還是自決派，都在反送中運動裡合併、合流，整合出一種光譜廣闊的泛分離主義，瀰漫整個社會，頑強對抗京港統治軸心的融合政策。

泛分離主義是意識方面的；但在抗爭手法方面，也同樣出現和勇結合成為最大共識的局面。這兩個內在變化，促使外國政界及國際媒體對香港的社運「另眼相看」。中國近年在世人面前暴露出兩個傾向，對外，採取積極的敵意的擴張主義；對內，實行新極權主義。在這個大氛圍底下，國際上不僅沒有和香港社運割席的跡象，反而對上述香港內部兩個發展予以同情的解讀，其實十分自然。

七、香港的黃花崗

辛亥黃花崗一役，革命黨的四個方面軍因協調出問題，只有黃興領導的那方面130人孤軍作戰，乍看有點冒進，乃是逼不得已；雖然失敗了，但浩氣長存。這段歷史，和近日香港大三罷最後

12 曾主席：曾鈺成，香港立法會前主席，建制派組織民主建港聯盟創黨主席。

只有理大範圍之內的抗爭者獨力強撐、外圍無法有效救助相類似。理大之役還未了，已悲壯得令人落淚，抗爭者付出和將要付出的代價，令每個支持者都有切膚之痛。奇妙的是，革命的每一損失，都要化成後來更大的能量。歷史如是說。

移民·抗爭·社運紅線·國安國不安

2020/07/02

一、國安襲港，誰會移民？

不少人衝口而出的答案會是黃絲[1]。但仔細想想，又覺得未必。全面地看，可借用風險這概念。這裡講的，當然是國安法帶給香港的負面或下行風險，downside risks，分政治的和經濟的。其他因素不論，要面對的風險越高，越傾向移民。

政治風險，指國安法實施之後，港人失去若干政治自由，做某些事或會受到強力禁制。這種風險，自是黃絲遇到的會比藍絲多，除非習總學老毛搞文革，那香港就會像當時中國，不論反毛擁毛都一鑊熟[2]。中國再來一遍文革不是完全不可能。文革是從所謂反修正主義開始的，牽涉中蘇關係，外交

1 黃絲：香港民主支持者之義，與其對立的政府支持者為「藍絲」。

部是最初幾個重災區之一；現在習總反美，外交部也成了急先鋒，漸漸出現像當年一樣激的戰狼。中印邊境出事了，也和文革前的一九六二年形勢差不多。內部，當年老毛搞路線鬥爭挑起權力鬥爭，非常殘酷；今天，習總的各項政策損害大批人的私利，權鬥隨時爆發。文革前夜發生駭人聽聞的借清洗內蒙古人民革命黨搞種族屠殺的事，今天新疆把百萬維族人趕入集中營，都反映漢族內部矛盾過熱，借打壓外族來宣洩。可見，則國安法不過是又一次極左思潮的產物，藍絲黃絲同樣有可能一鑊熟。不過，就眼下而言，各種程度的政治風險加權平均，顯然是對黃絲更不利，這很自然。

經濟風險，指國安壓頂大形勢之下經濟惡化帶來的風險。首先，中美交惡，香港不能再享美國長期以來給予的優待，眼看金融中心、交通樞紐、外企亞洲總部首選地點等的地位將全面丟失；何況，美國連香港也不再信任，遑論大灣區，所以那邊的發展大計要泡湯了。而且，因為大陸經濟也因中美脫鈎而受到損害，本來已經存在的各種不利因素如人口老化紅利消失等都會放大，引致「中國衰、香港衰」的董氏效應[3]。這種情況底下，因為藍絲享的商界利益一向比黃絲厚，加上那些從來不問政治只求經濟穩定、只看重個人收入上升而對大環境的事不與聞的正牌中產港豬[4]是藍絲居多，故可以結論，要面對國安法實施帶來的純經濟風險，藍絲整體比黃絲更不利。

個別人士或家庭思考移民與否時，上述兩種負面風險都是所謂 push factor，會把香港人推上移民路。除此之外，還應考慮發達國即主要移民目的地的各種 pull factor。發達國文化和社會秩序（即廣義的政治）對香港人的吸引力，於藍黃傾向無大關係。舉例說，哈日族裡有黃也有藍，反而最出名的就是藍到唔得掂的那位前教育局長[5]。哈英族也一樣，其中表表者，當然要數與日不落國千絲萬縷、本有打算退了休到彼邦享受金色餘生的香港現任和前任第一家庭裡的那些海軍藍。至於經濟方面的 pull factor，恐怕也是對藍絲而言更強大，因為他們平均比較富裕，移了民更有能力在當地做生意或更有條件印印腳[6]嘆老牌富裕社會的世界。

除了這 push 與 pull factors，考慮移民時還有處於中間橫梗著的 transaction costs 和家庭或個人經濟實力的門檻，對平均比較富裕的藍絲而言，這些高欄當然可以更輕鬆逾越。

綜上所述，不見得黃絲移民會比藍絲多；更可能的是二者不相伯仲，甚至藍的會比黃的稍多。有些人會擔心，黃絲都移民了，誰來投民主派的票？社運何以為繼？但有理由相信，起碼在黃藍選票相對數目的問題上，民主派不必太擔心移民潮的影響。至於整個社運的興衰與移民潮的關係，倒是可以深入一點探討。

二、抗爭者的海內外陣勢平衡

近世史上，一國之內的社運抗爭，往往都是與外部相連的。一九一七年的俄國十月革命，歐洲各

2 一鑊熟：指不同人一同遭到禍害，或者是與別人同歸於盡。
3 董氏效應：香港第一任特首董建華把「香港好，國家好；國家好，香港更好」掛在嘴邊，是為戲謔。
4 港豬：指對政治冷感，只顧餬口、求生活安穩的香港人，諷刺他們像豬一樣只知道吃和睡。
5 前教育局長：即為前教育局長吳克儉。唔得掂為網民為其取的名字諧音暱稱，有粵語不理想、不行之意。
6 印印腳：抖腳之意，指休閒地等待移民。

國的左翼政黨給與不少助力。奪取政權之前的十年裡，列寧不在俄羅斯的時間居多；甚至一九一七年的二月革命發生的時候，列寧和不少同志的大本營都在中立國瑞士，直到該年四月十六日，列寧才坐火車回到聖彼得堡領導革命，那就是 Edmund Wilson 論社會主義運動名著《To The Finland Station》一書以之為名的歷史性一刻。（芬蘭站在聖彼得堡，是俄羅斯與北歐之間的交通樞紐，十九世紀後葉由芬蘭國營鐵路公司興建，是為該鐵路的俄國終點站。）

中國三民主義革命，日本和英國的助力都是關鍵；孫文本人，經常奔走在國際之間，一九一一年的黃花崗之役和武昌起義發生的時候，他還在美國演說募款，所以他常說，華僑是革命之母。一九四九年的中國共產主義革命，不僅有留法的勤工儉學派打基礎，還靠了蘇聯當金主和供應軍火才可能成功。這些都是歷史常識。

一九四八年以色列復國，之前在國際間奔走斡旋的，主要是流落海外兩千年的猶太人。以色列國父 David Ben-Gurion（大衛．本–古里昂，又譯戴維．本–古里安）是在波蘭出生、長大的。九〇年代台灣民主化，沒有之前幾十年海外台灣同鄉會打下的基礎，也難那麼順利成事。

遠一點的，有一七七六年得到法國支持的美國革命成功了，殖民地獨立建國。還有一六八八年的英國光榮革命，主角之一的英王威廉三世，根本不是英國人，而是荷蘭幾個省的執政，是由他帶兵渡海攻打英國勝利了才發生的一次影響全世界的憲政民主革命。

所有這些事例，在在說明社會抗爭能夠成功，在地翼和外地翼都有其重要而不同的角色。外地翼因為不受在地政權打壓，發展比較自由，可以通過各種方式支持在地翼，於適當時機一蹴而就。香港的民主運動與上述的各個成功的運動相比，其外地翼不是太大太強而是太小太弱。那是因為香港社會一直太好，香港人絕大多數不得已不會移民。但考慮到未來，一個人數更多、力量更大的香港民主運動海外翼，更能幫助整個運動達至一個更高效的結構平衡。促成這個發展的，沒想到會是國安法。這一點，中國倒是很快便意識到；這就是為甚麼以前黨國高幹咒罵香港人不高興大可移民，但周前英國聲明，一旦中國在香港實施國安法，便會收容多至幾百萬的 BN(O) 移民，中國一聽，馬上扯火[7]。香港出現幾百萬人移民潮的概率很低，但便是幾個百分點的人離開，亦足以令運動的海內外結構急促優化。

國安法出籠之後，坊間有不少圍繞著移民尤其是黃絲移民的道義問題的討論；不少人想移民，但馬上生出罪惡感，這或許是因為未充分考慮到上面提出的運動內外翼結構還有很大優化餘地的觀點。

三、國安法與香港分離主義

大凡一個政治運動初生之時都容易過火，所以幾年前香港獨自派、勇武派橫空出世的時候，我就提出「兩條紅線」不可逾越之說。那兩條紅線，一是所謂的「暴力邊緣論」，一是「法理港獨」。後者認為獨自派能夠在（當時的）法律容許範圍之內找到足夠發展空間，因而不必在這特別敏感的

7 扯火：發火之意。

問題上強調違法達義。去年的反送中運動浩瀚澎湃，這個說法很快消失於無形，我因此也明顯成為了 old seafood[6]。不過，國安法推出在即，中港政權打壓民主運動將變本加厲，我因此重提這「兩條紅線論」，不主張送頭。

我認為，運動幾年來的血汗付出，已令分離意識有了自身的生命力，可在相當一段時間裡基本上自發滋長、充實、發散，中港區隔的意識也會更有效地強化，不需要付出太多。這好比跟小孩子玩盪鞦韆，開頭你要使勁推，但之後只需適時順勢輕推，它也可以不停地盪很高。原因很簡單，最初幾下提供的動能（Kinetic Energy），累積轉化為每次盪到最高點上所包含的勢能（Potential Energy），其後鞦韆不斷在重力場裡自動升降來回，兩種能量交叉轉化。想想，過去幾年也真的如是。

二〇一四、二〇一六時用力推，增加了社會運動的動能，其後兩三年的相對靜態（即一些人誤以為的抑鬱），其實是動能轉化作勢能，豐厚地儲存於人們心裡。到二〇一九年六月，這勢能又轉化為動能，還加進了新的，直讓世界嘆為觀止。現在運動相對靜止，那是動能再次向勢能轉化，內化到更多人心底裡，但總能量同樣不滅，只需作微量補充。此所謂蓄勢待發。於期間，人們休養生息、思考、學習、規劃、擴建連絡網、補做私事、加緊作稻粱謀，等等，都是自然而然，不在話下。抗爭的舞台也於此時轉到中西方政府之間，儼然成為一場接力賽，讓之前在跑的運動員坐坐吃花生。[7]如此看來，往後幾年，我提的社運兩紅線，應該還是比較實在的。

四、國安誰不安？

國安法還未立，國際上已經罵聲四起，先是美國，繼而英國、歐盟、G7，連素來與人為善的日本，這次也不甘人後，首相安培還說要領導各國發聲明捍衛香港。得道多助，香港人的付出與作為，廣為世界各國尊重，並從中明白到香港處於普世抗暴第一線，於是願意給予道義支持。美國最新的舉動，是參院全票通過《香港自治法案》（Hong Kong Autonomy Act），在眾院的下一步應該也不成問題。這個法案一旦通過，將規定美國政府對所有危害香港自治的個人和公司實施制裁。HSBC（滙豐銀行）會不會是首當其衝？林鄭一夥誰個會率先給美帝點名祭旗？然而，對中國而言，這些大都是外圍震盪；更值得留意的是，國安法無可避免引致中國內部不安。

一兩年來，以美國為首的發達國政府都在檢討、收縮與中國的雙邊經濟關係。武肺發生後，因為各國民間對中國的反感增強，上述趨勢明顯加劇，各國對華為、中興等中企限制增加，就很有代表性。現在國安法出籠，馬上替各國政壇的仇華派添加更多彈藥。這些變化的總體效果，便是世界經濟與中國脫鈎，秩序重組。改革開放四十年，中國內部從中央到地方的絕大部分政治派系和集團都從國際上得到巨大利益；要繼續得到這些利益，大前提是要和發達國保持一定的良好關係，不能魚死網破，因此一直以來的中國外交界都遵從中美關係「鬥而不破」這個大原則。但這個政策給習近平搞砸了。

6 Old seafood：為香港「老屎忽」的諧音梗，即老屁股、老油條、貶義上的資深人士之意。

7 吃花生：吃爆米花、吃瓜等圍觀群眾之意。

習派在中國政壇利益盛宴上是遲來客，改革開放以來的好東西都在市場環節，而且都給鄧江李胡溫各派家族牢牢掌控，習派難分一杯羹，只能靠黨政力量掌控、壯大國企，再用國企反吃民企，這就是所謂的「國進民退」。

國際關係搞砸了，對習派無大損失；但是，其他既得利益集團的損失就非常巨大。結果必然引致嚴重的黨內鬥爭，而矛頭所指，當然是二〇一二年以來帶頭在國際上搞反美戰狼外交的現屆領導。今年是習近平上台即搞的脫貧計劃收官年，實際成效有多少沒關係，面子最緊要，所以去年從北京到各地的大城市都有壓縮「低端人口」掃地出門的做法。可偏偏今年的人大開到最後，團派總理李克強兜篤將軍[8]，公然透露中國還有六億人口月入一千人仔[9]不到仔不到，而按世界銀行的有關標準推算，還有大約四分一的中國人活在貧窮線以下。這招不是反習是甚麼？

國安法出籠，香港人固然不安，但國際反響出奇強烈的關係，最不安的卻很可能是黨國最高層。

8 兜篤將軍：象棋術語，迂迴到後方，給予出其不意的打擊之意。
9 人仔：人民幣在香港的別稱。

黨章國法咸有初選　中港不隔中美必隔

2020／07／21

初選舉行了，我撐戴耀廷。兩年前我就說過，戴是香港學術界少數能夠做到徹底知行合一的真君子。他近日受到中港政權機關「严正」打壓，新仇舊恨如爆屎渠一樣湧出。西環十三日發聲明，沒能指出全民皆可參與的初選——「赤裸裸的违法行为」——到底違反了哪一條王法，卻無端拷問「他是受了谁的指使？又是谁给了他这样的底气？」已經不必問有無，直接問「谁」。這無疑是黨國機關大員給香港人上的一堂中式依法施政示範課。

初選、預選，是任何選舉無論真假都會有的程序，正式非正式，秘密或公開，比比皆是，無分黨派、陣營、顏色，甚至國家。只要順乎民意，過程公正，就是好的；如果是做樣子裝門面的，或者是由「不可抗力」督導進行的，就是壞的邪惡的。我就不信歷屆特首選舉沒有某種不曾見光的少數人說了算的局部「初選」，而那些「初選」，明顯都是《基本法》、《選舉法》裡頭沒有的。

中共也愛搞初選

大家如果查找一下中國資料，可輕易知道北人無論是黨委還是政府，都愛搞初選，樂此不疲。正式的叫預選，在基層非黨機關搞的多，出了點狀況也可以捂住，例如烏坎[1]。大家請看CCTV曾經發表過的一篇報道，講的是農村的村民委員會和城市的居民委員會，其中談到這些委員會的選舉時這樣說：「首先，通过预选确定正式候选人……有的地方由全体选民参加预选，按照初步候选人得票多少确定正式候选人；有的地方由村民代表参加预选，按得票多少确定正式候选人。」其他如地方上縣以下的人大代表選舉，也有同樣規定。

非正式的叫醞釀，醞釀完了再預選，預選之後才做戲，十分有保證，可以讓領導放心，那是無論低中高甚麼層的關鍵組織都用的辦法，例如中國共產黨自己。大家看看它的黨章第二章第十一條，是這樣寫的：「候选人名单要由党组织和选举人充分酝酿讨论。可以直接采用候选人数多于应选人数的差额选举办法进行正式选举。也可以先采用差额选举办法进行预选，产生候选人名单，然后进行正式选举。」

看官，你可想像哪一天特府衙差把戴妖[2]一把抓進國安庭審訊，國安法官拷問他哪來的狗膽子竟然搞初選，老戴拿出黨章國法示範，那官老爺就怕連國安法也嫌不管用，得祭出戰無不勝的無產階級專政法寶才可教老戴鋃鐺下獄，保住黨國和特府不至於在風雨飄搖中傾覆了。

不過，儘管我力撐戴耀廷，我個人卻對初選有所保留，故之前未曾發表個人意見，原因有好幾個。首先是，公開的初選如打開口牌，得勝的最符民意，卻最招來政權打壓，而且不只是短期的DQ而是永世不得翻身，因此對運動可能不利；香港已非開放社會，初選已成逾淮之橘，這一點有普遍警惕意義。其次就是成本效益的估算。初選的確贏了龐大聲勢，讓全世界知道大多數香港人爭取民主自治的決心，這是它的效益，而且這個效益是在國安法通過之後拼出來的，在這方面超越了去年十一月區議會選舉的意義。但是，我估計特府會大規模DQ，而且不只是達到「35－」[3]便罷休，而是搞DQ無底線，包括任何Plan B，DQ之餘還會搞專政。如此，初選便變送頭。（當然，我這些判斷不一定對，況且便是不幸言中，損益計算也是主觀的；完全可以認為，贏了聲勢，足以抵銷一切代價。）

至於九月選舉[4]，我則認為選民全力以赴仍有莫大意義，就算所有能代表自己的候選人都給DQ了，也可投白票明志。那不僅風險低，還很可能是最後一次，所以是特殊象徵。象徵甚麼呢？象徵

1　烏坎村事件：中國廣東烏坎村的村民委員會在當地居民不知情的情況下轉賣土地賺取暴利，其後村民一直無法討回被侵佔土地，後於二〇一一及二〇一六年爆發警民衝突，造成大規模流血群體事件，甚至有村民於拘留期間死亡。

2　戴妖：指戴耀廷，佔領中環提倡者。「戴妖」為與戴持相異立場者所取的綽號。

3　35－：在反送中運動後，民主派在二〇一九年香港區議會選舉取得壓倒性勝利。民主派支持者希望乘著這股氣勢在立法會選舉中取得同樣的大勝，獲得過半數席位（即超過35席，俗稱「35+」）向特區政府施加更大壓力，迫使政府回應五大訴求。35－則為不過半數議席之意。

4　九月選舉：原定於二〇二〇年九月舉行的立法會換屆選舉，後政府以「疫情」為由延後一年舉行。

香港死亡，大家用手一票送它最後一程、為它默哀。不過，這死亡儘管可痛惜，卻並不可怕。香港不死，何言光復？

習近平勢難連任

美國國會通過《香港自治法案》，由總統簽署生效，不僅要取消所有香港以往能享受的特殊待遇。這對美國而言，是不得已而為之，有人以為那是侵侵出擊[5]，我卻認為那是美帝自衛。以往有港中區隔，一國兩制縱不完善，對美國還是有好處，從中得到利益和緩衝，所以連高科技也可以賣給香港。如今港中區隔無法保住，美國失去一個屏障，自然要築起牢固的美中區隔。《香港自治法案》，僅僅是這個區隔的一小部分；近日美國不斷與中國在越來越多方面斷鈎，甚至考慮禁止中共黨員及其家屬入境，皆因要徹底實行這個美中區隔，以保自身安全。

不過，中國亦因此大受打擊，原因彰彰甚明。港中區隔，對中國害小而利大；美中區隔，則對中國經濟及其與大部分西方國家之關係皆影響無窮。就中國大局利益而言，戰狼之首習近平犯的是極左盲動，勢將導致此君不能連任。此點殊為可惜，蓋因世人識得中國廬山真面目，盡皆賴於觀習氏之所作為也。噫！微斯人吾誰與歸？

5　侵侵：特朗普 Trump 的粵語諧音。

議員應知所進退
後生須有技防身

2020／08／25

今天和大家談兩個問題，一個是民主派在立法會的去留，另一個是民主運動中人，尤其年輕人應如何處理好自己飯碗與理想之間的矛盾。看長遠，第二個問題比第一個更重要。

一、立法會的去留

處理第一個問題，我提議大家用做生意般的功利眼光去處理；就當民主是一盤生意。繼續多留一年的話，收益其實只有一項，那就是還可以在立會這塊發聲尚屬比較安全之地發聲。至於有說留著還可以盡量延後惡法出台，那是異想天開了。惡法何時出、怎麼出，都不再繫於立法會裡民主派有多少票，北京甚至也不在乎需要在國際上付出多少代價。你有35+又如何？政權會說你拖延立法就是想拖垮政府，犯國安法，DQ。當然，發聲還是重要，但絕對不需35+把嘴異口同聲。所以我認為，民主派首先要放棄那個不知所謂、往後在立法會戰場上毫無理論根據的「齊上齊落」，然後留兩個最懂得發聲的「活口」，其餘有生力量應全部轉移到其他行檔裡、收益期望值最大的 profit centers 上面。

向誰發聲？如何發聲？大家已經清楚，向政權發聲是沒用的；而且，經歷過十年來的社會運動生聚教訓，民眾不再需要政治精英的提點解釋。如此，留守立會的議員要發聲，受眾恐怕就是關心香港事務的外國人。那麼，誰留誰不留，取捨條件就很簡單：外語能力最好、國際上最知名、最懂和外國人打交道的留下就沒錯。如果再能滿足一兩個非必要條件——一是有充裕的經濟能力，可以捐出全部從立法會得到的薪津等利益；一是機會成本甚低，不宜或不懂從事議會以外其他抗爭工作的——那就應該是首選。我估計兩個泛民大黨各自都可以找到一個最符合上述條件的現任議員，而我是會支持他們留任的。

反過來說，哪些議員最不應該留下呢？去年以來，泛民開始在議會內進行「肢體抗爭」，那是很糟糕很無用的視覺把戲，應該留下的極少數民主派議員尤其不必搞。留下既然是為了發聲，那麼議會內肢體抗爭的收益值便是負數，因為一旦有留守議員因之而提早失去議席，那便是辱命了。如此，我認為那些比較年輕、血氣方剛，或者孔武有力、出手能傷人的議員，都不應該留任。

二、「得君行道」與「得職行道」

大家可以看出，我基本上主去不主留。我的道理簡單老套，不需談論價值。中國幾千年來的專制政治傳統裡，仁人志士早已得出在政治上決定去留的準則。「邦有道則仕，邦無道則可卷而懷之

（執包袱鬆人）。」這是孔子讚賞當時衛國賢臣蘧伯玉而說的，稱他為君子、知所進退。孔子的時代，中國專制統治的手腕已經很成熟，這條戒律準則無疑是總結了無數經驗教訓換來的，值得重視。孔子自己心愛的學生子路就是因為犯戒，最後給衛國的當權一派用刑，剁成肉醬。其後中國政治總的來說越發黑暗；到宋朝的時候好一點，一批大儒遂認為有可能實現「復歸三代」，於是提出一個辦法：得君行道。其實那也是十分困難的，按此辦法而能如願的事例一個也沒有，不僅北宋王安石得君於宋神宗而結果一敗塗地，後來南宋朱熹也以為可假孝宗行道，卻失事於光宗，更在寧宗時期的慶元黨禁裡一度性命堪虞，最後決意退出政治（這段歷史在余英時《朱熹的歷史世界》一書下篇有詳細論述）。大家再看看當下中港政壇裡的大君小君是哪種德性了，就應該知道如何取捨。

客觀情況是，在立法會仕事作為一種志業已無可圖。但這不只是立法會如此，在其他以前不少人以為有意義、不是僅為餬口的職務上也大致一樣。年來，一些在傳媒和學校裡任職多年的朋友感受到越來越大的政治壓力，覺得在工作上已無發揮正義力量的餘地；到最近，惡況變本加厲。香港大學炒了異見者戴耀廷；某電視平台忽然辭掉一批高層，解釋欠奉，但誰都知道原因。正常社會職場裡某些「得職行道」的可能性在香港急促消失。

不過，大家不必覺得失望，更不必因而感到憤怒。試想，世界上有哪一個法西斯政權會容許異見人在政權認為是關鍵的社會位置上發揮影響？我於一九八八年加入特府中央政策組當特首的全職顧問，是過渡之後單人匹馬介入高層政治的第一個文教人；當時抱著濃厚的「得職行道」心態，甚至還可能懷有一點得君行道的幻想。可是六年之後，卻因在內部「過甚」批評政府的政治政策而遭炒魷[1]；那恐怕也是九七之後的頭一個案。港中關係蜜月期後段裡發生的這事，其實已經預示今天大家看到的一切。

三、要當業餘民主派

因此，「得職行道」之不可為，我很多年前已經明白到。之後，每遇有理想的年輕朋友想離職深造，我都會問他們要念甚麼學科，得到的答案，十之八九不是政治學就是人權法；我就會轉個彎，問他們何不報讀一門比較實用的學科如商學，或者統計、IT，得一技防身。但年輕人都理想化都浪漫，總希望將來年年三百六十五天、天天二十四小時，每分每秒都幹有意義的事，職業即志業，不為稻粱謀。「蔡子強模式」[2]太吸引。

今天，大家都清楚了，除了極少數人，那是越來越不可能。因此，我會建議大家，尤其是年輕人，如果關心自由民主、想介入政治為香港前途盡一分力，那就必須先求取一己的經濟獨立，端得起自己的飯碗，無後顧之憂，行有餘力，然後干預社會參與政治——先小人、後君子。說得過分一點就是，不僅立法會之路不通，任何朝九晚五已無行道空間，所以要矢志當好一個公餘民主派、周末民主派。過這種日子當然比「得職行道」更困難，更嚴厲挑戰大家的毅力和意志。能？

1 炒魷：解僱之意。

2 「蔡子強模式」：蔡子強長期擔任香港中文大學政治與行政學系高級講師，經常接受傳媒訪問評論時事。一些觀點認為蔡子強較少涉足於現實政治，多以評論為志業。

社運的死生輪迴——為免拍爛手掌　懇請改轅易轍[1]

2020／12／19

一年半以來，香港社會新現的事物繁多，最留駐我意識而每令我深思的，竟是一個本來的生物學用語——進化。不同於變化，一個「進」字，表達了層次轉換、由低及高。進化論的確是眾科學之中最令人於情與智都變得開朗的學問，有別於被大文豪卡萊爾（Thomas Carlyle）稱為抑鬱成性（Dismal）的經濟學。後者是我老本行，那反差令我感覺特別正面和深刻，以至認為運動前線人被稱為甲由也非絕對的壞事。

甲由生命力強，最先於3.6億年前的古生代石炭紀出現，經歷了地質時鐘的五次大滅絕而不撓地存活。相比，那晚近到中生代三疊紀才出現的巨龍，卻熬不過最後一次大滅絕，未及新生代的來臨而於白堊紀就完全消失，屍骨成了化石，生活的時段只是甲由的三分之一，到今天只殘存在北人的淫念裡。

1　拍爛手掌：拍手拍得手掌也爛了，指非常欣賞。

甲由會抑鬱？

因此，當最近我聽到有香港朋友說大家再次陷入集體抑鬱，我就想起二〇一四年之後也有同樣說法；然而，據那時一己觀察，我即為文指出，那抑鬱只存在於評論界；在抗爭者當中，確有傷痛、憤怒以及因此更深沉的鬥志，但無抑鬱。二〇一六、一九年的運動——以量子跳躍式進化著的運動，證實了我的判斷。因此我敢斷言，這次也不會太兩樣。

我今年看到的港內外大量抗爭新群落，數目增長不必說，成分進化更形超越，包括了前所未有的百業精英，不再限於大狀等少數業界，從而保證未來香港社運有更多樣更高強的智力與能量。群落成員經歷多月淬煉，鬥志更堅定沉實，眼界更廣遠，到了海外那一群，據說適應能力非常高。甲由不抑鬱。當然，進化是一個既消也長、又死又生的 creative destruction（創造性破壞）。其大者，就是運動本身或其表現形式的死與生。我的一位立會朋友總辭之後對外媒說，北京和特府合謀 DQ 四議員，是要把幾十年來的民主運動置諸死地；我同意這看法，並認為京港統治軸心基本上成功了，卻因此替二〇一四年以來生成的新運動鋪出道路。被判死的舊運動在19位議員的好樣退任聲明中光榮落幕。那運動在長達二十年的一國兩制權宜段裡，擔當了力之所及、恰如其分的角色，成功推廣和深化了香港人的民主意識。

兩世代完成諒解

不過，舊運動的亡熄，亦有其自身因素。這運動無論從綱領、策略和手段看，都是一個只適宜於開放或大致上開放社會裡進行的民主運動。它的領導核心曾誤以為自己是所謂真誠的反對派，所爭取的民主普選，在主權歸中國、香港實施《基本法》保證的一國兩制之下是可能的，關鍵是培養出足夠強大的民意壓力。可是，回頭看，這些想法不過是一場美麗誤會，已經過時；一旦北人強大了，一國兩制的權宜作用消失，尤其二〇一四年8．31之後[2]，政權真性盡露，幾百萬人的民意原來並不算甚麼，原有的運動一招用到老，因此無法繼續，但已經動起來的特別是新世代更強大更徹底的民意卻必須有所承載和發展，社運的鳳凰涅槃死生輪迴由此出。

新運動繼承了強大的民主訴求，卻捨棄了舊運動的其他綱領、策略、手段乃至組織形式；這在二〇一六、一九年的實踐中彰顯無遺。這些關鍵變化來得如此迅猛，掩蓋了民主訴求延續性的基本事實，以致出現新老運動母子不相認的戲劇性階段。然而這個世代衝突是有意義的，新社運成員的獨立人格、身分認同和行事方式要短時間確立的話，須斬釘截鐵，兩造和解可以是後來的事。社會新聞倫理劇裡的子女與父母不和離家出走了，但只要雙方基本上都不壞，波折之後都是諒解完場。從梁天琦、黃之鋒、周庭、黎智英等人的相繼入獄看，社運兩世代的諒解應該可以完成了，以後和平相處惺惺相惜。

2 八三一決定：見43頁註。

包子懂港獨？

問題是，為甚麼新的運動竟出現獨自派，並以分離主義為核心標誌？政權對此的解釋，主要訴諸外因，卻無足夠說服力。首先，若指運動裡通外國，那只是原本的運動這方面的把柄多，外國勢力卻從來沒預料香港人會生出如此廣泛強烈的分離主義。就算知道了，也不會刻意撩撥。尊者達賴幾十年來都未能取得絲毫搞獨立的國際支持、黃台仰要在德國容身就必須聲明棄獨；大家看到這些就容易明白，此乃西方國家自一六四八年簽訂《西伐利亞和約》以降、接受了民族國家主權不可侵犯的原則使然，是早在中國國力變得強大之前已經存在的態度，不會輕易改變。為解答新運動的分離主義何來，我先作一類比，再以歷史事例佐證。

設想某君長期受家中惡爺欺壓，最後登報聲明要脫離家庭關係。通常情況是，若這個家庭裡的其他成員還能夠私底下同情他，甚至有時忍無可忍都站到他的一邊公然反對惡爺的某些行徑，則便是他離開了，還會認為自己是那個家庭的一個成員。但是，如果家庭的其他成員對他受欺負無動於衷，或更趨炎附勢站到惡爺那邊冷嘲熱諷幫忙打壓，那他一刀兩斷與整個家庭脫離關係就無可避免。香港人也一樣，如果只是受共產黨打壓而大多數中國人強烈同情港人處境的話，則香港的分離主義還不至於那麼廣泛衍生；但近年來中國人對香港忘恩負義，那嘴臉香港人看太多，加上北京動不動就拿「14億」來說事，強國論壇跟罵的排山倒海，香港人於是對中國同胞厭惡、絕望，乃至對這國家徹底不認同。

大英倫膠的進化

同樣的經過發生在一七七六年美國獨立革命的前夜。之前的北美英國殖民地居民都是忠心耿耿不折不扣的大英倫膠，無半點獨立意識，面對英王佐治三世控制的中央政府越來越高壓、貪得無厭訂立多條榨取殖民地正當經貿利益的法規，他們的反對方式是一面透過從北美殖民地選出的英國議會代表在西敏寺發聲，爭取其他地方代表的支持推翻那些法規，一面開展國民外交，試圖說服當時也是明顯遭到佐治三世剝削壓迫的英國本土和愛爾蘭選民彼此合作影響議會。

可是，英國本土政界對北美殖民地的支持總是雷聲大雨點小，因為英國選民對發生在帝國外圍的不公平事例漠不關心，而當英王大肆批評殖民地反抗者的時候，他們卻一再俯首表忠乃至助紂為虐，令北美人對他們的英國同胞越來越失望、反感——曾經經歷光榮革命而理應支持民主和公義的人，怎麼會如此不濟？遲至一七七四年，北美殖民地人的主流意見還是認為，透過在英國體制內爭取公平待遇是不二辦法，但到了一七七五年年底，他們對英國同胞的抱怨已非常明顯；後來成為美國開國元勛之一的山繆．亞當斯（Samuel Adams），當時便持此觀點：「我認為已經無法寄望英國人提供正義支援，他們在任意行使的君權之下屈服了，敢於說話的人絕無僅有。」

戰時仇敵平時友

另一位開國元勛傑利（Elbridge Gerry，建國後第五任副總統）也在一七七六年年初說：「不單是英國政府，而是包括整體英國人，已經墮落得毫無原則；我們再不能期待他們支持我們爭取那些他們自己已經失去而且無法復得的東西。」精英如此，一般民意也急速在短短兩年之間全面逆轉。[2]

這就是為甚麼一七七六年的《美國獨立宣言》裡有這麼一段文字：「我們不是沒有顧念我們英國的弟兄……我們曾經呼喚他們天生的正義感和俠肝義膽，我們懇切陳詞，請他們念在同文同種的份上，棄絕這些必然會破壞我們彼此關係和往來的無理掠奪。對於這種來自正義和基於血緣的呼聲，他們卻置若罔聞。迫不得已，我們不得不宣布和他們分離。我們會以對待其他民族一樣的態度對待他們：戰時是仇敵，平時是朋友。」

臉貼五星的留學生

六、七〇年代中國民不聊生，香港人無論怎樣窮困都盡量供應糖油文具故衣雜物，滿街市都是港貨港幣轉寄大陸的服務招牌。改革開放那些年，香港專業人士踴躍到大陸傳授知識；我在香港科技大學任教的那幾年也多次到海南島幫助當地省市級幹部培訓，講授現代經濟學。二〇〇八年汶川大地震，全港市民不論政治立場在超市等場所大排長龍捐款賑災。換來的，是在越發嚴酷的官方政治迫害和黑警武力摧殘的同時，大陸人對香港人越來越多的輕蔑和羞辱。因此，發生在一七七六年北美殖民地的那種感情轉化，這幾年也發生在香港，最終同樣催生分離主義。這些歷史因果教訓，其實北京知道也有好處，但包子和他的乏班子懂個屁。

回想反蝗反水貨光復上水運動[3]之初，舊運動中人多半不以為然，認為那是民族主義他我分野，不合普世價值；但後來大家看見大陸的網民、臉貼五星的留學生、在紐約市皇后區等地聚居的大陸移民等中國人群落的仇港表現，和官方並無分別，證實了都真是對香港民主社運懷恨的他者，於是引起態度轉變；年來一些黃店聲明不招待非香港話顧客，也鮮少聽到舊民主派批評的聲音了。這也是進化使然，其一效果是減少自身抑鬱。

柳暗到花明

我知道的群體裡，抑鬱者不是沒有，卻主要屬於舊運動；那是因為原先運動尋求的在一國兩制之下實現真普選，是一個清楚而具體的中短期目的，卻已經證實不可能。此路不通，一時間也沒有其他替代目的，成員因而抑鬱，而且越執著的越抑鬱。幾年前，舊運動批評獨自派搞空中樓閣，目的遙不可及，既無行動策，也欠路線圖；殊不知正是因為目的擺放遙遠，而且老早知道中國必然反對，所以中短期沒有失敗不失敗的問題，因而沒有抑鬱。可以推論，當越來越多舊運動人轉跑新運動，看到柳暗花明，抑鬱就自然消失。

2　關於這個歷史性轉變催生北美人獨立的詳情，可參考麻省理工學院歷史教授 Pauline Maier 力作《From Resistance to Revolution Colonial Radicals And The Development of American Opposition to Britain, 1765-1776》第八章。

3　反蝗反水貨光復上水運動：又稱二〇一五年光復行動，其時因香港的自由行及水貨客問題越趨白熱化，各區民生受影響，由是不同地區爆發「抗水貨客」行動，為雨傘運動後本土派沿用的運動模式。

隨著目的進化，新社運的手段也同時進化；和平主義的底線，連同我過去提倡的暴力邊緣論（運動只去到暴力邊沿，政權暴力打壓即輸道德高地），都一下子給突破了。二〇一九年的運動發展出針對紅色資本的及物暴力（「裝修」），以及少量自衛性及身暴力；前者和西方特別是美國出現的借抗爭名義作貪婪性掠奪的及物暴力完全不同，國際上的評價也大不一樣。

大家都明白，和平是珍貴的普世價值，絕對的和平主義卻不是，而且各國的歷史也不那樣說，中國革命更常常把暴力引用到政權穩固建立之後。因此，這手段的突破，習慣和理非的舊運動人接受的程度其實比較高。問題是，政治暴力往後如何發展；那是大有學問的。

J. Galtung 的暴力論

政權方面，因為嘗過第一滴血，而且以後出師有「國安」為名，用更多更高度暴力就百無禁忌，這是必然的，但政權不能不提防水漲船高。社運方面，經過二〇一九年的爆發和收斂，會平靜一個時期；再爆發的時候，暴力含量有可能提升，也會出現性質和形態都不同的暴力，這除了視乎政權幹了甚麼導致抗爭再爆發，也有其他重要因素。挪威社會學家約翰·加爾通（Johan Galtung）在一九九〇年提出「暴力的文化論」，值得大家參考。

加爾通的理論指出，每個文化裡都有各種各樣的「文化暴力」元素，包括但不限於（一）圖騰和其他政治符號，例如新月鈎、猛獸、鐮刀等；（二）暴力的道德故事，如對暴力革命的歌頌、對個別暴力人的英雄化甚或聖化、把暴力實施的對象非人化醜化等；（三）以語言習慣和技巧淡化暴力的可怖，把血淋淋的字眼用中性詞代替等，遠的例如以「腐刑」代替「閹刑」，近的有把「屠殺」寫作「風波」。這些元素本身不導致暴力，卻會把使用暴力的門檻降低，或者因為有助暴力合理化或隱性化，誘發本來可以避免的暴力。其實，中華史既充斥政權和反政權暴力，因此中華史的書寫亦必然存有大量各種文化暴力元素。我試介紹其中的一些例子。

三種中國暴力書寫

《周易．彖傳》解釋「革」卦這樣說：「天地革而四時成，湯武革命順乎天而應乎人，革之時大矣哉！」這寫法非常技巧，一開始便提「天」，然後以「順乎天」來把中華史上兩次最早的有組織有領導、刻意進行的暴力革命合理化，最後予以崇高歌頌。〈彖傳〉成書的時間有說是春秋，但不會遲於周秦之間；孟子說：「聞誅一夫紂，未聞弒君。」可見他已能純熟運用這種說法；儒家支持正義暴力革命的思想，至此完全成熟。毛說：「革命無罪，造反有理。」那是從這古老傳統借來。舊運動中人主張和理非，但去年一反常態不批評勇武，很可能就是如加爾通的理論所言，處於深層的文化暴力元素起作用，輕易回歸中國暴力傳統論述的同時，也向前進化了。

另一種暴力，是宮廷鬥爭，成王敗寇的書寫方法也確立得很早。大家知道傳說中的五帝本來都是禪讓的，到了大禹死，帝位卻落在他的兒子啟手上。這故事，多年前在香港文物市場上出現、後來稱《上博楚簡》裡有扼要記載：「禹有子五人，不以其子為後，見咎繇之賢也，而欲以為後。咎繇乃五讓以天下之賢者，遂稱疾不出而死。禹於是乎讓益，啓於是乎攻益自取。」最後那句說明啓以暴力奪權。有關的楚簡是戰國文物，可這故事到了不久之後的西漢，在太史公筆下完全走樣。他的《夏本紀》這樣說：「帝禹東巡狩，至于會稽而崩。以天下授益。三年之喪畢，益讓帝禹之子啓，而辟居箕山之陽。禹子啓賢，天下屬意焉。」禪讓制壞於禹啓之間，太史公為何將之美化沒有人知道，卻成為此後兩千年的主流論述，包括我在中學時在課本裡讀到的。

第三種政治暴力就是行刺。太史公在他的《刺客列傳》裡一口氣寫了五宗政治行刺事件。五大刺客分別是春秋時代的曹沫、專諸、豫讓，以及戰國時代的聶政、荊軻，之後還加載試圖為荊軻報仇的高漸離。其中大家最熟悉的、恐怕也是太史公寫得最浪漫的，應該就是荊軻、高漸離；其餘幾個，在他筆下也非常正面：「自曹沫至荊軻五人，此其義或成或不成，然其立意較然，不欺其志，名垂後世，豈妄也哉！」影響所及，後世的刺客故事，無論真實與否，總是為國人津津樂道，如野史中的呂四娘刺殺雍正帝，清末汪精衛行刺攝政王載灃（溥儀之父），一九三五年女殺手施劍翹刺殺軍閥孫傳芳。有趣的是，國民黨和共產黨政府歌頌刺客也樂此不疲，以致吳樾、徐錫麟兩位清末刺客分別上了兩個中國先後發行的郵票。

妄想

孤掌難鳴，政治暴力通常是政權和抗爭者互動的產物，而其中，政權往往是主導一方，二〇一九年的經驗就是明證。可以想見，如果特府一意孤行加強鎮壓，則下一波的抗爭暴力很可能升級；中華史的書寫如此富於暴力提示，上述三種暴力，本應都是極低概率事件，卻都會成為可能。大家回想：攬炒為何發生？西媒一般以為攬炒概念來自小說／電影《Mockingjay》（飢餓遊戲：自由幻夢），但此概念在港人當中早已是老生常談，因為有一古老文化暴力元素作了三千年的承傳和提示——《尚書．湯誓》講湯伐桀的故事有名句「時日曷喪，予及汝皆亡」，那是不少香港中學生也琅琅上口的。

所以，如果官逼民反導致爆發下一波抗爭，出現上述任何一種暴力的話，沒有人會感到意外。進化的結果，有人會為之拍爛手掌，更多的人會覺得無可無不可；後者已夠政權頭痛。政權明智的話，應該改轅易轍停止各種鎮壓，以免香港一步一步在不斷升級的暴力螺旋之下沉淪。不過，寄望包子和他的香港手下有這種明智，似乎更像是一種妄想了。

論古今中外的「叫人去死、自己走鬼」[1]

2021／01／30

香港出現大量政治犯和流亡人，是開埠百餘年破天荒第一次，相對之前的萬惡殖民統治，顯然非常了不起。然而，對絕大多數港人而言，流亡本是在歷史教科書和國際新聞裡才有的，一旦在自己身旁乃至身上出現，不免手足無措。便是政權本身，在此問題上也亂套，一方面威風凜凜祭出「留港不留人」的快意口號——那顯然是拿了滿八旗入關之初那句洪亮話搞的二次創作，另一方面卻對著決意收容香港人的歐美國家作狼嚎般的反嗆。

不過，政權有這樣子的思覺矛盾我們也無從譏笑，因為在黃界這邊的自己友當中，大量對流亡者關愛的聲音裡，也和合了「叫人去死、自己走鬼」這道德批判語；後者可圈可點，因為揭示出一個古今中外皆然的規律。

「叫人去死、自己走鬼」：孔孟

任何一個政治或信仰運動，只要是嚴肅認真而不僅僅是鬧著玩兒玩兒的，都包含大量「叫人去死、自己走鬼」的人和事。舉儒家為例：「孔曰成仁、孟曰取義」，說白了就是叫人去死；最佳例子見《孟子・魚我所欲也》篇。於是，儒者信到最篤，雖九死猶未悔；前有孔子最鍾愛的學生子路，後有成為忠君愛國圭臬的屈原，之後還有無數士子受鼓舞而殺身成仁、捨生取義。不過，孔子自己遇到政治迫害有危險也走鬼，而且不只一次，諸事見太史公《史記・孔子世家》。

孔子周遊列國到了衛國，衛靈公任用他；孔子得君行道，市且獲奉粟六萬，相當不錯，但後來衛靈公懷疑孔子有詐，派人監視他，孔子知道了，顧不上行道便走鬼（「恐獲罪焉，居十月，去衛」）。不過，孔子還未到達下一站，經過匡的時候，就給匡人圍捕，脫不了身，最後得派一個門人到衛國大夫寧武子處當仕臣，然後才跑得了（「孔子使從者為寧武子臣於衛，然後得去」）。其後孔子一行人到了宋國，宋景公想予以重用，但國防部長桓魋不僅反對，還要追殺他，連他停留處的大樹也砍倒，孔子見狀馬上走鬼（「宋司馬桓魋欲殺孔子，拔其樹，孔子去」）。

其實，孔子走鬼，背後有一整套處世哲學：「危邦不入，亂邦不居。天下有道則見，無道則隱。」（《論語・泰伯》）

1 走鬼：原為無牌小販逃避執法人員之意，此處指逃避、離開。

勇武派文天祥

不只和理非非的孔子，南宋著名勇武派文天祥也叫人去死、自己走鬼；不過，他的故事有趣之處卻是有人嫌他走鬼太過，不負責任，怎麼被元軍包圍之時不一刀自了，被捕之後還溫吞吞跟忽必烈磨爛蓆[2]一磨三年？

的確，文天祥寫〈正氣歌〉，一口氣高舉N個史上血淋淋取義成仁的勵志典故，堪稱孟子之後叫人去死的典範。也的確，在元軍追逼之下，文天祥跟在陸秀夫一夥之後一路走鬼往南，最後在海豐被俘，給押往老遠的元大都北京，途中寫詩是有的，卻不曾自刎，也沒有絕食甚麼的。不過，馬上就有人不爽了，怕他失節；有一位他的幕僚叫王炎午的，急急寫了一篇文章〈生祭文丞相文〉，明白叫他去死，從贛州至南昌幾乎四百公里沿途張貼，以給他激勵云云：

「雖舉事率無所成，而大節亦已無愧，所欠一死耳。奈何再執，涉月逾時，就義寂寥，聞者驚惜。豈丞相尚欲脫去耶？尚欲有所為耶？或以不屈為心，而以不死為事耶？抑舊主尚在，不忍棄捐耶？……雖鑊湯刀鋸，烈士不辭，苟可就義以歸全，豈不因忠而成孝？事在目睫，丞相何所俟乎？」

（……那麼迫切的事，文丞相您還等甚麼？）

有趣的是，文天祥一二八二年就義，此公卻一直活到一三二四年，在江西祖家終老。

清末最大走鬼派：康梁

清末戊戌變法，叫人去死最不遺餘力的要算康、梁兩師徒。慈禧發動政變之後，有人充軍新疆勞改，有人終身監禁，六君子問斬，其中包括康有溥（康有為之弟），康、梁自己卻急急走鬼日本。

西方歷史上最有名的「叫人去死、自己走鬼」例子莫過於共產主義之父馬克思。此公一八四八年發表強力叫人去死的《共產黨宣言》，自己幾個月之後就先後走鬼三國，到死不回普魯士。

其實，近代革命運動，包括十月革命、國民革命、毛革命、歐洲反納粹反蘇共運動、韓國革命、台灣民主化、天安門事件等，無一不含領導者「叫人去死、自己走鬼」的事例，未成功的時候都會給論者單打指摘，成功了就備受歌頌，先前的指摘都不見諸教科書裡，所以大家都不知道。我上面說的歷史規律，就是指這個普遍存在的道德悖論。

觀上列革命運動積極分子，有去死的，有叫人去死的，有不走就義的，有走鬼逃生的，各有各的作用；死了的成為烈士足以勵志，逃生的乃可為運動延續香火，論者實不必強行作道德褒貶。甚至可以說，每一個運動都需要一些能夠頂著道德指摘、硬著頭皮「叫人去死、自己走鬼」的人。孔子的態度就很中肯：「微子去之，箕子為之奴，比干諫而死。孔子曰：『殷有三仁焉。』」（《論語・

2 磨爛蓆：軟磨硬泡，拖著不走之意。

微子》）意思就是：走鬼也好，坐牢也好，就義也好，都可以達仁，道德上無分高下。這是態度問題，孔子很執著，講了不止一次。孔子這句話也許就是香港人需要建構、認識的「流亡學」的第一課。

香港：第四個流亡播遷系

棍到肉先知痛，從前香港太平盛世，少人關心從中國出走的流亡人，更未曾想起要對這些群體作一種同情了解。我們知道一九四九年中共建政之後有四批次的流亡人從中國出走；除了香港出現的這一批次，之前的，一是一九六〇年以尊者達賴出走為起點的圖博（西藏）流亡人，老一輩港人受民國史觀影響，對這批次的流亡人不懷好感，甚至有某種敵視；一是一九八九年天安門大屠殺後出走的民運人士，大家比較親近熟悉；一是一九九九年遭江核心迫害出走的法輪功，大家不甚了了。為方便，我按發生時間分別稱這四批次以流亡人為核心的播遷系為：圖博系、六四系、法輪系和光伏系（photovoltaic?）。流亡播遷系，英文 exilic diaspora，可簡稱 ED（唔係陽痿，但玩下手搞唔好可以係）[3]。

六四系、法輪系的出走時間相差十年，其後的發展差異巨大。六四系除了個別人士，基本上銷聲匿跡；法輪功卻越戰越勇，發展出全球性媒體網絡，成員群體在世界上每個大城市都有，聲量和足印超越有五十多年歷史的老牌圖博系。由此引發一些不能不問的問題。

幾個問題問下你！

（一）國際社會對頭三系的初期支持，也許不相伯仲，但為甚麼發展到今天，三者成績差異那麼大？（這是大題目，可能要分拆考慮。）

（二）兩個比較成功的系當中，圖博系有一個由印度政府提供的根據地——達蘭薩拉，在印度最北區，之外還有其他幾十個廣布印度各地的較小人口單位。法輪系則完全沒有這個地理大台優勢。最近有人要為香港光伏系建設一個類似達蘭薩拉的根據地，這除了是一個看來不錯的極大型地產項目之外，到底是否必要、能夠提供甚麼好處、有甚麼壞處例如樂不思蜀？

（三）圖博系和法輪系有一個重要共同點，就是政治議題之外還有宗教信仰，內可提供維繫，外可感召他人；此外，法輪系還提倡練功，成員因此有具體收益。六四系都沒有這些，是否致命傷？若是，則光伏系怎麼辦？

（四）論所能提供的文化產品，當以圖博系最豐富完整，系中人完全可以活在圖博語言文化裡，不假外求，特別不必和中國共用任何文化概念和資源，能有效杜絕同化。這方面，光伏系可算第二，但和圖博系相比還差很遠。第三是法輪系，因為其歷史、語言和藝術都是承傳中土的。最欠文化賣點的是六四系，因此最易被強國同化吸收；面對西方，此系也只能提民主人權等西方都有的東西，毫無特色。然則，光伏系如何進一步發展和豐富自身的文化獨立？

3 ED：文字遊戲，以 Erectile Dysfunction 縮寫作對比。全句意思為「不是陽痿，但說不定可能可以是」。

（五）人數是問題。六〇到八〇年代裡，圖博系的海外人口已達10萬，之後每年都有來自藏地的一兩千名新成員，但近年的一個大隱憂就是系內人口繁殖率下跌。一個ED系有後代不等如這個系可延續，因為不能包辦下一代的意識形態；但如果沒有後代，則這個ED系一定陽痿。這個問題，光伏系將會很、很、很嚴重。本土港人的TFR已經跌破1（TFR，總和生育率，2.1是人口可持續的門檻），不少中年以下的港男女，無論已婚未婚，都無興趣生兒育女，宅內養隻貓，就算是向祖宗交代了。這可能和香港是極端都市化的典型有關；人口學家知道都市化是壓抑TFR的最強因子。光伏系的成員前往海外之後，TFR會否上升？

需要累積一斗流亡學問

所以，問題很多：如果沒有包括各方持份者廣泛提供的知識、經驗和分析、有甚麼答案也沒把握。光伏系中人，在思考前程的時候，更不能不對其他三個ED系的歷史和現狀作深入了解，及同時對世界範圍內的流亡現象有一普遍認識。換句話說，就是需要建構、累積一斗有用於香港人的流亡學問。這斗學問，作大一點稱之為「香港流亡學」也無不可。此學應以實踐應用為主，雖然多學科、各門類學者的參與不可或缺。不過，香港學者參與這斗學問的建構，先要排除一個政治心理障礙。

本來，社運是人人皆應、皆可參與的事，並且參與的時候，最好能就自己的專長作各自的貢獻。不過，香港社運圈近年出現一小股排斥心態，認為學者或者有學術背景的人一參與，就有想當「青年導師」之嫌。這無疑是很不幸的，應該歸罪共產黨把魯迅無限拔高，令這位本來是反極權運動不可多得的人物和他的著作，都成為反共人心目中的可疑物，而「青年導師」這個詞也變成一頂很大很容易拋出的帽子，令學者參與的時候容易產生政治心理障礙。共產黨點金成糞，這又是一例。

學者參與香港社運，已變得越來越艱難，勇一點的會失去升遷機會，甚或丟職、被控。我之前已經談到過：「得職行道」的時代已過。九七之後的政權對「得職行道」者打壓，是由我在二〇〇四年給特府中央政策組炒魷開始的，如今已是變本加厲。此情此景之下，學者要參與社運還得克服另一道心理障礙，真是不容易。

拋書包、開書單

我關注流亡學問，始自二〇一八年黃台仰和李東昇二君出亡德國；那事件也就是光伏系作為第四流亡播遷系的誕生事件。當時消息一出，「叫人去死、自己走鬼」的指控迅速泛起，後經歷梁繼平、羅冠聰等人的相繼出亡而一直延續。但問題是指控者大體無惡意卻有此惡言，何解？我後來的答案是，社運裡有關流亡的歷史知識太貧乏，以致該等現象一旦在香港出現，運動中人只能拍腦袋講說話，特別是如果指摘的對象不屬於自己的那一派，說話就不免少留餘地了。這個問題，我認為是可以透過學問去解決的。於是，我就開始尋找和閱讀這方面的文獻。流亡學非我專長，但我在一些政治學和歷史學同事幫助下，讀出了一些輪廓。

我發現有幾本同事介紹的書在有關文獻索引出現的頻率特別高，因此買來閱讀；下面介紹其中三本。無獨有偶，三書作者或編集者都是猶太裔，但那大概也不是甚麼太巧合。篇幅關係，只能用比較多筆墨介紹一本，其餘兩本說幾句就從略。

第一本最舊，是保羅・塔波里一九七二年寫成的《The Anatomy of Exile》。此書堪稱西方現代流亡學第一部專著，作者卻不是一個專業學者，而是一個相當多產的作家，生在一個匈牙利猶太家庭，父親死在納粹奧斯威辛（Auschwitz）毒氣房，母親和他逃難到英國。當時有關流亡的一手資料主要都在聯合國難民署（UNHCR），學術界沒多大興趣研究，以致作者寫此書時，先得花功夫斟酌何謂 exile，因為英文裡有好幾個語義相近但側重點不同的詞；之後才開始寫戲肉——四千年的人類流亡史，以及近世主要西方國家對待流亡人士的態度和政策。四百頁的書要講那麼多的事太困難，但我讀之有不少得著。

英國這樣收難民……

原來，英國「自古以來」就是一個流亡者的最佳避難所。「歷史上不止一次，英國先是歡迎了一個廢君，沒過幾年又歡迎一批早前把那君廢了的政客。」作者此話不假。十九世紀中葉，馬克思第三次流亡之所就是英國，而且一待就逾三十年，儘管老馬的夥伴恩格斯已經出版了他的名著《英國工人階級的狀況》（The Condition of the Working Class in England），把該國形容得像人間地獄。老馬百年之後歸葬，也選擇英國。過不久，馬思想發揚光大，導致了一九五六年的匈牙利事件，大量反共逃亡者離開匈國。接收國呢?還是英國。

二戰期間，英國收容了最大一批敵對國德國難民，安置在倫敦西北幾個區，以致當地流傳不少笑話：「Hampstead（漢普斯特德）和 Golders Green（格德斯綠地）是希特拉的最後領土要求」；「在那裡的公寓棟外面大叫一聲 Herr Doktor[4]，每個窗口都馬上打開且有頭探出回應」；如此等等。二戰之後，你說它假慈悲也好、罪惡感也好，狹小的英國收容了超過一百萬名它的前殖民地主要是印巴的難民，以及十多萬名大戰期間先是被蘇聯俘虜然後又被史太林（Joseph Stalin，台譯史達林）一腳踢走的波蘭雜牌軍；其他國家掟給它一小撮一小撮的難民更不計其數。

我讀此節之後，回想英國當年的 BN(O) 政策不那麼寬鬆[5]，也就多了一份了解。論悲慘，當時其他國家的政經難民比香港人慘得多者多的是。反觀咱們祖國，一面推動「留港不留人」，一面大罵英國沒安好心要放寬 BN(O) 移民；那直頭是要把「不聽話」的香港人往死裡整、往海裡丟，真是何其性之忍耶!

4 Herr Doktor：德語，doctor，指醫生、學者。

5 BN(O) 護照：英國國民（海外）護照，British National (Overseas) passport。一九八七年七月一日起簽發給香港的英國屬土公民，英國國民（海外）護照持有人之國籍為英國國籍，但並不自動擁有英國居留權。

六桶冷水的靈感

塔波里的書講歷史也講笑話，比較感性。相比，台拉維夫大學（Tel Aviv University，港譯特拉維夫大學）管治學院院長 Yossi Shain 八九年寫的《The Frontier of Loyalty – Political Exiles in the Age of the Nation State》就比較分析性，但因為羅列很多重要事實，故絕非枯燥無味，特別是對現在進行式的流亡者而言。我前文那「六桶冷水」[6]，靈感一半來自本書；例如，本書詳述流亡團體之間搶大台爭正統引起的運動內部分裂，期期以為不可。此外，作者深入討論了好幾個關鍵議題：

- 流亡人與海外社群（流亡人通常只佔播遷社群的極少數，得到後者的支持，才可得到海外認受，彌補本土認受的漸失或過時）
- 流亡翼和本土翼的關係（有合作也有競爭，處理不好在事成之後很麻煩）
- 流亡人的國際認可（命懸一線就靠它，寄人籬下很辛苦，要檢點還要高 EQ）
- 出走國和接受國打仗怎辦（列強攻俄，流亡者列寧反對參戰衛國，裡外不是人）
- 帝國追擊（天涯海角你都大鑊，逃亡罪加一等，隨時皇天擊殺，坐監安全啲[7]）

如此貼切時代需要的話題，香港的流亡者和他們的支持者們恐怕很快會人手一本。

美國：前之親墨派、今之親華派

最後介紹 Peter I. Rose 編的論文集《The Dispossessed - An Anatomy of Exile》。Rose 是美國頂級學院之一的史密斯學院（Smith College）社會學教授，該校在二戰時全力支援猶太流亡人，成為佳話。本書其中一章講意大利反墨索里尼（Benito Mussolini，二戰時期意大利獨裁者）的流亡人在美經驗，其事與今天海外環境相對應，香港流亡人需充分戒懼。起先，那些流亡人到了美國以為很安全，怎料美國有很多支持墨索里尼的蛋頭，哈佛、耶魯、哥大，到處都有，傅高義（Ezra Feivel Vogel）之道從來不孤。但更要命的是意大利移民社群——以紐約 Little Italy（小意大利）最大，其僑領全部超愛祖國擁老墨，直到意大利與德國結盟、美國參戰，那些僑領才「忽然親美」反法西斯反老墨，美國國務院卻倚重他們，恭聽他們的意見以便對付意大利，不僅令流亡者大失所望，還導致他們之間的分裂！

有社運人會問，提起政權迫人流亡就火起千丈怒髮衝冠，恨不得把特黑[8]打個稀巴爛，怎麼還有心情翻故紙堆？那種怨憤我了解，不過，越是需要行動，也就越需要知識和資訊的指引。我希望大家能夠分一點時間冷靜閱讀，鑑別哪些資訊是有用的和重要的，共同建構、分享適切香港人的流亡學問。

6 六桶冷水：見本書〈給海外翼朋友淋六桶冷水〉一文，頁 114。
7 大鑊：事態嚴重、不得了。全句意思為無論你躲到天涯海角都沒用，逃亡更是罪加一等，隨時被「皇天擊殺」，這樣看來坐牢還比較安全。
8 特黑：特區黑警。

兩數字特首鬥法
三批次走狗待烹

2021／04／10

二〇一六年，西方智庫、學界和政界裡三、四十年來一直提倡與中國交往、支持與中國對話的「知華派」終於知錯，意識到他們的「中國期望」落空了。這些人原先以為，讓中國從一窮二白的社會主義困境中掙脫、努力發展經濟，等它的中產階級壯大了，這個階級就會像西方歷史上的中產階級那樣，成為爭取自由、民主的動力，最終改變獨裁政權。按此，他們帶引中國進入世界、幫助中國發展經濟，的確讓中國中產階級從無到有、由小變大。結果今天大家有目共睹，西方的交往、對話、鼓勵與幫助的唯一結果，是養虎為患、引狼入室。錯得如此厲害，原因卻很簡單：沒搞清楚中國現代中產階級產生的來龍去脈，因此錯誤估計了這個階級的政治取向。

「知華派」不知華

社會主義時期中國階級結構簡單，就只有黨國特權階級，以及由之全權管治的工農無產者；在階級域場裡，「中產」一直懸空。改革開放之初，一大批黨政官僚從上到下率先「下海」，瞬間霸佔那本來懸空的階級域場，形成現代中國中產階級。其成員與那些沒下海的同僚、上級、下屬打龍通[1]，一起富起來：他們開的公司讓沒下海的「階級兄弟」以關係入股，後者給前者一路開綠燈、給予無息無償貸款。姓馬的白手套、姓任的紅手套等，無一不是按這個機制產生。這樣構成的一個中產階級，感激黨的恩賜、聽黨的話辦事還嫌不及，哪會像西方「知華派」想的那樣反黨搞自由民主？所以，大家見到他們的子侄在西方上流社會生活、在西方一流大學念書，卻是「顆顆紅心向北京」。

階級分析和政治推理不根植本身歷史的，一文不值。這種空歷史（ahistorical）分析太容易，用於有幾千年歷史無斷、文化深邃的中國，注定失敗。不過，同樣是那些「知華派」，知錯了卻沒反省為何錯，現在提倡另一些空歷史觀點和半解（half truths），卻得到台港中的一些民主派囫圇吞棗應和。例如：「中共不等於中國」；又例如：「中共是列寧主義政黨」。這些空歷史觀點的好處是得來不費勁，即食易入口，而且在西方因不會得罪華人群體而政治正確。如此「知華」無異種下下一次的「覺今是而昨非」，代價會加倍沉重。

作中國現況政治分析，宜先在一九四九年、一九二二年之後的歷史裡尋先例、找線索，然後在國史裡挖歷史文化根源，帶著相關史料再回過頭來作諸如地緣、經濟、人口等的多學科分析。

1 打龍通：合謀、互通有無、暗通款曲之意。

香港未來史的三段論

上周末我在接受電視台採訪時，參考中共建政史大略提出「香港步入極權社會的三階段論」，這裡更仔細描述。

第一階段，黨國按大陸現有模式在香港打造極權社會的大致輪廓和配置關鍵人選。這階段必然急風暴雨大刀闊斧搞鎮壓，工作由黨國緊密領導、透過有原香港人身分的積極分子特別是特首及其主要官員負責完成，所需時間會壓縮得很短，把在國際上的負面影響減到最少。國家的角色尤其是在立法和執法方面突出。這個階段的歷史參考系，最重要的就是中共建國當初那幾年在大城市裡的各種做法。香港目前主要還處於這個階段，不少現象會在下面探討，這裡先不論。

第二階段，大刀闊斧之後，就是在全社會滴水不漏建立意識和行為的監控機制，展開每一社會環節上的政治鬥爭和思想改造工程。這一點，共產黨很有本事。中共黨章第30條規定，社會上無論甚麼性質的團體甚麼單位，只要有三個黨員在，就須成立一個黨的基層組織，由上級領導運作。一九四九年之後不久，這種黨的基層組織很快遍布全國，一九七八年經濟改革之後，更伸展到私人企業，包括外國投資在中國設立的公司在內。這個做法，是極少數中共直接從蘇聯共產黨那裡學來的。如果大家對照一九二五年的蘇共黨章第93條，便可發覺中共黨章第30條與之雷同。

這階段的仔細工作，已在香港的學校裡順利展開，便是民主派的家長也莫奈何；同樣的監控和鉗制工作會在香港社會其他環節陸續推行。這階段需要相當時間；在中國，到了二〇〇一年江澤民發動資本家入黨之後才得以在商界大力推行。這也是為甚麼北人提早在香港發難、不等到二〇四七年的一個原因；要二〇四七年中港無縫接軌，工夫得提早做，免得太近建政百年紀念年才出現二〇一九年的局面，那就太難看。

第三階段，會像奧威爾（George Orwell，台譯歐威爾）《動物莊園》（Animal Farm，又譯動物農莊）裡描寫的社會差不多，看起來會比第二階段平和，正如今天的上海比香港平和一樣；所有的專政對象已經壓服，一切必須的專政機器包括所需的額外法律和監獄都已設置，防暴隊不必天天出勤，黑警會再次對市民露出微笑，一國兩制好像真的實施得更完美、更方便西方一些政商人士唱好。

第一和第二階段會部分重疊，強力鎮壓不斷之際，黨章第30條開始積極全面落實。這既是當下發生，宜深入探討。

中共很少照搬老大哥

上面說，中共黨章第30條是從蘇俄老大哥那裡搬來的，但那僅是就實施全民監控時所用的組織工具而言；背後的思想根源——認為人民不可信任、須嚴格管控、懲罰，卻是吾國千年傳統。民國時期史學大家蕭公權教授力作《中國鄉村——論十九世紀的帝國控制》重現了清代對廣大農村的嚴厲監控體制——保甲制；有趣的是，這個監控體制並不與滿漢民族矛盾有多大關係，因為它早在宋朝就正式確立了。這裡頭有很大的諷刺。

國史學者多認為中國歷代皇朝以宋朝最開明，但蕭教授提醒說，保甲制是這最開明的宋皇朝的最大改革派王安石設計的。顯然，宋朝的所謂開明，僅局限於宋太祖「不殺士大夫（知識分子）」的遺訓；對平民百姓，它還是老實不客氣。今年剛巧是王安石（一〇二一年十二月至一〇八六年五月）出生的一千周年，所以我上面說這是千年傳統。

其實，對人民的監控，秦朝就開始，不過整個做法制度化和在全國範圍推行，卻是王安石手筆。周諺說的「日出而作，日入而息，鑿井而飲，耕田而食，帝力於我何有哉」，其實秦漢之後已消失。一九三九年，國民黨搞了一個《運用保甲組織防止異黨活動辦法》在農村推廣對付共產黨；今天，共產黨以黨章第30條替保甲法借屍還魂，當然絕口不提有惡臭的「保甲」二字，卻是如假包換延續了中國專制政治傳統。

我們再看近年西方反共民主派當中流行的一個說法：「中共是個列寧黨」。包子搞國進民退，就是退回列寧史太林那一套。這個推論有問題，因為由國家控制關鍵行業的做法，中國到了漢朝就很成熟。《鹽鐵論》記載西漢一場官、學大辯論，就是SOE（State-Owned Enterprises，國營企業）的勝利，儒生主張市場的歸市場卻慘敗，之後兩千年一直如此。民國孫中山說：「民生主義就是社會主義」，要「節制資本、平均地權」，也不過是一脈相承；到了蔣介石，連煙酒業也國有化，更成為二二八事件的引線。

中共極權思想九成源自中國

其實，搞社會主義大鍋飯的思想，深植中國傳統。傳說中的井田制就是社會主義初階。《禮記・禮運》就是借了孔夫子的口描述高階共產主義，比西方的烏托邦空想社會主義的提出早了二十多個世紀。清朝康有為的《大同書》更超越馬列，不止要取消私有制，還要取消家庭，小孩子生下就須離開父母，由國家托兒所包養。中國人搞共產，真的不必師拜列寧。中共掛馬列招牌，更多是當年為了拿蘇援，也由於五四運動之後知識界流行打倒孔家店，不能跟在孫中山後面講孔夫子的「天下為公」。

這裡岔開說一個有關的問題。〈禮運〉是漢代的東西，〈禮運〉說的孔子故事，真實性存疑。大同思想更接近墨子的兼愛說；孟子為此痛批楊朱、墨翟「無父無君」。孔夫子本人注重社會等級倫理關係，難以想像他傾心共產。儘管如此，我還是認為〈禮運大同篇〉是好東西，平等思想、烏托邦共產主義都是好的，起碼可以作為社會等級財富差異太懸殊之時的一種反省與呼喚。問題在於要實行它，就必須透過極權政府徹底改造人性；這在俄國導致列寧史太林主義，在中國帶來毛澤東思想，都是人類大劫。

言歸正傳。有人會說，極權就是極權，共產就是共產，壞蛋就是壞蛋，掛甚麼招牌也一樣，何必問淵源？那樣想就不對了。原因起碼有兩個。其一是，壞蛋如果變壞的時日短，要改邪歸正不太難；但如果壞蛋的壞，源遠流長，甚至已經納進DNA，要改就很難，跟這種壞蛋鬥爭，不可能一時三刻就完結。台、港當年有些學者認為，中共信的馬列，是外來邪說，丟了就好；事實比這個複雜得多。中共的本質、作風和軟實力，仔細分析，其實絕大部分來自中國政治文化的惡劣一面，非常深厚。

其二是，如果要推測共產黨的行徑，參考中國政治史往往能得到最多最好的提示。這就聯繫到本文題目說的問題。

香港社會因北方勢力全面君臨，出現前所未有的大混亂，這首先、也是最嚴重地見諸一直以來的保皇派（所謂建制派）。但保皇功能是一國兩制特定時期產物，現在北人準備全面管治香港，不需保皇，故此派的政治價值急促流失，內部更因爭寵而嚴重分裂。

翻翻歷史就知道，無論是大清改土歸流之時如何對付那些土司，還是老共當年建政之後怎樣處置一些曾經留用的前朝官員，那手段都非常毒辣。共產政權成立之初，一時無法完全取代從大都會到山卡罅那龐大政府機器裡的舊人，後者於是絕大部分得以留任，做法如同香港一九九七；資本家在大城市如上海，因為有共產黨缺乏的生產管理技術，所以也在「公私合營」的幌子底下暫時逃過一劫。這些「寬大」政策，保住了過渡期的社會穩定。不過，中國傳統政治文化中的惡質不久就體現：狡兔死、走狗烹。

建國初年史的香港版

一九五〇年，毛澤東在農村大搞土改不夠幹部，於是吸納大批積極分子入黨。何謂積極分子？主要就是毛在《中國社會各階級的分析》裡客氣地稱謂的「游民」、馬克思說的流氓無產者。這些人「革命積極性」最高、鬥地主最狠，入黨升官也最快。一旦全國局勢穩定了，中共就借反貪之名搞「三反運動」鬥留任的前朝官員、搞「五反運動」鬥資本家；直接執行鬥爭的那些卒子，主要就是那批新入黨的游民戰狼。

千變萬變，共產黨的本質和手段不變，那是三千年中國主流政治文化（再加上一點馬列色彩）所決定的，因此港英時期遺留下來的特府官員最上層和盤踞香港經濟的資本家中的大者，將面臨五〇年代初中國大陸那批同類所經歷過的同一命運。其實，共產黨也真給了大家充分提示：二〇〇八年初，中聯辦研究部長曹二寶提出應該在香港建立第二管治隊伍；去年五月，為要取代自由黨而成立的紫荊黨浮出水面。這兩件事，對準的是誰，大家清楚。

看得最清楚的，當是這兩個箭靶群體中政治上最敏感、接收有關信息最直接的那些人，其中當以兩個數字特首（689、777）[2]為最。當然，共產黨不急於對付那些對它全無威脅的人，這些人識趣地讓開就好；不過，兩個數字特首都不是這等簡單人。777後面是十多萬曾經效忠英國的公務員，同樣的背景早令之前那個冇數字特首[3]無端身敗名裂。至於689，雖有先見之明一早愛國，但其真身乃是背後一大批二流資本家的政治白手套，那些人總的實力不小，幾十年來和西方政商界打得火熱，護照每人有多少本不必說，也儘管爭先恐後都愛國了，但依然進可攻退可守，在共產黨眼中都非善類，而都是香港的 deep state（深層政府），用完必須置諸死地，一個不留。這些過去的優勢、

2 689、777：分別指在特首選舉中得689票的梁振英及得777票的林鄭月娥。
3 冇數字特首：指曾蔭權。

現時的包袱，兩個數字特首如人飲水、冷暖自知。

兩個數字特首為免短期即淪為待烹走狗，唯一也是最保險的做法，就是首先爭得回鍋再賣身，當二度特首。此事上，優勢似乎歸777，因為其任內所作所為689無可比擬；然而，此姝愛國時程短、起點低，要洗好厚的港英底。不過，689要翻盤，卻有嚴重障礙。此君當年上台金戈鐵馬，最後卻倉皇北顧趕將下台；壞到要炒魷，也令主子不好看，九五之尊怎麼挑了一個最後要丟的爛洋蔥？若然又翻煲[4]，那豈不是暴露主子一錯再錯？所以，包子夠鐘不走的話，689也不必自作多情。

三批次走狗同一命運

689無機不等於777有機[5]。後者的剩餘價值，在北京上周替香港完成「政改」之後已大體歸零；兩者之間惡鬥，我看是北人按計劃分別唆使的，就像鬥蟋蟀用草撩撥，鬥得腿斷頭甩才過癮，最後兩敗俱傷臭不可擋須雙雙離場，以便換個諸如紫荊牌的商家以新形象架起一國兩制招牌到國際上再賣一次。

保皇派按其出現的先後，一共可分三個批次：土共，即「老左」；新愛國，即七、八〇年代起開始左傾的；新香港人，一九九七前後有黨國背景的南下北人，包括紫荊黨那批。要明白這三批次的保皇派所面臨的處境，可從一九四九年前後的歷史裡找參考系。土共和新香港人，都是共產黨擺放在港作「長期潛伏、隱蔽精幹」的白區幹部。中共黨史上的白區幹部下場都很慘。延安時期，一部分黨員或親共人士從白區跑到延安，但很快被視為反黨分子、間諜，有的斷斷續續被批判幾十年，例如丁玲；有的不久就處決，例如王實味；更有的飛黃騰達卻在文革中倒下，例如劉少奇。

中共講嫡系，老大是長征派，其他的都不是自己友。土共自九七之後就遭排擠，以前在「大新華」（後來的「西環」）那批，九七之後被南來擠肥缺的幹部取代，很快沒戲。新香港人現在似乎很吃香，特別是在商界打滾的那批；但他們來香港日子越長的，以後越有可能被視為與香港敵對勢力勾結的叛徒。誰知道你做統戰工作的時候，有沒有給敵方反統了。當年老左派當中負責對高級知識分子統戰的羅孚（曾任《大公報》副總、《新晚報》老總），就是那個遭遇，被中國判間諜罪軟禁北京十年。他晚年沉默寡言，有一次我和他吃飯，問他對共產黨有甚麼期望，這位前度老黨員用很決絕的語氣回答說：「我對共產黨沒有任何期望。」

兩個數字特首屬於新愛國，不少香港的資產階級亦然。這個批次投機倒把的多，尤其是中國變成強國之後才忽然愛國的，共產黨其實很清楚。北京要他們製造平穩過渡的局面，他們可算是交了貨，但如今北京不再需要在香港問題上搞平穩，於是他們改變戲路搞鬥爭，689和777近年都是循此方向「進化」。分析這批次人士的命運，參考系大概就是五〇年代初期回國參加社會主義建設那批華僑。不同的是，那批人真愛國的比較多，結果卻很多在反右和文革中被無情批鬥，連「有海外關

4 翻煲：再煮，意指讓他再上場。
5 機：是指機會，全句指梁振英沒有機會並不代表林鄭月娥有機會。

係」也成為罪名，最後死的死、走的走，只有像錢學森那樣有極高利用價值、跟黨說謊（畝產萬斤糧、特異功能等）的極少數才勉強過關。

新愛國當中，不少人尤其是那些本土資本家尚不至於走投無路，便是在瘟疫底下，往英國之路仍安然無阻。最彷徨應是那批幫當今數字特首迫害港人的問責高官，一面被歐美制裁，一面因為根不正苗不紅卻薪高權重而引致不少人眼紅，近日更因防疫工作做不好，遭受前朝牛頭馬面攻擊，民間的一位女屈原也參與圍剿，真是兩面不是人。這些高官正在以中國速度把大批民主派送進監獄，但難保下一批不是他們。民國時期左派藝術家豐子愷有螃蟹畫諷刺國民黨，題為「看你橫行到幾時」，這畫今天再看很合適。當然，豐子愷文革遭批判，身心俱受摧殘而死，那時文革還未到盡頭。

命水唔同兩孖仔
坐監出亡你點睇

2021年，刊於海外抗爭刊物《如水》

極權政府打壓之下，部分抗爭人被迫流亡，民主運動出現海外翼，這在國際上經常發生。我早前介紹過的西方現代流亡學始祖保羅．塔波里，他在書裡說過，運動出現海外翼之後，緊接而來的是本土翼和海外翼之間的一些紛爭瓜葛，以及由之而來的運動內耗。糾紛處理得不好，等如給殺人政權送大禮；處理得好，卻能增進兩翼之間的相互了解和分工合作。

目前在香港運動裡的這個爭論，還是保持在合理的範圍以內，遠沒有演變成好幾年前本土派與泛民之間出現過的那種惡性衝突；感覺好像是一對孖生兄弟一旦分開了，際遇不同，回過頭來看對方，總覺得彆扭、不是味兒。本文主要探討處於兩翼裡的香港人如何正確分析彼此之間的關係、共赴時艱。

本土 vs 海外：困厄哪邊大？

我先作一事實判斷，解決一個可能出現的具體爭議：兩翼之間，哪一翼的手足處境更艱難？需要比較的是兩翼裡我稱之為屬於「困厄組」，即所受困厄最嚴重的那些成員。在本土翼而言，大體指那些現在或未來遭受或很可能遭受拘捕，或是正在審判過程裡、或正在服刑或服刑之後在學業、事業和家庭關係裡出問題的那些人。至於海外翼，主要限於那些沒有身分、學歷也比較低、倉卒間決定出亡以避酷刑的人。

本土困厄組的處境不言而喻，海外困厄組需要面對的那種顛沛流離、不知命在何方的惶恐，卻是香港人因為此前沒有經驗而不易理解的。當然，痛苦有一部分是主觀的，有些人泰山崩於前而不懼，另一些人的心理質素則比較薄弱；不同的人面對不同的困厄，也會有不同的適應能力，彼此感覺到的痛苦因而不能比較，所以上述兩個「困厄組」都是以客觀條件定義。

兩種客觀的困厄都有一個高峰期。本土困厄，在刑滿獲釋之後的一段時間裡回落；海外困厄，於成功在某國取得合法居留身分之後了結。所不同的是，本土困厄不會完，共產政權之下，政治上你一旦是罪人，你永遠是罪人，直到或是你死或是他亡才終結，除非你也離開。此期間，你的學業和事業都無法簡單復原；你的一舉一動都會受到政權的特別監視；若要延續抗爭工作，為了不連累別人，你只能孤單地極謹慎地做，還得隨時準備再次遭到嚴厲打壓。

有此分別，所以有理由說，本土困厄組面對的艱難，應該是超越海外困厄組的。其實，這個結論，用經濟理論裡的「隱性偏好顯示原理」或者也可以得出，而且是連最切身的主觀因素也算計在內了。這個經濟原理很簡單：設A和B是兩個包含各自成本和利益的選項；如果你本來可以在A和B之間作一選擇，而你選擇了B，那就表明對你而言，B的困厄淨值比較低。海外困厄組的成員在出亡之前可以選擇留下進入本土困厄組，但沒有那樣做，那就顯示出，對他們而言，留下是更痛苦的選項。反過來說卻不成立：本土困厄組幾乎沒有選擇的餘地。

這兩個推論的結果，不約而同都符合「一般人的直覺認知」，後者相當於普通法傳統裡的Common Man Standard（自然人原則），即以「一般人」的良知水平作為法律公義的一個標準。如果我們追求的是自由和民主，那麼，為此目的而必須在不民主的政權之下失去自由，應該是最大的犧牲了。

因此，我認為，在絕大多數情況底下，海外翼的人應該承認本土困厄乃更為深重，海外的關懷和救濟資源應該較多向本土投放，而不是相反。這是我提出的第一個觀點。（本土翼非困厄組人士，縱然以後要處在極權統治之下，但如果小心謹慎，還是可以過比較正常的生活；海外翼非困厄組人士，因為有普通身分、循正常渠道可以長居海外，縱有諸多適應問題，但都不妨礙他們過正常生活。我因此不在這兩類人之間作比較。）

去留之間：個體效率

繼此，我們進一步分析兩個更複雜的概念——道德和效率——以及如何容讓這兩個概念影響我們在「應該留下」還是「應該離開」之間作出選擇。分析的觀點也有兩個，一是個人的微觀的，一是群體的宏觀的。二乘二等如四，所以一共有四個思考題：

一、如何在一己的留下與離開之間作一道德上的取捨？
二、能否替整個抗爭陣營裡的人的去留作一總的道德判斷？
三、個人對運動的貢獻是留下大還是離開大？
四、為實現運動的最終目的，現在更多人留下有效還是更多人離開有效？

後二者是效率問題，比較容易分析，特別是第三題，首先處理。

思考這個問題，最好先有如下認知：有些不是不重要的因素，因為根本無法量化和實證，是謂imponderable，不可能在任何人的理性算計之列。例如，個別國際游說項目的成效，理論上無法得知。某國決定制裁X国，到底是他們自己的利益考量的結果，還是你選擇離開到外國搞游說所以然，或者兩者的比重如何，都無法測度，哪怕游說者的外語能力和國際政治知識如何高超。又例如，在中港極權統治之下你選擇留下搞六四紀念，會不會比「前三十年」搞的更有效，而所謂有效，指的又是甚麼，都是imponderable。類似這種事，你要是有相應的魄力和優勢就儘管去做，不問收穫，只問耕耘，就是最好的了。其實，imponderable的成分，或多或少存在於每一事情裡，做與不做，無可無不可，容讓相當高度的個人主觀，旁人無法也無容置喙。但我們可以肯定，這種主觀本身也是一種效率，因為能夠在自己認為適當的地方做自己喜歡的、認為有意義也自信有成效的事，就會更積極投入。更如果，你的去留決定是一些可知的客觀具體因素決定的，那你的決定無疑就更必然是在所有制約之下最好的決定了。總而言之，這第三題的答案因人而異，而都沒有絕對客觀的正確標準，每人按條件隨心所欲，雖不中亦不遠。原因是，儘管受體能、智商和情商的制約，人卻是優化動物，時刻都自覺或不自覺地優化自己的每一舉動。如果你細心內自省，你就會發覺到這一條。

群體效率

第四題是去留的宏觀效率問題。學術上最能夠解答這個問題的，要算福祉經濟學（Welfare economics，又譯福利經濟學）的一般均衡理論（General equilibrium theory）。扼要地表述，這個理論認為，在含大數目小個體的群體裡，當每一個體都按自身最大利益行事的時候，群體的整體利益也是最大的了。經濟學家論證阿當斯密的「無形之手」的超凡效率，用的就是這個理論。

嚴格而言，這個理論是要滿足若干條件的時候才成立的，其中最重要的一個條件就是不存在「外部效應」。所謂「外部效應」，指的是個體行事自利的時候，給別的個體帶來或正面或負面的影響。比如說，吸煙、排放就是負面的外部效應；1+1>2的話，你和別人的合作就有正面外部效應。一般論述認為，如果這些外部效應相對強烈，就有理由依靠一個大台（例如政府）強行限制或鼓動個體行為（例如用收稅、補貼、處罰、褒揚等干預手段）。實際上，我們的確常常在市場裡看到各種各樣的外部效應，世界上的政府也的確作出這樣那樣的干預，但世界經濟還是基本上自由的，指令經濟裡的大台大規模干預失效而失敗的事實，二十世紀後半期已經大白於人世。因此可以說，實踐證明，便是「外部效應」存在於群體裡，容讓個體自由作決策還是最高效的。

同樣，我們可以把這個道理應用在香港無數民主運動人於兩翼之間作去留決定的問題上。基本觀點是，相對於既定的客觀及主觀條件而言，由個體自由決定去留，運動的整體效率是最高的。這結論便是加進「外部效應」的考慮，亦不會偏差太遠，原因很簡單。在爭取自由民主的事業上，一己去留的確會產生外部效應。例如，運動一般強調凡事大家合作出力，簡單說，那就是1+1>2，一種正面的外部效應；因此，如果我從本地抽身而去，餘下的手足就少了一些因合作而產生的額外力量。但別忘了如果我選擇離開本土，卻不像陶淵明那樣隱居不理世事，而是參加到已經略具規模的運動海外翼，那麼，我的1+1>2效應並沒有消失，只不過是換了一個地方出現而已。失之東隅，收之桑榆。

還有一個考慮也支持樂觀看法。大家知道，「無形之手」如果遇到龐大壟斷體干預的話，就會失效，群體的整體運作效率就受損。二〇一四年之後，社運大台急促消失，到今天已經幾乎蕩然無存，社運界某種程度的壟斷體沒有了，「無形之手」的本事，就可以盡量在社運裡發揮，上述結果因而更有可能在現階段成立。

那麼，如果有人宣揚一種特定的去留觀點，例如劉頴匡[1]大力支持留下，或者歐文傑[2]力竭聲嘶勸人離開，現在是不是都應該收聲了？當然不是。那是因為他們都只是小個體，所說的話沒有大台的威力。相反，我倒是覺得他們的不同聲音，有助其餘的人在去留問題上深思，讓大家做出更堅實而正確的個人決定。

總的來說，在我們關注的形成了雙翼、沒有大台的社運域場裡，也存在著一隻高效的「無形之手」，保證每個個體做出各自去留決定的時候，社運整體也達至高效率；大家見到有些社運人正在堅持留下甚或膽敢於此時回歸本土，而另外一些社運人正在束裝待發要離開，其實都不必擔心，因為都是那「無形之手」正在運作，他們都是在流向他們各自能發揮最高效率的地方。至少，沒有現存的理論支持相反的說法。現在再回過頭來談道德問題。先講群體層次的道德問題。

去留之間：群體道德

群體選擇理論（social choice theory，又譯社會選擇理論）大師肯尼斯・阿羅（Kenneth Arrow）一九五一年發表的兩個定理，首次嚴格證明了阿當斯密的市場「無形之手」理論，成為社會科學範疇裡的經典。他的研究成果從邏輯實證的觀點看，沒有置疑的餘地，卻受到來自哲學家的兩種批判。有關的議論，正好對我們正在討論的政治問題緊密對應。

1 劉頴匡：香港本土民主派人士，二〇二一年因參與民主派初選違反國安法被捕，還押至今。在監禁期間，曾投書向大眾呼籲抵抗移民潮是香港人的當務之急，勸香港人留下。

2 歐文傑：電影《十年》導演，現已移居海外。曾發表「坐監係另一種逃避」論，認為不移民、卻選擇留在香港承受坐牢的風險只是逃避，因而引發爭議。

批判之一源於一些學者質疑：「效率」是人類行為的最高準則嗎？阿羅等人的回答很簡單：無論怎樣看重「效率」，也不影響其他準則的引入；用最低的成本把餅造大了，之後你愛怎麼處理就怎麼處理，總不會比只有一個小餅差。這個對市場的「純效率批判」，在大家關心的社運環節裡就更無關宏旨，因為這個社運的唯一目標就是推翻暴政、光復香港，那是最大的公共道德，在這個問題上，運動的總體效率就是一切。

另一批判是，有人說，在阿羅的體系裡，道德根本沒有位置，他的理論不過是一個機械唯物的東西，充其量是解決了一個工程學的問題，與哲學家的終極關懷——怎樣的社會才是「好社會」（Good Society）——沾不上邊。阿羅的回應非常有意思：他認為他的理論說明，一個十九世紀以降的思想家們最關心的社會矛盾——資本與人的剝離與對立，其實是在自由市場裡徹底融和了；他的理論說明，階級絕對對立的看法是錯誤的，利益衝突的人其實可以很好相處，而「無形之手」的效率正好提供了締造「好社會」的物質條件。日本早稻田大學的齊藤直教授認為，阿羅的理論是邏輯實證與形而上道德的完美結合。這個討論與我們關心的現階段社運大有相干。

自社運分成本土翼和海外翼之後，有關兩翼之間的重要性爭拗便起，引起一些摩擦和在更大範圍裡的焦慮，處理不好恐怕又會重複像幾年前本土和泛民之間的那種彼此猜疑甚至惡鬥，結果恐怕是兄弟鬩于牆、外不能御其侮。其實，這是古今中外政治運動裡經常出現的問題，以色列台拉維夫大學的 Yossi Shain 教授在他的有關專著《The Frontier Of Loyalty - Political Exiles In The Age Of The Nation State》裡，有一整章討論這個爭議，稱之為「大分裂的政治」。不過，學術界對此卻不曾給出一個一般的理論看法。

上面我的分析可以算是一個補白。在無大台這個時代前提之下，無數個體構成的社運「無形之手」能最高效地解決本土和海外兩翼之間的人力資源分配問題；理解這個之後，大家知道去留爭議是不必的；整體而言，去留皆無咎。兩翼之間的融洽相處於是有了最大的個體實踐基礎和公共道德理由。

個體道德

餘下要探討的，就是上面列出的第一個問題：個人在去留之間，如何作一道德的取捨？我認為，在純粹個人層次，道德問題是可能存在而揮之不去的，但不能讓這個個體問題與公共道德問題有絲毫混淆。上面說過，抗爭者留下，要面對的困厄一般要比離開更深重。因此，一個本來的戰鬥群體裡，一個手足選擇留下，自然值得敬重，而且是一種道德意義上的敬重；另外，一個手足選擇離開，心裡覺得有咎，那也是很自然的。但大家在個體層面裡感覺著這些道德張力的時候，不要忘記了「整體而言，個體去留皆無咎」的道理。在外面的手足有內疚，那就不妨更努力利用比較寬鬆的海外環境去做支援本土抗爭的工作，化愜意為力量。兩孖仔同遮同柄唔同命[3]，使命卻是一個。

---

3 同遮同柄唔同命：諺語，同是雨傘但手柄卻不一樣，引申至命運不一樣。感嘆每人的際遇各有不同。

本文的去留分析，是在大台已經不存在了的前提下才成立的。然而，大台也不總是無用的錯的，她的確能夠在運動的某一階段裡產生一定程度的團結作用。不過，大台的最大缺點，我卻認為是在於它取代了（或者說是擠掉了）個體的決策能力，養成運動中絕大多數人對「領導」、「大老」們的依賴。如果民主（！）運動養成的是一大批只會按指定時間到指定地點做指定動作的個體，那麼無論這個大台是在本土還是在海外，始終都不濟事。現在我們要觀察的是，大台消失之後，千百萬個運動人是否就失去方向失去動力；沒有了統一號召，他們會否就像沒上發條的玩偶。有跡象顯示不少社運人並不如此。無論是在本土還是海外，很多不知名而具戰鬥力的獨立個體或小群體都在積極運作，只不過，時日還十分短淺，他們的工作，特別是原創性的，困難特別多，一時之間還沒有很多具體成果可以看到而已。然而，關鍵的問題是，這些有自發性和原創性的獨立戰工群，到底是屬於海外翼的少數還是多數。這點現在尚不得而知。我們沒有理由悲觀，卻有龐大的道德壓力推動我們思考、奮鬥。

03

氣短集

立會風暴生海變
社運持續三十年

2016／09／14

近日的一些港事，令筆者想起《風暴》（The Tempest，又譯《暴風雨》），這齣人稱莎翁喜劇中的完美之作。劇中最後一幕〈愛麗兒之歌〉（Ariel's Song）裡說的 sea-change，減省掉連字號之後，早已成為現代英語慣用辭，與字面義接近的中文說法「海枯石爛、地老天荒」的永恆不變隱義相反，指的就是大變：

Full fathom five thy father lies;
Of his bones are coral made;
Those are pearls that were his eyes:
Nothing of him that doth fade
But doth suffer a sea-change
Into something rich and strange.

莎翁這幾行詩說的是，受海水沖擦、侵蝕，腐朽變作了神奇：老頭的骨頭，衍生出珊瑚；他那雙混濁老眼，幻化為明亮珍珠。十天之前的立會選舉結果，反對派變陣成功，六名新秀站到了最前列，成為反對派中的光榮的誓反派[1]，中間跟著的是少壯泛民，後面壓陣的是「老激進」長毛。這真是一個豐富而奇異的海變！

不過，這只是新一屆立法會的一個面相。全面上，大家已經看出了，圖像是三分天下，楚河漢界，涇渭分明：一極是保皇派，一極是「老」泛民，一極是 SOB（「自決 or better」之謂也；贏了的，自嘲稱作狗崽子又如何？）然而，圖像顯示不出的，卻是變化帶來的立會新任務。過去，由於《基本法》規定，議會要做的頭等大事就是政改。但這件工作，受到北人的阻撓與惡意破壞，已於兩年前畫上句號；今天誰要是再提「重啟政改」，不是行騙便是無知無聊；說嚴肅一點，就是拿佔運中倒下的年輕一代開玩笑。從今天起，立會的首要議題是2047。要好好解釋為甚麼反對派得到這次的立會選舉結果，得用上生物學。

物種瀕危了，老的要犧牲，為的是留一條血脈；歷史故事《趙氏孤兒》裡，長者一個接一個自刎、自縊、撞牆，無半點猶豫地捐出性命，後面就是這回血脈事。是次選舉，大量反對派老者票投年輕人，有人說是荷爾蒙誘惑，一點沒錯，因為冥冥中，這個物種感到了一種前所未有的危急，這是生物學。

1 誓反派：誓要造反的意思。來自基督教歷史上的誓反教 Protestantism。（在西方這名詞本有崇高意義，但中國文化忌造反，竟然把這個辭變成負面含義！）——作者原註。

又比如，非涼血動物受重創垂危的時候，手腳冰冷，肢血歸心，為的是要護著主要部位。於是，選舉到了後期，泛民棄保效應一發揮，小黨票盡失，成全了大黨。這也是生物學。大黨你選勝不能驕，要明白，是選民心中肺裡覺著的那種危難保住了你。

二〇四七成首要議題

顯然，這不是甚麼「後生就大晒」，而是反對派這個物種的一個自然反應。前仆後繼三十年，老一輩泛民撼不動政權一根汗毛；如此再過三十年的話，整個香港連帶著裡面存在的所有美好的事與物，都會徹底消失，連「進入歷史」的資格也沒有，因為那歷史會由別的人替代書寫。在那個爭取民主普選還有點希望的年代裡，「要在我有生之年投下民主選舉特首第一票」曾經是老一輩鬥士的自勵語。但是，在這次立會選舉裡，更多人明白到，要在自己有生之年幫助下一代找到他們的活路，方才最重要，而最好辦法，就是交出自己的信心一票，放手讓年輕人自己去尋找。

二〇四七議題浮出，是年輕人在問路。他們提出的一些探索方向，有人認為不切實際，有人認為離經叛道，更有人說，年輕人三分鐘熱度，「話語定過幾年就煙消雲散」。後者的確說中了年輕人的通病，但二〇四七議題足以長期支撐香港此後的社運，因為這個議題有明顯而不能剔除的「特殊世代結構」，和古今中外的一切社會運動不一樣，夠讓 SOB 熱足三十年。

熱度：三分鐘還是三十年？

學生和年輕人牽涉社運，不外兩個原因：理想主義、切身利益。以這個基準觀照幾個大家都熟悉的主要由年輕人參與的社運，可悟出有趣結論：

- 中國一九一九年的五四運動：五月一日開始，六月即終結，後匯入新文化運動。年輕人參與這運動，原動力是愛國主義，關乎道義，沒有甚麼切身利益可圖。
- 中國一九六六年的文革紅衛兵運動：六八年完結，持續二年多。運動由一個老人發起，年輕人很快看破那外加的「理想主義」，切身利益則一點都沒有，有的卻是其後上山下鄉的噩夢。
- 法國一九六八年的五月運動：幾乎全由左翼理想主義驅動，不到兩個月便完結。
- 美國一九六七年的反越戰運動：持續三年，運動的和平主義訴求包含道義動機，而年輕人不想被送到前線卻是莫大切身利益。尼克遜（Jack Nicholson）宣布要把越戰結束之後，此運動便很快完結。
- 中國一九八九年的天安門民主運動：持續兩個月，動機完全是理想主義；遭鎮壓後，一些參與人轉身成為「新威權主義者」，從政權取得實利。
- 歐美以至世界各地的佔領運動：二〇一一年興起，零星出現，大體上都是理想主義驅動的，一般持續一個月左右。

上列各次以年輕人為骨幹的社運，其中最長的一次，就是美國的反越戰運動，特點是既包含理想主義，對年輕人也有強烈的切身利益。但是，一旦戰爭要停止，運動便結束；在運動中成為眾矢之的的軍工綜合體（military-industrial complex，又譯軍工複合體）沒人反對了，繼續存在，故運動的理想主義部分可說是失敗的。其他不含或少含切身利益原動力的社運，更不能持久。

史上最長久社運，注意！

但是，目下香港的命運自決運動，起因是二〇四七前途議題。這個主題，既包含爭取自由民主、保持香港原有的法治、廉政等現實價值，因此產生理想主義原動力，但又與年輕人之欲避免失身於極權統治息息相關，因此也包含強烈的切身利益動機。更甚者，這個二〇四七議題，今後三十年之內也不會消失，而此期間，一批又一批的年輕人將進入中學、大學，達至投票年齡，而他們稍微年長之後，又會有更年輕的一批接踵上場；如此源源不絕，面對的卻是同一個二〇四七，所不同的只會是，越接近那大限，問題越逼切，產生的運動能量便越大，而運動的形態，更必然越發激烈。此便是這運動含有的「特殊世代結構」。

前述史上各次社運，都發生在人口增長旺盛、年輕人比例偏高或最高的年代。但香港目下這個二〇四七前途自決運動，反而發生在年輕人比例跌至最低之時。其所以一定能夠延續，靠的就是那不會自然消失的「特殊世代結構」；再加上強烈的理想主義和切身利益，三個基本因素合共一起，所帶動的，將會是世界史上最持久的以年輕人為主的社運！

然而，這個運動發展下去，卻會有更廣泛的支持者；這是因為，大約二十年之後，今天的年輕人陸續進入中壯年，植根各行業各階層，但他們面對的二〇四七因素卻「打唔甩[2]」。一個有年輕人的衝勁、更有中壯年人的成熟和資源方面幫助的運動，你怕不會越來越強大麼？時間站在誰的那邊，大家現在應該清楚了。

政權如何擊潰這個運動

自決運動的目的，在解決香港前途問題。激化這個問題的，是一國兩制十多年來在日漸受更多干擾的同時，梁政府高調推動的港深同城化、港陸融合。既然如此，運動要達到的目的，便是中港永久而深刻的區隔，基調因而充滿分離主義。但是，如果政府要化解以至完全擊潰這個運動，其實也有辦法；上面既分析了產生、延續和壯大這個運動的三個因素，政府只需順藤摸瓜就可以了：

辦法一：取消二〇四七大限。這個不太難，把《基本法》永續，或者容許港獨、歸台、歸英，等等，都可以，即只要實現「中港永久而深刻的區隔」便行。

辦法二：同時取消運動的理想主義和切身利益兩個因素。這個更容易，滿足香港人的自由民主訴求，因素便自動消失。

2　打唔甩：無法脫身。

辦法三：用糖衣炮彈對付社運新世代。這個最容易，政權用點小聰明花點小錢便做到。其實，讓那些受夠街頭抗爭之苦的社運新領導進入議會，享受幾年「尊貴的議員」的身分，感受一下膨脹了的自視重要性，就可達到目的。

對社運而言，最後一個辦法很危險，因此筆者也不能不特別對一眾年輕人作一提點。當選的SOB從第一天開始就要知道不能戀棧，尊貴的議員只能做一屆，最多兩屆，就必須退下，由其他同道替上。不客氣地說：大家看看一些「老社運」今天的光景就明白。

佛教提醒出家人說：「浮屠不三宿桑下，不欲久生恩愛，精之至也。」這個教誨背後所包含的人性軟弱，也是「海枯石爛、地老天荒」般永恆的呀！

反對派碎片化收斂
當權派三分裂浮面

2016/09/21

烏坎又出事，港記又被打，特府又「了解」。這種周期性重複，顯示中國共產黨不斷流氓化，而特府加西環這一對「黨國在港延伸體」，是不會在此港人知情權事上有任何作為的。其實，港深同城、港陸融合，香港的管治也因而日趨污穢下流；近期發生周永勤退選「走難」、元朗橫洲官商鄉黑勾結，便是最佳事例。

然而，身處險境，港人並不坐以待斃，這可從兩方面的變化看出，其中一面在民間，另一面則在統治階級。這兩方面的策略進程和特徵各有不同。

第一代激進派：艱澀路

二十年來香港民主派多方努力，亦未能止住赤化大勢。這個失敗，直接導致近年社運出現「海變」：年輕人不怕死、不認命，走出來大聲說不，攻陷立法會（一次以肉身、一次用選票），震動了京港當權派，香港民運由此進入救亡階段。然而，出現這個海變，之前充滿艱澀。先是二〇〇六年民主派中衍生出第一代激進左翼，創立社會民主連線，主要領軍人物是黃毓民、陳偉業、梁國雄等，先後向公民黨、民主黨開鍘，勢成水火，互不相容。當其時，民主派裡面只有反共意識強弱之分，而尚未見「去中國」與「大中華」之別。

及後毓民提出「五區公投」，以爭取「盡快實現真普選、廢除功能組別」[1]，民主黨先贊成後拒絕，反而與中聯辦密商政改，遂與激進派結下樑子，以致後來彼此互指被共產黨收買搞分裂，成見深不可解。

碎片化：黃毓民的破

因為二〇一〇年的「五區公投」，民主黨也分裂。支持該次跨黨派聯合行動的民主黨少壯派如范國威等，後來帶眾出走，成立新民主同盟；反對的一方，則包括後來走上「聯梁容共」之路的狄志遠、黃成智，以及乾脆投共的馮煒光。

毓民其後離開社民連，成立人民力量，後又離開人力，帶著他的普羅政治學苑，與提出香港城邦論的陳雲、熱血公民的黃洋達組成熱普城。毓民的個人能量巨大，所過之處，用「碎片化」來形容，絕對詞不達意，因為毫無例外導致派系人脈之間濃得化不開的敵意與誤解。但是，客觀而言，在民主派眾多風雲人物當中，如果要指出一個最大程度上帶動了社運範式轉移的人，則非他莫屬；破與立之間，他演活了破的角色。

範式轉移最終步：立

然而，社運新範式的立，最後卻是分別由兩股年輕人完成的，而且都發生在二〇一四年。

其一，佔領運動中，黃之鋒一句「衝！」[2]，不僅衝垮了民主派多年來的「和理非非」紅線，也同時把已然相對激進的戴耀廷所主張的公民抗命規範突破了。這個「衝」字，在佔運後期發展成為本土派「勇武抗爭」、「抗爭無底線」的概念，成為了新的社運行動範式紅線。

其二，港大《學苑》發表《香港民族論》[3]，認為香港人百多年來已經在所有重要的文化和價值方面蛻變成為異於中國人的一個新民族，擁有自決權，並由此導出香港必須獨立。此說不僅與原來

---

1 功能組別：又稱為「功能團體」、「功能界別」，為「職業代表制」（Professional representation）。文章寫成時，立法會一半議席為「功能組別」，大多數議席的選民基礎為公司，一公司一票，亦有少部分為個別行業的專業人士，如律師、醫生、教師等。此一界別造成市民權利不平等、票值不平等，因部分人可以透過持有多間公司，有一票以上。

2 黃之鋒：香港政治人物，民主自決派社運人士，曾任學民思潮召集人、香港眾志秘書長。於二〇一四年參與雨傘運動，後因重奪公民廣場事件犯非法集會罪入獄。於二〇二〇年時因國安法通過，宣布辭任香港眾志秘書長，同時退出香港眾志。後因組織非法集結、違反港區國安法「顛覆國家政權罪」等罪名入獄。

3 《學苑》為香港大學學生會中文期刊，主要版面包括新聞、專題、文藝及專欄。《香港民族論》為香港大學學生會於二〇一四年出版的政治理論書籍，輯錄「香港民族　命運自決」專題四篇文章，外加練乙錚、孔誥烽、徐承恩、吳叡人及蘇賡哲五位學者撰文而成。後因國安法，康樂及文化事務署於圖書館下架該書。

社運領導一向自命的「忠誠愛國反對派」觀念南轅北轍，便是與陳雲[4]提倡的「華夏遺民論」比較，也有本質上的差別。這個說法，老民主派難接受，在年輕人心中卻易生共鳴。

歷史上重要的範式轉移，特別是有關信仰或意識形態的，無一不是經過痛苦掙扎甚或醜惡的對抗、撕裂、碎片化和無窮盡的齟齬，方才完成。十四至十六世紀歐洲的宇宙觀交替——地心說讓位給日心說，便是典型例子，兩百年的爭議過程又長又醜惡，因為地心說是當時羅馬公教信仰的一部分，牽涉政治、利益。其間，大科學家伽利略更被羅馬宗教裁判所判犯異端罪終身軟禁，朋友絕交，本來友好的耶穌會科學家反目。

信仰範式變化特別難；發生在香港社運界的這次範式更新，亦可作如是觀。明白了這個，就像心理治療的效果一樣，讓涉事各方都可以漸漸抒懷。

碎片化尾聲：新二翼

二〇一六年立會選舉，泛民兩大黨席位總數未跌，但失票嚴重，而由此得益最多的是自決派，即眾志／列陣[5]。蔡子強上周四的《明報》文章數據顯示，眾／列在其出選區的各階層得票比例全部都比公民黨或民主黨高。長遠而言，筆者估計眾／列會接收大部分泛民群眾。自決派倡自決，卻不談本身選項傾向，看似消極，其實有利於鬆動傳統泛民群眾的固有立場；眾／列強調自身不是獨派，自決對大中華泛民便更易入口。

本土陣營方面：熱普城大熱倒灶，本民前／青政後來居上，也是世代轉移[6]。熱系一向以激進和論述清晰著稱，但這次選舉乍看似乎出現立場回軟、甚或前後矛盾（說香港建國非港獨，後來又說是真港獨），影響這次和今後新一代激進票的走向。中期（四年）而言，本／青進入議會，取得資源和發揮機會，在年輕人這個增長板塊更佔優勢，尤其如果主打香港優先，在議會裡贏了輸了都是贏。熱系單傳鄭松泰孤掌難鳴，策略應該是更多向本／青靠攏。

一旦出現眾志／列陣取代兩大泛民政黨、本民前／青政繼承熱普城的影響力，反對派的大換血、大洗牌就完成；議會裡的反對派由筆者說的 SOB（自決 or better）的兩翼領導，碎片化會告一段落。新世代兩翼之間的牙齒印[7]不如上一世代深，元老級的劉慧卿、黃毓民等前輩不再在議會虎視眈眈，各派年輕議員若要以某種方式合作，禁忌會比以前少。上周三，泛民、眾／列、本／青聯手跟進橫

---

4 陳雲：香港學者及作家，城邦派政治人物，主張並推動香港自治運動。《香港城邦論》為其於二〇一一年出版的作品，主張中港區隔、捍衛本土利益、維護英治時期典章制度，最終能改革中國政治體制，達致民主化。後因國安法，康樂及文化事務署於圖書館下架該書。

5 眾志／列陣：香港眾志和香港列陣，香港眾志為二〇一六年成立的民主自決派政黨；香港列陣為一群自決派獨立參選人士組成的聯盟。

6 熱普城：為香港本土派選舉聯盟，由熱血公民、普羅政治學苑以及香港復興會（代表「城邦派」）組成，主張「永續基本法」，並以「五區公投，全民制憲」為競選綱領。後於二〇一六年選舉失利後即日解散。

本民前：本土民主前線，於雨傘革命中由反對香港泛民主派及香港專上學生聯會等傳統組織的參與者組成。主張「民族自決」、「以武制暴」，後發言人梁天琦退出和被判入獄，黃台仰和李東昇流亡德國。

青政：青年新政，主張香港民族自決的本土派政黨，反對香港中國化、赤化，要求港中區隔。主張走議會路線，二〇一六年該組織的游蕙禎及梁頌恆當選立法會議員後，因宣誓問題被指違反基本法第 104 條，二人被取消議員資格。

7 牙齒印：積怨。

洲爭議，便是好的開始。

自決與分離主義之間，沒有概念矛盾，因為自決包含所有可能的前途選項。這便是反對派兩股有生力量之間尚存的二元分歧的合攏點。一手帶著之鋒周遊列國、一手替天琦打魚蛋官司的神級泛民元老大狀李柱銘，對此必有更深刻體會。

當權派三分裂

反對派碎片化的鐘擺走到極致，有回盪的勢頭。當權派方面的情況卻剛剛相反，三大裂痕同時浮出水面；其中一條牽涉新界兩派地方勢力互相傾軋，因中聯辦玩大細超而暴露無遺，不必多說。其他兩條裂痕，一是老左派（土共）與「新愛國」之間的，一是唐、梁金權板塊之間的，都是舊恨新仇、舊痕新裂。由於老左派和唐板塊的共同敵人是梁派，所以二者有戰略協調的基礎。

梁特以新愛國的總代表上位，身邊食客的愛國歷史幾乎都比他短，嗓門卻比誰都高，姿勢比誰都積極；任人唯親招降納叛卻半個好位不給有分量的老左派（去年連僅有的一個曾德成也轟掉了）。老左派大多年事已高，這幾年再無機會掌權施展抱負的話，一輩子的命就是白革的了。因此，針對明年初的特首選舉，曾鈺成至今的反梁表現，可說是在共產黨的行為規範之下達到了「勇武」極限。

《成報》批梁：胸有成竹

至於唐[8]、梁板塊之爭，二〇一二年至今未曾停止過，但唐板塊處劣勢，調子很低，自由黨反梁言論也只能不慍不火。惟近日連番出現的《成報》頭版整版異常辛辣的反梁評論，火力之猛，前所未見，筆者估計是一些親近唐派人士絕地反擊的手筆，且甚有可能是得到某方面開綠燈之後的作為。

連繫到長實地產在二〇一二年開始的「梁氏不景氣」影響之下，近四年來零買地，卻於上周斥資近20億港元，以高於市場估計約三成的呎價投得一幅沙田住宅地，《成報》的那種胸有成竹的出擊姿態就很合邏輯。

梁政權的一個特點是涉黑嫌疑不絕；政治上固然如此，近日在橫洲事件上顯示在經濟民生方面亦然，比一般的當權派更顯得邪惡。這就給上述的各路無黑底對家以口實；這些對家無論在哪裡，都不是等閒之輩。說不定，特區的首位紅特，到頭來就是敗在那揮之不去的黑色糾結上。當然，誠如唐派至今不死，所以便是梁特倒台，梁板塊也不會結業大吉。當權派的內部矛盾，如今只不過是新生事物頭一次集中地暴露在大家眼底，但比起十年二十年前的那種團結，也是一個海變！

看事物著眼大趨勢，避開一些無關宏旨卻足以影響情緒的明細，有時會讓人感到比較樂觀。筆者從來都是樂觀派，最近覺著的兩個趨勢——反對派大體上進入「輕度二元整合」的階段，當權派卻反而鬧內部矛盾而梁政權的「黑點」被其「自己友政敵」攻擊，合起來是足夠讓人鬆弛一下幾年來綳緊的神經的。

8 唐：指唐英年，前政務司司長、財政司司長，二〇一二年特首選舉參選人。其派系人馬即書中所指的「唐派」、「唐營」。

橫洲事件——社運「獵採者」取代「農耕者」

2016／09／28

橫洲公屋萬七單位變四千，差額不知所終，此乃繼前朝八萬五[1]之後，本朝數字特首推出的新猷。當年那招，打殘中產；今天此局，出賣普羅。哀哉港人，無辜受此愛國愛港當權者一再蹂躪，罷之固然不能，選賢與能的追求，亦於前年一場如歌似泣的社會運動失敗之後，化作黃粱一夢！然而香港社運未死，反而在京港當權派層出不窮的「德政」感召之下，正從往日不少市民以為的多此一舉，再生成絕大多數人漸次可以接受、乃至認為是不義管治之下必不可少的一股清流。

所謂社會運動，無非是一個「動」起來的公民社會，本身也在生變。上周筆者分析了社運操作層面的範式轉移（手段和目標的衍化），並指出組織層面的「碎片化」正在收斂、快要掉頭。今天，筆者再描述社運的另一變異，並舉若干眾所周知的事實作說明。

社運改 MODE——「獵採者」「農耕者」

香港的社運和社運人，正在經歷形態和心態的二重轉變。形態和心態都是「態」（mode），這兩方面的不變，統稱模態重構（modality shift）。大批社運人開始在政治大環境裡各自累積力量、捕捉不同的議題和選擇不同的戰場。這是泛民時代鮮有的事，謂之形態重構。心態重構，則指越來越多從事新形態社運的人練就相適應的心理要素。為求傳神，這兩個變化，筆者用「『獵採者』取代『農耕者』」的說法來形容。

何謂獵採mode？何謂農耕mode？這兩個概念語詞，除了用以描述新舊社運，還可以用來解釋哪些有關的現象？回顧過去十年香港發生過的大大小小社會運動，包括天星碼頭、反高鐵、反國教、菜園村、佔中、雨傘、鳩嗚[2]、旺角魚蛋等，不論是毀是譽、成功失敗，在議題發掘、人手徵召、街頭動員等方面，泛民大黨幾乎連影子也沒有，給邊緣化了。原因有兩個，簡單而具體。

一、舊社運，以《基本法》既定的「民主普選」為關鍵議題，由泛民黨派爭取政改方案的優化，及在議會行使否決權對付特府提交議會的假普選草案。這些工作無疑都是必要而重要的，但都是被動的。

1　八萬五：一九九七年十月，特首董建華宣讀首份施政報告時，提出每年興建的公營和私營房屋單位，不少於8萬5千個，使十年內全港70%的家庭可以自置居所。但是經過亞洲金融風暴，二〇〇〇年董被問及「八萬五」時，稱一九九八年後就再無提過「八萬五」這字眼，已經不存在了。

2　鳩嗚：普通話「購物」的粵語諧音，有諷刺意味。雨傘運動清場後，旺角有人以「鳩嗚」為名聚集，後有人組成「鳩嗚團」，長期在旺角街頭設檔擺，延續傘運議題。

二、政改的主要戰場在議會，主要戰役是立會選舉；泛民大黨當然也做社區工作爭取群眾，即所謂的深耕密植。如此議會內外並進，表面看是兩條腿走路，實際可能只是一條腿；把社區看作基地，那裡的工作便是為了取得選票以支持議會那條腿而已。然而，8．31之後，民主路不通，議會那條腿基本上作廢；大黨倘若欠其他的本領，也會跟著殘廢，與新社運絕緣。

大黨殘廢——「定地農耕」過時

觀此，以往那種在關鍵議題指定之下作被動抗爭、以社區為基地、議會是主要戰場的抗爭形態，堪稱「定地農耕」（sedentary farming）。這個形態本身沒有甚麼不好，其出現與過時，由客觀條件決定。《基本法》規定要有民主普選，民眾對之滿懷希望，定地農耕便是時義，大黨的運作模式便無可厚非。但是，當北京已經毫無政改誠意——8．31出台、佔運失敗鐵證普選無望之後，定地農耕便失去意義，不復有推動社會前進的力量。此時，特點與之相反的「狩獵採集」（hunting-gathering）形態社運就剛好接上。

以ICAC[3]危機為例，問題源於歷任特首委出一系列既不廉潔更會為一己前途精算的官員掌此機構。可是，廉署高層任免權法定歸特首，而立會無權提案修法，七百萬港人遂束手無策。因此，要挽救廉政，社運必須找好時機，以廉署改革為議題、特首為箭靶，奮力動員整個社會向政府施壓，迫使同意修改有關法例，最後在議會通過，水到渠成。然所需本事，卻非農耕者所有。

但這個無妨。當民主政改議題虛幻化，《基本法》裡再無其他促使社會進步的立法要求，慣於被動抗爭的定地農耕者迷失方向無所事事的時候，卻正正是狩獵採集者用武之時。在十年來的社會運動裡，他們練就了敏銳嗅覺和非凡膽識，不待天降瑪納而主動發掘議題、判斷時機、在地作戰、勇敢搏擊。[4]

「獵採者」的特徵、心態、罩門

九七之後，京港統治集團以普選為餌，持續引誘泛民政黨作定地農耕，卻暗渡陳倉在全社會所有環節搞政治赤化與經濟掠奪。佔運的失敗因此非常及時，讓大家看清楚民主普選在「一國兩制、高度自治」的幌子之下是不可能的，社會運動因而必須轉變形態，改由獵採者主動在全方位視野裡找尋政經抗爭點。佔運的分水嶺涵義非常豐富，讓獵採者登場是其一。然而，大家要清楚這批新鮮社運人的一些特性、心態和罩門。

獵採者講求個體的自主、敏銳、靈活和高風險承受力，與「大台」觀念格格不入。佔運後期出現「拆大台」，固然有複雜的原因，年輕社運人之間也因而有了一些牙齒印；但「大台」消失，卻

3 ICAC：廉政公署，直屬於特首（一九九七主權移交前為港督），以執法、預防及教育三管齊下打擊貪污的機構。
4 瑪納：《聖經》中上帝從天而降的食物。

鍛煉了獵採者，釋放了他們的能量。（不過，「台」的觀念，肯定會在二〇四七漸近、二次前途問題的緊迫性壓倒其他一切議題的時候，帶著新內涵再生。）

獵採者比農耕者少強調合作。這是因為農耕者面對同一的大氣候大議題，合作關係有需要且較容易建立；獵採者則因為沒有恆常的戰場和搏擊目標，彼此沒有甚麼合作的餘地，除非鎖定的「獵物」太龐大，例如橫洲事件。

獵採者行動之時，比較多作「抽水」[5]指控。這是一個經濟問題。發掘議題需要精力；鎖定議題、發起行動，更需要判斷力、勇氣和成本花費；因此有產權和合理回報的考慮（光環、品牌聲譽、支持者增加等，都要顧及）。是別人的獵物和搏擊權利，你不經邀請擅自進場，當然不可。不顧及這種「私心」，社運總體效率反而會受損。反過來說，政改議題是《基本法》給定的，六四是祖國贈送的，都是「公共財」（public goods），故在以之作訴求的運動裡，「抽水」指控較難成立。

獵採者不可能是持久的「明星」。捕獲一個獵物便有一刻的光環，找不到新獵物，光環就消失，找到會再有。媒體關注的，永遠是他的下一仗。這要求獵採者有特殊的心理適應能力，能捱得過沒有光環的日子。獵採者的出擊是隨機的，卻不是即興的。會獵鹿、懂網魚的人都知道，不做大量前期工夫熟悉環境累積經驗，鮮會有所獲。黃之鋒發動反國教一役之前好幾年（念初中一二的時候吧），便不停派街招警惕家長，揭發當局在中小學裡搞洗腦。《香港民族論》面世之前很多年，公共知識分子徐承恩已在默默爬梳香港史的重寫工作。這些工夫一點都不即興，需要毅力與恆心，更要求一種能夠長期孤獨奮鬥的能耐。

獵採者有弱點。他沒有鐵票，需要近距離的民眾支持，而統治集團知道他有這個罩門，因此會出盡合法非法的辦法，切斷他與支持者的緊密關係。選舉票王朱凱廸一旦仕進立法會，他的獵採者能量便會急速流失，當權者的計謀便得逞。對獵採者而言，立法會既是一個有利的搏擊場，更是一個危險的英雄塚。這不是一個民主社會裡的議會，獵採者不宜以議員生涯作志業。

大黨轉型：需否？能否？

議會道路上的農耕者過去因有既定的政改議題，所以有現成的重要抗爭事可做；一旦這個議題失重，議會工作便大體上變成替現存秩序保養維穩，雖然其中一部分還是值得做的。但是，反對派議員如果只能做這些工作，客觀上無可避免會淪為政權的「合作者」。何也？

反對派過去每被統治者、保皇派指為「為反對而反對」，最佳防衛便是指出他們給政府政策投支持票的比例，經常達到八、九成；但是，不要忘了，政改議題消失之後，那比例便更接近十成。大黨不斷要求政府「重啟政改」，可能就是為了避免這個尷尬。可是，在8・31決議底下，重啟政改沒有絲毫進步意義。幾位下屆特首大位追求者也作如此承諾，從此可見一斑；故若反對黨也提，

5 抽水：在別人討論、爭辯、罵戰之時，忽然插口伺機煽風點火、借題發揮。或在某一事件上借機引申為對另一事件／事物的批判或嘲諷，指桑罵槐。

反會加重「與政權合作搞欺騙」的嫌疑。

泛民要擺脫無所作為甚或更劣的宿命，大黨惟有化被動為主動，嘗試發掘議題，主動出擊，逐步拋棄過了時的農耕者形態。但這個談何容易，所牽涉的是組織結構、觀念、本領和心態，並不是簡單換一大批八〇後上場便可解決。民主黨區議員在橫洲事件上，兩年前就率先知道政府要建四千單位，但結果卻是「見到鹿，唔曉捉」[6]，遑論捉得到、懂脫角。欠缺獵採者那份特立獨行的心力和敏銳嗅覺之故也。如此，大黨難道還可以不深切反省？

6 「見到鹿，唔曉捉」：為看到鹿也不懂捕捉之意。引申自廣東俚語「捉到鹿唔識脫角」，意指抓到了鹿也不懂得把鹿角拿下來，鹿角為珍貴藥材鹿茸所在，俚語指沒能把握機會。

瑞士模式——雙贏港獨的納殊平衡

2016／10／12

九七以來，特府搞中港融合不遺餘力，絕大多數香港人則希望以「兩制」頂住「一國」，但二十年不到，已經明顯頂不住。洞見者因而認為，以《基本法》為基石的「一國兩制」已然不足恃，港中之間必須有恆久而徹底的區隔。新興的永續派、自決派和香港獨立派，都主張以全新的、離經叛道的方式達致這種區隔，其中尤以後者最決絕。

考慮這些主張非常重要，而且應該採取十分謹慎的態度。筆者此前在《信報》文章裡初步提出「法理港獨」的概念，認為有關的探討和理念傳播，目前都必須在不違反現存刑事法和符合《基本法》精神的範圍之內進行[1]。這個範圍其實很寬廣，包括了關於獨立的學術討論和「雙贏港獨」的概念，這兩點就是本文立論基礎。

1　本書未收錄此文。

主權零和利益雙贏

港獨直指法治、直面政權，因此最令人心生顧慮。以獨立來實現港中區隔，在經濟、民生乃至性命方面的代價，港人也許難出得起。顧慮並非多餘，反映港獨論者未敢想透困難、未能提出哪怕只是理論上可行的對策。

例如，不少人認為港獨行不通，因為大陸扼住了香港的飲用水源和能源供應。港獨論者認為向國際市場買水或者興建海水化淡設備、在鄰近公海開發油氣田，便可解決。這些對策顯然不足，因為北京有能力阻止外商給香港提供足量飲用水和生產淡水的技術，更會阻嚇跨國能源公司助港開發能源。更甚者，就算中長期供應可解決，獨立過程中的短期危機也難克服，香港要是斷水斷電，幾天就完蛋。

又例如，批評者認為，無論港獨如何勇武，也無法抵擋中共暴力鎮壓。港獨論者的回應是，一旦「支爆」（支那內爆），政權瓦解，和平獨立便可能。問題是，支爆論乃望天打卦。馬克思講的「東方專制」是一種超穩定結構，半死不活也很長命。以滿清為例，首都遭列強二度攻佔，京津外圍也受捻黨威脅，但腐敗透頂的清王朝卻苟延殘喘七十年。如此，香港終歸是一潭絕望死水，港獨不過是其上一抹微瀾。除非，論者憶起一多的詩句：「這裡斷不是美的所在／不如讓給醜惡來開墾／看它造出個甚麼世界。」

解構港獨難題，必先意識到，迄今正反方都不自覺地專注港獨發生之時的剎那圖像。由於政權的往績和恐嚇，以及一般人出於對「革命」的理解，港獨的過程圖像是充滿混亂乃至血腥的。港獨論者若能繪畫出一個足夠正面的獨立之後的目的場景，人們頭腦裡的圖像，就不會灰暗如此。所謂足夠正面，指的是同時對港人和對大陸的政商高層都大有好處。設若港獨論者提出獨立後的目的圖像有強烈雙贏涵義，逐漸彎入大陸金權高層的意識裡，灰暗就會豁然變得開朗。目的影響過程；雙贏港獨的過程是平和的。

雙贏港獨的「中國基礎」

大陸自共產黨專政以來，便是一個不正常國家，政治特點是高層內鬥不絕、你死我活。改革開放三十年，還出現了太平時期統治階級家族人丁資產持續外逃的怪象。這種雙料政治不正常，在現代大國之中絕無僅有。過去，大陸經濟不正常（指與東亞經濟起飛背馳），造就了香港經濟繁榮；今天，大陸政治不正常（太醜惡），將進一步造就香港政治獨立。

這點可從國際關係一點變化談起。二〇〇八年之後，中國與發達國的關係惡化。便是高度容外、主張多元文化的加拿大，也開始排斥中國。更麻煩的是，以往中國貪腐權貴逃到發達國，人財兩安全，頂多只被當地政府監視而已，但最近有不少中國外逃官員人贓俱被發達國政府引渡回去。原因之一是，發達國裡越來越多針對特權階級的民間爆料組織，不斷取得大量私人金融資料然後公諸於世。一旦壞人私密曝光，若涉外人不法之財，當地政府便不得不拘捕提審，定罪服刑之後驅逐出境或依法引渡。

發達國過去是中國貪腐權貴外遁時的心水目的地，但那些國家現在越來越難容身，香港於是取而代之成為首選。今天，所有大陸權貴家族都在香港設有專為他們自己服務的私募基金。但是，兩個事例顯示，對大陸貪腐權貴而言，香港還不是很安全：一是二〇一三年北京把在港國企華潤集團董事長宋林雙規，宋即得乖乖回去受審，說明香港竟是中共家法法域的一部分；一是去年底發生的銅鑼灣書店事件，證明只要北京硬來，特府根本不會阻止大陸強力部門在港擄人。

由於一國兩制提供不了大陸貪腐權貴所需要的足夠保護，他們反而有改變這種狀況、鞏固港中區隔的強烈動機。有人會說，逃離者失勢的居多，縱是為了自身利益，也難有助強化港中區隔。但這只是片面看法。大陸官員貪腐是常態，在權力鬥爭的輪迴裡，還在台上享最高權力的那些人，有誰能肯定自己不會有一天成為通緝犯、連人帶錢外逃而指望落腳處有多一點與中國的區隔？而且，這些人很能夠理性看待私利，明白到自己在位時懲辦鬥輸外逃的政敵是次要，有一天自己落難而能保住性命財產才更關鍵。所以，上述陸資私募基金，鄧江李胡溫習派背景的都有。這是基本誘因分析。

港獨類似瑞士的「納殊平衡」

有上述悟性的一眾大陸在位在逃黨政官員，還會進一步意識到，港獨論者所提倡的那種恆久而徹底的港中區隔，只要設計得宜，其實是最符合他們的私利、最值得他們積極支持的香港政治安排。這個意識一旦普及，港獨作為博弈學裡說的「納殊平衡」，便在意念層面出現了。納殊平衡是一種簡單狀態：身處其中，任何個體都不能藉著單方面離棄這個狀態而得到更大私利。在一個港獨納殊平衡裡，任一黨政官員環視其他黨政官員，如果發覺他們的最大私利是支持港獨的話，那麼他自己的最大私利也是支持港獨。問題是黨政官員怎樣才能把這個平衡從意念變成現實。那就要看港獨論者有沒有充分睿智去策成此事。所謂充分睿智，無非就是要能讓最高黨政官員不損其愛國臉面而能夠慢慢轉軚[1]，最終不反對港獨。為此，港獨論者需清晰描繪香港獨立後的主要國策，以提示出港獨的雙贏特性。要做到這點，瑞士是重要參考。

瑞士在十三世紀末立國，一六四八年的「西伐利亞和約」保證了它的獨立和永久中立，後者指瑞士承諾在一切未來戰爭中不歸邊、其他大國承諾予以尊重。處於法國、普魯士、奧地利等強鄰之間，瑞士本乃兵家必爭之地，卻在和約底下成為獨立中立國，不啻是大國博弈裡的「納殊平衡」最佳例子。特別要留意的是，瑞士的獨立中立非常穩定，直接造就了它的獨特而鞏固的金融中心地位；更由於瑞士有幾乎是世界上最頑固的不引渡傳統，任何國家想從瑞士引渡逃犯歸國，都異常困難。瑞士因此成為了世界灰錢避難所。

構思香港如何獨立、獨立之後如何定義國體及與周邊大國關係，可參考瑞士模式而有所損益，其中當然是以與中國的關係為核心考慮。一個合理而有利的方案可包括下列各點：

- 香港成為主權獨立及無武裝永久中立國，並同時成為聯合國一員；

1 轉軚：改變立場之意。

- 香港的獨立中立地位由中國單方面向國際社會承諾，並由美、英、加、澳、日及任何其他國家確認（或可直接由中國及這些國家簽署國際條約一次過確立）；
- 獨立的香港永久不結盟；
- 獨立的香港採取完全符合《公民權利和政治權利國際公約》（International Covenant on Civil and Political Rights）的自由民主體制，國家領導人和立法會由開放提名及公民一人一票產生；
- 獨立的香港與中國之間的法域關係裡，嚴格永久保留並加強現存對中國的不引渡、不遣解規定；
- 獨立的香港以憲法威力永久廢除死刑。

上述最後兩點很重要，不僅是香港人關心的權利的保證，也是前述促使中國政經高層支持香港獨立的最重要誘因。在這方面，香港的條件優於台灣，因為台灣與大陸已經訂有相互的引渡條例，而且台灣還有死刑。

醜惡能開墾出甚麼世界？

有人會質疑，這樣提供避風港給大陸貪腐官員，不是便宜了那些壞蛋、更會把香港變成世界上腐敗分子最集中的地方嗎？這些人帶來的不義財富，不怕把香港的世界金融中心地位徹底敗壞嗎？如此讓醜惡開墾出的香港獨立，還有公義可言嗎？這些問題可理解，但有瑞士的珠玉在前，大家不必太擔心。

在國際法裡，引渡並非國家義務，但一般而言，A國就算不與B國互訂引渡條例，也會以相應的本國法律審判、懲治來自B國的逃犯，即所謂的aut dedere aut judicare（拉丁文，「或引渡、或起訴」之意）。中國貪腐官員一旦逃港，不會就此得到自由，而須面對香港法律制裁；對他們而言，好處是可避免政治鬥爭的加刑效應，得到比在大陸公平得多的審判，更不會被判死刑。對大陸黨政官員而言，這是一種難得之極的待遇。

大陸逃港官員帶來的財富，審訊之後，不義部分充公，以抵償他們在香港受刑所費的社會成本，餘下的則可在港正常運作；這種錢不會破壞香港金融市場，因為到時的金管權力來自香港國家主權，不像現在紅色資本有中聯辦撐腰而令香港金管機構束手無策。而且，和乾淨資本一樣，這種錢也需要穩定的運作環境，因而是保障獨立後的香港政經穩定的一種正資產。

至於香港會否因此變成世界上腐敗分子最集中的地方，那就要看怎樣理解。大家可曾參觀過香港的污水處理廠？流進的都是腐臭不堪的髒水，但除了一點溢出的氣味之外，污水處理廠其實十分整潔，遠非城市裡衛生條件最差的地方。香港就是有本事把骯髒的東西處理好。忍受那一點氣味，得到的是乾乾淨淨的獨立，交易其實不錯。想想瑞士。

港華師生文明思辨勝過中共講打講殺

2016／10／19

近日有兩則教育界新聞牽涉港獨，值得留意：一是香港中學校長會本月十三日發表聲明，表示不贊同香港獨立的主張，但認為校園作為年輕人受教育和成長的地方，學生應該可以就不同的議題討論，包括港獨，並且指出若要以高壓手段對待學生，則代表教育失敗。一是香港華仁書院一年一度的師生辯論賽在本月十七日（前天）舉行，辯論是「港華不應容許港獨思想在校園內散播」，老師隊選擇當反方，替「播獨」的正當性辯護。

中學校長會的成員包括三百七十多間本地中學的校長和大約五十位副校長，亦即代表了接近全部的香港中學，而香港華仁則是名校中的名校，二者可說都是香港社會的重要單元，故他們對敏感的港獨議題採取慎思明辨，既不迴避也不打壓的態度和做法，完全與中西古典教育思想契合，十分值得稱道。

然而，上述兩則新聞反映了一個更重要的時義：港獨思潮在中學生當中的傳播，已經超越臨界點，既不能視而不見，也無法強行制止。孰令致之？

中學播獨超越臨界點

暑假之前，獨派「學生動源」還只是一個鮮為人知的中學生小圈子，豈料特府自作聰明，蠻橫無理廢掉香港民族黨陳浩天的參選立會資格，後者轉移戰線，全力支援學界「播獨」，與「學生動源」一道，直接把有關信息帶入中學校園。今天，「學生動源」已發展成為一個跨校網絡，除了有自己的 Facebook 帳戶，還在 Channel i 上開設網台，維繫著幾十間中學的校本港獨關注組；學校數目還在不斷增長，連漢華、福建等傳統左校也給突破了。

民族黨失之東隅、收之桑榆，完全是梁特搞立法會選舉 DQ 之過；此君以為意識形態行頭、煞有介事打擊港獨和獨派參選者，便可向北人邀功有利連任，到頭來卻在年輕人當中「成功播獨」，可謂愚蠢終被愚蠢誤，這筆帳北京不會不跟他算，罪狀比 UGL 貪腐等問題嚴重得多。[1]

事到如今，絕大多數前線教育者都認為港獨傳播勢不可擋，謾罵和打壓是沒用的，只能利導，使

1　UGL 事件：梁振英涉嫌收取澳洲企業款項事件，指梁振英於二〇一一年參選特首後，仍以戴德梁行董事身分與一澳洲企業簽訂秘密協議，透過提供顧問服務、協助挽留員工、不作競爭等安排，換取5000萬港元報酬，全部款項均在上任特首後收取。

之健康發展。然而，利導的責任不止落在中學界，因為港獨的傳播已經遍及全社會。學術界、評論界、文藝界、政界人士，無論自身對港獨有甚麼看法立場，也應本著關愛年輕人、關心他們在二〇四七之後的命運的態度，放下成見、利導港獨。所謂利導，絕不可能是特府一再要求的「定向討論」，即以北人要求的結論作前提，強制老師在學生面前否定港獨。今天的香港中學生不可能吃那麼中國特色的一套。大家只需看看特府梁粉如何高調「打支」，「支那」卻瞬間成為了年輕人當中最流行的一個輕藐詞，便可思過半。

利導港獨成健康思潮

然則，因應最年輕世代「自然獨」之勢，社會應如何利導？筆者認為有幾點特性，是港獨成為一種健康社會思潮所必須具備的、利導就是要鼓勵這些良好特性的出現，特別是要把有關的討論引往和平方向，勿讓中共聽到「獨」字便狂性大發、講打講殺：

理性的港獨：如同世界上所有分離意識一樣，初生港獨以感性為主，欠缺平衡，因此社會特別是學校必須提供一種氛圍，使港獨思潮增加理性因素，讓學生透過思考港獨等問題，懂得以後怎樣實踐才能保障他們自身和香港社會的長遠利益。港華採取師生辯論的方式。讓學生從正反角度思辨港獨，做法十分好，值得推介給全港各中學，甚至可以擴大成為聯校辯論，因為共同參與交流的人多了，中道理性觀點便會成為港獨思潮的主流。

柔性的港獨：獨立運動初現之時，一般帶強烈剛性，否則不能面對外來政權獨樹一幟，也不能與不主張獨立的反對運動決裂，成就範式轉移。但運動一旦生成，便應發展柔性力量，剛柔並濟；不排除剛，特別是如果政權蓄意挑釁，但一般情況之下以柔為主，否則便會陷入極端主義窠臼，欲速不達，神憎鬼厭，甚或害人或己。何為柔性？簡單通俗的說法，就是「屋企容得下、港豬食得落」，如同吃飯喝水聽故事看漫畫一樣家常。

包容的港獨：獨立運動因為要掙脫外來政權，自然具有排斥性，這本身非壞事，但須提防變成自我封閉。港獨對待已抵埗的新移民，態度尤應謹慎；民族論者更需議出一套適度包容的社群政策和文化論述。社運界裡關於「普世價值」的辯論因而很重要。

筆者的看法是，普世價值遇上一地特殊情況，或需作合理調適，否則就成為一種迂腐；但是，普世價值原則本身，卻絕對不應被輕率地全盤否定。說到底，「民族自決」就是一項非常重要的普世價值，不然就不會劈頭第一條出現在《公民權利和政治權利國際公約》裡。

另外，獨立思潮帶有意識形態特徵，不同論述之間往往多唯我獨尊而少相互借鑑，路子越走越窄，那也是應該避免的，否則便是獨立運動最後成功了，也會陷進獨裁專制，不少第三世界國家便是那樣萬劫不復。舉例說，近日社運界有「民主自決」與「民族自決」之辨，不同派別當然可以強調前者或後者，但都應該明白這兩個概念本身並不互相排斥。

民主自決強調的是方式，自決必須是民主的、公平、公開、公正；民族自決的重點則在於點出主體，自決由一個有完整自決權的民族進行。因此，一個成功的「民主的民族自決」公投，理論上講得通，實踐上也行得通，只不過要把握時機：當一個民族中的大多數還未肯定要獨立的時候，以民主公投變更現存秩序的時機就未成熟。

簡約的港獨：獨立思潮初現之時，陣勢鋪開如羅通掃北，令很多人不安；受中華一統觀念薰陶大半生的老一輩，尤其不願與自己的文化背景決裂，因此形成與年輕一輩為主的獨派之間的矛盾，產生世代對立。為免加劇社會撕裂，可提倡一種簡約港獨，即一種文化上開放、不反對傳統中華文化承傳的政治獨立。如此縮小衝擊面，可增進代際和諧，減少通往獨立路途上的阻力。

過半的港獨：否定部分現存秩序的社會運動，人數越少一般越偏激，越發傾向以震撼代替影響，對社會進步無大益。因此，運動一旦生成而初步具備健康傾向（一定程度的理性、柔性、包容），主流社會即切忌排斥打壓，反而應讓其擴展、助其進入主流，成為大多數人都可接受的事物之一。那麼，它的發展就必然更健康，社會在變化過程中就更穩定。對待港獨亦應如是，這是開放社會中人應有的基本認識。

條件港獨：筆者在今年四月和八月發表的兩篇《信報》文章裡，提議港獨論者按情、理、法設定實踐港獨的先決條件；宣傳推介那樣的港獨，社會能比較安心接受，特府想打壓也會有困難、條件港獨有多種，包括「國祚盡時的港獨」、「要項違約之下的港獨」、「雙贏港獨」等，其中以後者最為重要，因為獨立後的香港若能提供足夠而恆久的雙贏誘因，獨立的過程就會平和，之後更能避免大陸一方出爾反爾違背承諾（那是雙贏誘因導致的「納殊平衡」的特性，不是因為大陸政權忽地對港人大慈大悲）。

雙贏港獨符《孫子兵法》

環顧中國周邊存在的幾個獨立運動——藏、疆、蒙、台獨，以及世界上幾個大家熟知的獨立運動——加泰隆尼亞、北愛、蘇格蘭、魁北克，無一能夠提供誘因予宗主國使之同意獨立，因此這些地方的獨立運動和宗主國的關係，其實都是一場主權零和遊戲，所以很難成功。加泰隆尼亞要是獨立的話，更會給馬德里政府帶來稅收損失，因為加泰隆尼亞的經濟發達，上繳中央的稅款淨額比其他省份都多。這和香港不一樣。

筆者上周本欄文章介紹了港獨可採用的「瑞士模式2.0」，所倚重的就是一種獨特的雙贏誘因：對大陸政經高層及太子黨家族而言，香港獨立後採取此模式，港中之間便有恆久而徹底的區隔，香港即成為大陸權貴們的最可靠私產避風港和有需要時的政治避難所；這個模式可以給他們帶來的好處，大大超越「一國兩制」之下的香港所能提供的。

一旦想通了，大陸權貴會理性地支持這個「瑞典模式2.0」模式，原因不是他們對港人忽發慈悲，而是這個模式完全符合他們的一己私利；便是嘴巴說反對，心底裡也會由衷支持。此即所謂的「誘因相容」。這和他們對待「一國兩制」的態度恰巧相反；嘴巴說支持，暗地裡卻不停破壞、干擾；

那是因為「一國兩制」未能提供他們所追求的長遠絕對安全，操控了卻可得到很多短期利益。

除非「支爆」，否則任何剛性港獨必然遇到北京動用武力鎮壓的難題；無底線勇武抗爭，對付特府挑釁容或可以，對抗解放軍坦克車機關槍卻等同自殺。但「雙贏港獨」卻有可能提供一個足以化解武力鎮壓的和平通路，適合一個有群眾支持而無武裝鬥爭條件的社會運動。《孫子兵法·謀攻篇》說：「凡用兵之法，全（存）國為上，破國次之；全軍為上，破軍次之……是故百戰百勝，非善之善者也；不戰而屈人之兵，善之善者也。」

提出「瑞士模式2.0」，既是為了拋磚引玉、引起大家替年輕人提出其他更有說服力的港獨模式的興趣，也是希望把有關港獨的討論引往一個健康、豐富、平和、安全的良性方向。對待周邊民族的獨立意願，北京從來是講打講殺，十足野蠻，雙贏港獨卻有可能在此問題上把中共引向文明，乃善之善者。如果北人夠聰明，是沒有理由對此暴跳如雷的。

臨崖勒馬
莫教特府變外來政權

2016／11／02

在法律界響噹噹、人稱胡官的上訴庭前副庭長胡國興宣布參選特首；管治能力薄弱只曉反港獨吃政治飯的梁振英，尋求連任又多一重障礙。胡官低調已久，今番復出，批梁火力四射，詞鋒厲害不減當年，大部分港人受得落，無疑迫使此後宣布參選的人作「競爭性擁港反梁」（此有別於坊間的「代勞說」）。比起其他幾位有意問鼎者，胡率直硬朗勝雙曾，說話港人「啱聽」與葉劉反差大[1]；對不斷損害司法立法《基本法》的梁氏而言，這位法律人更是一隻可忌的崩口碗[2]。

1 葉劉：指葉劉淑儀，曾任保安局局長，現任立法會議員。二〇一六年，葉劉淑儀宣布參選行政長官選舉；翌年因不夠提名票，宣布退選。本句指候選人胡國興說話中聽，與葉劉不一樣。

2 崩口碗：廣東話諺語有「崩口人忌崩口碗」，崩口為裂唇、崩口碗為缺了口的碗。意思指 話是要注意不要犯忌諱，不要去提別人的弱點，以免別人不快。

行政首長挑起無硝煙內戰

梁特以宣誓不符標準為由，一再阻撓三位當選議員就職，其後更親自具名要求法庭覆核立會主席容許三人再次宣誓的決定、取消青政兩議員當選資格。此舉影響巨大，胡官說這是「行政首長告立法首長，十分唔好睇」，坊間亦普遍認為是行政要脅司法、行政干預立法的極惡例，嚴重破壞《基本法》保證的權力分立原則，但未點出兩個核心政治問題：

一、議員透過地區直選受命於民，行使監督政府、審議法案等職能，特府意圖粗暴褫奪他／她們的議員身分和權力，震動整個香港，挑起的是一場旨在奪權的無硝煙內戰。以往特區政治矛盾表現為三大類：民意攻防、政策批駁和選舉競爭；便是行動比較激烈的，例如佔運，一方搞佔領衝機關，一方揮警棍射子彈，性質亦無出此範疇。政權赤裸裸地向人民奪權，在香港這是第一次，勢將帶動政治矛盾質變。

二、名義上，發難方是北人欽點的政權，實質則是「一國」借勢欺凌「兩制」，此內戰因而帶有侵略的特徵。特府向當選議員奪權若得逞，相對於香港這一制而言，其「惡性外來政權」性質便確立。「外來政權」這概念在中外歷史及政治論述裡經常出現。英國劍橋大學出版的學術巨著《劍橋中國史》第六冊〈Alien Regimes and Border States, 907-1368〉，書名意譯就是「外來政權和邊疆國家」（簡體中文譯本把這個書名完全去掉，換成政治正確的《遼西夏金元史》）。

一九九四年，時任台灣總統兼國民黨主席的李登輝，首先自認一九四九年之後的國民黨政府為外來政權，但也認為在解嚴和本土化之後，國民黨便甩掉了外來性質。事實上，外來政權不一定壞，最好的例子發生在英國。英國於威廉三世治下發生「光榮革命」（一六八八）。威廉本是荷蘭的奧蘭治親王（Prince of Orange），他帶兵打到英國，趕走英王詹姆士二世，建立新政權，卻把實權完全交給議會，造就了現代君主立憲。後者通過的《權利法案》（Bill of Rights），上承「大憲章」，下接一九一一年及一九四九年的《議會法案》，四者合組成英國的「不成文憲法」。這個法案，是人類史上首個包含人身和政治權利的政治契約。然而，導致這個偉大變革的，竟是一場外族入侵、一個外來政權。

剔走民選議員變外來政權

一直以來，北京的說法是，香港是地方政府，一切權力來自中央，中央給多少有多少；但這個說法不過是強權說法，不符歷史事實。無論現存體制如何不公，立法權的一部分是由香港人民自己擁有、自己掌握、自己行使的，九七之前便如此；《基本法》只不過客觀上承認、繼承了這個事實。因此，當今管治香港的權力不完全來自「一國」。

九七之後，港人繼續行使這個有限範圍內的自身權力，如果連這部分僅有的自身權力也給「一國」逐步剝奪歸零，特府就會成為百分之百君臨「兩制」的惡質外來政權。在那種場景之下的香港人，不會簡單地像大多數大陸人那樣成為專制政權的自家奴，而是淪為地位更低一級的外人奴，如同古經裡說的以色列人在埃及。

要明白何謂外人奴，大家可以看看中共對待港共和特府的手法。九七前後，中共駐港黨政機構大換血，除了屈指可數的幾個港共名人繼續在前台風光，其餘中層本地幹部則陸續下崗，被大陸派來的人替換；新華社（指中聯辦前身）、文匯、大公等機構裡皆如是。莫說港人治港，連港共治港也不容許。至於特府，其高層位置北人一時難以進佔，中共於是採用架空的辦法，把權力交給西環；立會選舉之後，獲得議席的當權派遂首先到西環「謝票」。然而，這些都是典型殖民主義、傀儡政權底下的現象；可憐一些老港共新愛國還以為自己與北人是同一個黨國同一個民族裡的平等分子。

如此首先收服港共，之後以西環架空特府最高行政權，復以「釋法」閹割關鍵司法權，若再強行剝奪港人自有的民選代議權，則香港還剩下甚麼？

民主派分裂繼續收窄

中共的「二〇四七二次回歸」策略其中一環，就是逐步壓縮本地民主派議政空間，把香港政治體制一步一步「改革」得和大陸完全吻合。其立意打擊的對象，絕不限於劉、梁、游三議員，而是包括一切不為五斗米折腰的反對派。政權以各種方法向港人奪權，以後還會有，怎樣奪、具體打擊誰，看時機而已；個別偶發事件背後，是一整條為壓服香港而鋪設的奪權鬥爭路線。

可幸今天反對派議員當中，明白這個大形勢的佔多數；上周三，青政二議員被立會主席禁進會議室，卻獲多名泛民議員護送而得以進入，便說明這點。「罪名較輕」的劉小麗議員與梁、游二人共進退，破了特府「以綑綁製造矛盾」之策，尤其難得。

筆者在九月本欄文章〈反對派碎片化收斂　當權派三分裂浮面〉[3]指出，「反對派碎片化的鐘擺走到極致，有回盪的勢頭……新世代之間的牙齒印不如上一世代深，各派年輕議員若要以某種方式合作，禁忌比以前少。泛民、眾／列、本／青聯手跟進橫洲爭議，便是好的開始。」同樣的組合，出現在宣誓事件裡，說明此一趨勢正在延續、加強。議會外，九月立會選舉不幸失利的少壯派新民主同盟也參與到宣誓問題的抗爭行列，立意JR特府原先的JR（Judicial Review，司法覆核）。

回顧民主派範式轉移的過程，可視之為包含兩個階段。第一階段出現了有意義的路線分歧，但同時形成十分嚴重的意氣之爭，如此持續好幾年。第二階段發生在新一屆立會選舉之後，分歧的兩翼同時經歷了世代交替，意氣之爭降溫。逐步成形之勢是，反對派當中的獨派、自決派、永續派和內部自決派（後者包含部分泛民），在議會內外形成鬆散組合、良性互動。這是民主派支持者都樂意見到的！

3　見本書〈反對派碎片化收斂　當權派三分裂浮面〉一文，頁263。

Crossing the Rubicon?

倚靠功能組別霸權佔了立會多數席的當權派，為了打壓三位少數派當選議員、竟然用上文明國家議會裡的在野黨才會用的流會拉布術[3]。一直以來，當權派抨擊反對派拉布浪費公帑，但這次當權派的動作卻把拉布徹底合理化，反對派日後再用便振振有辭，到頭來蝕底的是立會當權派。然而，這還不是特府出手打壓三子的最大代價。

大家記得，不久前特府搞立會選舉DQ，剝奪了陳浩天的參選資格，民族黨隨即轉跑道，支援「學生動源」在中學界播獨，一發不可收拾。教師當中，其後亦出現了支持獨立的「香港教師聯盟」，聲言要替學生「火上加油」。獨派師生一旦雙劍合璧廣泛對抗京港政權，「愛國愛港」政治灌輸便更難生效。且不說上述DQ遭司法覆核結果如何，特府表面上縱贏得一點勝利，但北京因此在港遭受的政治損失卻不可斗量。可是，特府領導層不僅沒有從中吸取教訓，還變本加厲。如果這次特府又「成功」剔走幾位異見議員，所激起的反政府能量，無疑將更巨大，效果更持久。筆者估計，中學裡發生的事，將因此普及全社會；各種名目的分離主義組織，勢將以各行各業各大機構的名義破土而出，造成京港統治集團在港「遍插紅旗」之際意想不到的反作用。

回想文革當年，港共為鬥港英，成立各界鬥委會，但因為絕對服從北京瞎指揮，愛國不愛港，很快就被市民唾棄。然而，分離主義組織一旦出現，便沒有可能杜絕，因為這些組織都是本土產物，有土壤也有生命力。

有救嗎？很難說。一般而言，反政府特別是分離主義思潮包含很強的「路徑依賴」；一個梁特幹壞事種惡果，不是一個胡官或者甚麼其他人當選下屆特首就可以還原。取消當選議員的資格引發特區政權質變之後，港獨主義者與外來政權之間，一百年也不可能妥協。一念之差，智者該怎麼辦？

魯比貢河（Rubicon，又譯盧比孔河）的水很淺，帶著僅有的一個兵團而膽敢叛逆羅馬寡頭政權共和國的凱撒，渡過了就不回頭。打響「凱撒的內戰」之後，最終輸的是龐培的羅馬。

3 流會拉布術：拉布（filibuster），又稱冗長辯論，指議員在議會在故意以馬拉松式演說拖慢進度，從而癱瘓議事、阻撓投票。

特府鬥港獨 梅花間竹誰贏了？

2016/11/23

矚目多時的立會宣誓事件，近日有微妙變化。當初，梁游兩人在議事堂裡的若干出位言行引人側目，反感者大有人在，口誅筆伐甚至不限於親共派；這些反應，在港人傳統文化政治意識基調之下，可說合理、自然。然而，政權後來的反應，容或在一些人的意料之中，卻完全在情理之外：兩隻本地「小學雞」口沒遮攔，不意竟引來「十三億人民怒吼」，還惹黨國動用「核選項」，以人大主動加料「釋法」的前所未有介入力打掉二人的立會議席還未肯罷休。

港人看了，很快明白：黨國如此反撲，何止於要以言入罪懲罰個別異見人那麼簡單，根本就是在借勢，以行政干預立法、欺凌司法，一矢三鵰，乘機想把二十年來「頂心頂肺」的港制一舉殲滅。面對這種無底線超限打壓，民意開始分化：一些人進而埋怨梁游「累街坊」[1]，罪無可恕，而二人後來的反應和表現可非議之處的確不少，也令一些人不以為然。另一些人反而對梁游多了幾分同情。今天和大家談宣誓事件帶引出的統獨鬥爭新形勢。

短兵相接四回合

今年的立會選舉，體現了香港史上無前例的「統獨之爭」到了短兵相接的階段，特府與獨派刀來劍往，轉眼已經四個回合，雙方各有勝負宛如梅花間竹：

首回合：二月新東補選，本民前未贏議席而「三分天下」，獨派一壘安打；次回合：九月立會大選舉，特府強行DQ半打異見參選人，特府一壘安打；三回合：六名SOB（自決 or better）入圍，獨派擊出全壘打；四回合：人大「加料釋法」，一舉取消梁游二人立會議席，特府擊出大滿貫。

毫無疑問，單看立會議席之爭，特區政府是這場大戰的最後勝利者，此後獨派與議會無緣，梁特更會以此彪炳戰績向北人邀功，企求入局爭取連任。然而，統獨之爭不只在一個戰場裡開打；若在更基本的層面看勝負，獨派形勢並不太壞。

獨派參選特區議會，無疑有兩個主要目的，一是及早把「四七議題」引入香港政壇，一是宣揚港獨理念。而北人的如意算盤是，四七問題越遲提出越好，最好是從頭到尾沒人關注，到只剩一年半載的時候，由政權牽頭成立一個「有廣泛代表性」的1200人的二次（真）回歸委員會，與北方協商，最後完全按北人意旨辦事，到時港人如夢初（真）醒，要組織反抗或者要移民，都太遲。博

1 累街坊：拖累別人。

弈另一方的最佳策略，當然就是反其道而行，盡早帶出四七議題，鼓動全民參與，一起思考香港出路，凝聚共識，最後提出自決方案。

宣誓事件帶出「四七議題」，可說已經超額做到了。今天，沒有港人不知年輕人認真看待二〇四七、要命運自決、不想再一次聽天由命，並願意為此犧牲很多。北京要阻擋「四七議題」、防止討論，已經來不及；議題藉宣誓事件聚焦，破土而出。

不僅港人知道，全世界的主要媒體都報道了。世人從而知道香港繼九七問題之後，還有一個更嚴峻的四七問題；香港的年輕人要「造命」不「就命」，而北京的態度強硬之極。在這條議題攻防戰線上，香港的年輕人贏了，獨派贏了，特府和北京輸了。

港獨五、六十年前出現過，香港已沒多少人記得；今番再世只是兩年光景，還處於初生階段。不過，星星之火可以燎原——燒著全香港，京港當權派已不諱言此點，甚至認為會影響大陸。梁愛詩[2]說：「如果香港議員可以在立法會宣傳港獨，新疆西藏人民代表大會上那些代表都可以那樣做了。」顯見憂慮很深。

新思潮漸廣厚

此外，分離主義思潮影響漸深，讓香港人如同上了一堂豐富的社會科學課。這堂課的老師就是宣誓事件，特府拖得越長，老師便教得越深刻，獨派的意識傳播工作便越成功。試想：如果獨派要出錢聘公關公司替他們做廣告搞宣傳，要花多少錢才可以收到今天那震撼人心街知巷聞的效果？港獨精靈從瓶子裡跑出來，滲入港人意識裡，再也收不回去。誰贏，也很清楚。

近期有關統獨的討論，改變、更新了港人某些認知，下面羅列比較重要的：

- 一直以來，一般港人對「民族」一辭的認識，不外「中國人是炎黃子孫，黃皮膚黑頭髮」、「金髮藍眼的是外國人」之類的講法，要旨是民族屬性與生俱來，後天改變不了。如今不少政治敏感的大學生、中學生、緊貼時事的市民，都曉得幾套民族理論的主要觀點和內涵，包括費希特（Johann Gottlieb Fichte）、勒南（Ernest Renan）、史太林、班納迪克・安德森幾家的。勒南和安德森的理論認為，民族性主要表現為知行方面的價值觀念，可取捨、變化。一這樣想，個人和群體的國籍身分認同便不是固定的了。
- 對「中華民族」這個概念的認識，也從粗疏而神秘的「自古以來」的想像（有別於指漢文化的華夏），修正為一不過百年的後設觀念、為要保住大清版圖而把一批少數民族綑綁一起置在漢族之下的人為集合。
- 從深信不疑「中共是國家統一的護衛者」（因為它那「解放台灣、統一祖國」的調子唱足六十多年），進步到知道原來今天的藏疆蒙台獨，都是一九四九年之前，中共夥同蘇俄搞出來的；知道原來毛澤東早在一九三一年就搞過國家分裂，說過：「從今日起，中華領土之內，已經

2 梁愛詩：於一九九七年出任香港首名華人律政司司長，二〇〇五年卸任。

有兩個絕對不相同的國家；一個是所謂中華民國……另一是中華蘇維埃共和國。」毛甚至主張過把中國肢解成包括「湖南共和國」等27個中小國，尤甚於李登輝提倡過的把中國版圖一分為七說。

- 從前深信不疑廣東人主要是從中原南移的漢人之後，現在知道有另一個基礎堅實得多的實證人類學學說，謂廣東人的祖先主要是古越族或源於荊楚的畲族，亦即古代漢族認知裡的「四夷」當中的「南蠻」。歷史研究者徐承恩的文章《避無可避：中國國族主義眼中的港獨（一）》對此有扼要介紹。

還有兩點，近期亦越來越多人留意到：

- 國人一般以為中國歷代王朝都是大一統居多，但那是錯的；中國版圖分裂的時間遠較統一的長；如果要談常態，分裂的中國才是常態。一九八八年，上海復旦大學史家葛劍雄做過一個研究，得出如下結果：按比較寬鬆的「統一」定義，國史上存在大一統的時間約為35%至45%；若按另一比較嚴格的定義，則僅佔3%至4%。
- 大一統朝代當中，秦、元、明、清及當今共朝，政治上都非常專制、腐朽；只有漢、唐二朝的部分時間比較像樣，合共只三百多年。分裂的局面內戰較多，但也有好處，例如春秋之初，版圖上有124個諸侯國，卻是中國思想文化發展的黃金時期。當今中國也是分裂的，但無戰亂（除非大陸挑起）；香港、台灣獨立發展，至今比大陸富庶、自由、民主。大陸開放初期，獲港、台資本技術提攜，是其經濟改革成功的關鍵。大一統是統治者的恆常願望，對一般人民未必好，尤其如果管治還未上軌道，一錯再錯，風險極大，例如文革，可幸港、台未給大陸統一，都避過了。不統一是沒錯的；如果當初一九四九年都統一了，整個中國也許至今還在毛主義的最黑夜裡徘徊。

在香港這種資訊開放、人們不甘願信奉同一種官方「真理」的社會裡，每發生一次大型社會運動，都同時是一次全港民眾自由學習、更新思想的大好機會、民主政改運動是一次；這次出現的分離主義思潮，更帶來了深刻的關於國家、民族、歷史等方面的認知更新，是又一次。與此相反的，卻是當權派緊跟北方欽定的一套思想、這導致官民之間的認知、文化與價值鴻溝越來越深、越來越闊。

若果大陸的欽定思想是固定僵化的，那也許還好一些；問題是近幾年來，大陸的思想控制收得越來越緊。且不說特府處理議員宣誓問題上的粗暴手段會助長港獨思潮，便是港人與大陸的思想鴻溝，也因為北京越來越反智而日益自然而然地擴闊、加深，本身就成為港獨的催化因素，議員席位可以剝奪，民眾的獨立意識卻改變不了，甚或更強壯、悲壯。

《論語．子罕》記孔子這樣說：「三軍可奪（換）帥，匹夫（凡人）不可奪志。」意思完全一樣。這完全是北京咎由自取。

從雙學梁游[1]看社運的問責和免責

2016／11／30

今天和大家談社會運動裡的問責和免責問題，提出兩個普遍原則。

兩年來，有關的爭論在社運內部起碼出現了兩次：一是佔運「雙學」領導核心被指指揮不當導致運動失敗而受到強烈指摘；一是立會宣誓事件觸發人大強行「釋法」、令兩位當事人喪失議席，一時之間，二人「累街坊」之說如潮湧。爭議喋喋不休卻未能找到共識，原因不只是社運本身沒有（亦不可能有）權威的仲裁機制，更根本的是判別責任和免責的意識尚未成熟，一些合理的普遍原則更未得確立。

這方面的不足，不僅導致社運內部傷了和氣，長遠還會引起資源錯配，特別是社運領袖才能在質和量方面的不適度投入，後者尤其影響社運效率。簡單說，該問責而大多數人誤認為免責的話，會導致社運領袖的決策水平下降；可免責而大多數人誤認為應問責的話，社運領袖的供應會偏低（以人數或積極性計）。普通法合約法中的責任觀念與賠償原則，借助於同樣的效益分析，因而可資借鑑，雖然本文講的問責和免責，都指道義上而言者，非關錢財。

佔運問責　對比美國大選

希拉莉（Hillary Clinton，台譯希拉蕊）選輸了要負責，主因應該是，她本來贏面高，結果倒了灶。如果她選前民調一直大幅落後，結果輸掉，那麼她要負的責任不大，因為問題很可能出在整個民主黨的弱勢。但共和黨經過一輪浴血初選，內部分崩離析，而希拉莉挾奧巴馬（Barack Obama，台譯歐巴馬）民望超高、經濟風調雨順之勢，結果卻陰溝翻船；這樣子輸法，希拉莉要負很大責任。

再看佔運。運動的抗爭手段和動員力量十分頑強，曠日持久破紀錄，但事後冷靜回顧，撇開衍生出的很多正面成果不談，結論之一應該是：若以能否一舉爭得民主普選論成敗，則佔運贏面接近零，這可從三方面說明。

運動開展之前，北京已發表一國兩制白皮書、下達8・31決議，態度強硬，此其一。運動前期的民眾參與不算多，9・28催淚彈事件之後方始大量投入，很大部分是首次參與社運的年輕人，堅持一個月之後，民意支持漸弱，可見運動的基礎不穩固，此其二。政權的手段，首輪彈壓之後，以拖字訣及鼓動愛字幫[2]出馬為主，警力遠未用盡，解放軍也未有明顯動作，再要鎮壓，游刃有餘，此其

---

1 雙學：指學民思潮和香港專上學生聯會（學聯），為二〇一四雨傘運動的「大台」組織。

三。因此，佔運爭取不到民主普選，並非偶然，更非戰之罪，運動的領導所須負的責任其實不多，一些微觀層次的操盤正確與否，不是關鍵；民眾在清場階段及後有強烈情緒，部分人怪罪於領導，可理解但不公平。像周永康、黃之鋒、梁麗幗、岑敖暉、羅冠聰等主要領導者，都是香港不可多得的年輕人；他們在佔運經歷鍛煉，如果把他們弄得灰頭土臉心灰意冷、都差不多要「看破紅塵」了，那就很不幸。

宣誓事件「累街坊」？

由此得出一個一般原則：運動失敗了，領導者須負多少責任，與運動開始時的贏面高低成正比。換一個講法：階段性的失敗，問責空間其實很小（否則孫文等人在同盟會裡的領導地位捱不到一九一一）。

梁游出格宣誓，北京乘機發作，肆意取消二人的立會議席，所採取的「加料釋法」手段，更破壞香港的三權分立管治格局，對法治的侵害尤其嚴重。不少人嚴厲指摘二人成事不足敗事有餘，要「七百萬市民埋單」，簡直「累街坊」；另一些人則認為梁游沒甚麼錯，錯的是京港政權無理打壓，批評者搞錯了對象。政見本與梁游不同者，批評嚴厲，而與梁游相同者，則為其護航，大體如此，社運內部欠缺一個客觀、適用的問責／免責標準。

可用的標準其實有。所謂「累街坊」，無非就是普通法合約法講的「間接損害」（consequential

damages）。破格宣誓的直接損害主要是二人失去議席、支持者失去代表，責任分別由當事人自己及他們的支持者承擔。間接損害則起碼包括三方面：香港體制遭北京超限打壓而損及；補選結果可能讓當權派取得更多議席；其他出格宣誓但沒出得那麼嚴重的議員也可能受波及。這些間接損害，由他人（「街坊」）承擔。「街坊」受累，梁游二人需要問責還是可以免責？

普通法在處理間接損害時的法理原則非常重要，是一八五四年英國的一宗官司確立的（Hadley v Baxendale [1854] EWHC J70）。事緣一個磨坊主人 Hadley 用的機器的一個部件破損了，委託 Baxendale 開辦的速遞公司運給機器生產商按原樣補造一個，Baxendale 說第二天就可以運到；但是，速遞公司有失誤，以致 Hadley 收到新配部件時間遲了七天，於是 Hadley 把 Baxendale 告上官，要求賠償損失。

法庭先是按古法判原告得直，被告不服上訴，法官 Sir E.H. Alderson 推翻原判。該案成為普通法的一個重要先例，確立了一個影響深遠的間接損害免責原則：導致損害的一方沒有責任賠償在訂約之時按常理及當時所擁資訊而無法預知的間接損害。

原案中，Hadley 付了兩鎊四先令的託運費卻得不到正常的服務，那兩鎊四先令就是他的直接損害；新部件遲來七天因而引致的利潤損失，就是他的間接損害。Hadley 因為沒有說明準時付運的重要性，Baxendale 遂不能預估後來出現的間接損害，因而免責。

2 愛字幫：指名字以「愛」字開頭的親政府民間團體，如愛港力、愛港之聲等，二〇一四雨傘運動期間經常滋擾抗爭者。

法律經濟學家 R. Posner 這樣解釋：有此免責原則，世界上的 Hadley 們就會理性地把託運準時的重要性事先清楚告訴速遞公司，甚至願意繳付額外費用，要求特別處理；速遞公司因為事先知道事情重要，一旦出事不能免責，所以會特事特辦。但是，如果沒有這個免責原則，Hadley 就不會小心叮囑，更不會繳付特別運費，反正如果有損失，打官司按古法他也會得到足額的利潤賠償。從社會整體福祉看，後一種情況是低效益的，因為很容易避免的損失卻沒有避免。

免責原則 適用於梁游

上述免責原則能否應用到宣誓事件？關鍵是看梁游宣誓之前，按當時他們所具備的資訊作常理推測，能否預估出京港當局甚有可能採取後來的行動。這裡說的「常理」，指普通法的 reasonable man standard，或稱 common man standard，港俚是「路人甲標準」。按常理推測，梁游應該知道，以前也有其他議員宣誓之時，首次讀誓詞不按規定讀出，第二次才滿足有關的法例要求，完成宣誓；但同時，他們也應該知道，時勢不同，而他們的出格內容也不同，政權的反應也許不一樣。這兩點都是不必爭辯的合理推斷。

假定他們二人當時的估計是：按他們的計劃出格沒有問題。這是 reasonable man standard 之下的合理估計嗎？如果是，則北京後來的反應就是超乎常理可預估的，「街坊」遭受的損害因而就是常理不能預估的間接損害，梁游因而可免責；如果不是，二人就需要負「累街坊」的全責。這不是一個理論問題，答案應從當時的環境裡找。

注意二人當選和宣誓之間，有一個多月的時間。此期間，如果當時的政場路人——即政治智慧比普通路人甲高一些的人——都能預估獨派出格宣誓的後果有可能如後來那樣嚴重的話，媒體上便應有不少相關的討論，甚至會有聲音明確提醒兩個小學雞最好不要輕舉妄動拿宣誓儀式說港獨事。但事實上這些都沒有出現；當時政場裡一般人的心態，無疑是「等住食花生」，準備看熱鬧一如以往。也就是說，大家都是 Hadley，而梁游則是 Baxendale；Parsons 說的磨坊東主應該叮囑速遞公司特事特辦，其實沒有做到。

如此，有理由相信宣誓當時的 reasonable man 不能充分預估出格宣誓之後的局勢發展；根據上述免責原則，損害儘管出現了，並且非常嚴重，每位「街坊」都可能是輸家，但梁游卻是免責的。這說法當然十分不解恨，卻是合理的。「釋法」之後，李柱銘呼籲：「不要憎恨二人，因為就算他們根本是棋子，憎恨他們也只會轉移了視線，大家應把焦點放到『釋法』一事上。」也許已包含了這個免責考量。

由此得出第二個一般原則：社運人若因言行失誤導致公眾蒙受若干間接損害，應問責還是免責，可按照普通法的有關原則處理：視乎導致損害一方在事發環境裡按常理能否預見該等間接損害；能預見而未能避免，就應問責；不能預見，則可免責。（此原則可應用在六四天安門事件上：對大屠殺及其後的大陸政治重新專制化，廣場上堅決留守的學生和學生領袖是免責的。）

有人會說：在此等要事上，無知不是辯詞！那是合情之說，但不是正確原則的正確應用。「無知非辯詞」這個基本司法原則裡說的「無知」，是指對法律規定而言。事件中，梁游的無知，不是對法律的無知，而是對「加料釋法可改變法律」的無知，是對極權政治的具體無知。當然，經此一役，政場中人的確不能再如此無知，更不能拿這種政治無知作辯詞。「路人甲」是會透過獲取新資訊、提煉新智慧而日益進步的，上述免責原則的應用範圍因此會越來越狹窄。那是好的。

利申[3]：筆者在立會選舉階段公開支持好幾位不同派別的弱勢年輕參選人，包括青政梁游。二人失議席，筆者當然失望，但原來的立場不變。

3 利申：網絡用語，原意為利益申報，引申為重申立場之意。

彭定康、葛劍雄：統一分裂歷史怎麼說？

2016／12／07

今天筆者的話題由彭定康批港獨開始，但主要是介紹復旦大學教授葛劍雄的一篇顛覆性史學論文，透視香港新生事物「統獨之爭」背後的古老背景。葛教授那篇三萬字論文，研究了國史上的統一和分裂，在大陸學術界屬「走鋼絲」之作；留意香港分離主義思潮發展的人，無論持甚麼立場，讀了都會有益。

彭定康訪港說了很多話，筆者最欣賞他那句「我不能改寫歷史，香港回歸中國別無選擇」。他還是那麼得體地回答了關於他當年是否可為香港民主做更多事的尷尬一問。不過，彭先生有意無意之間「改寫」了他極力讚揚的佔運歷史，將之描述為一個單純、純潔的爭取民主政改事件，忽略了運動提出的最響亮訴求：「命運自主。」佔運因這個訴求成為了分水嶺，演化出兩個政治意識流：民主自決、民族自決。如果要說香港「走錯了路」，那個「錯」，是二〇一四年九月就出現了。

彭定康　篡改佔運核心精神

佔運之前的香港民主政改路線，無疑是與彭先生任港督期間的工作密不可分的。如果運動偏離了這條軌跡，他的功業、聯合王國交付予他而他出色地完成了的任務，就要褪色，最終甚或會給貼上「失敗」二字。所以，他這次特意來港大聲疾呼反自決反港獨，無論正確與否，都帶有濃厚的守業意味。離開香港近二十年，他依然是本地政治發展的重要持份者，所以儘管他以局外人身分為民主政改路線說話，卻不免於利益衝突。

歷史有趣之處，不只在於客觀史實本身，有時更在於論者如何書寫歷史：即對史實的主觀看法、包裝以至更改、取捨，以及背後使然的立場、利益、謀略或者更糟糕的東西。歷史與史學不同，史家與史學家也不一樣。一個小例子：佔運的事實是歷史，彭定康「改寫」這個歷史，而探討他那樣做的原因，就是一個「史學分析」。

葛劍雄論文觸碰的，是一個大得多的史學問題；他要揭示和推翻的，是自乾隆自封為「十全老人」以降，中國史家就統一與分裂的史實形成的那種歷史書寫方式和定見。這種根深蒂固的定見認為：（一）中國歷史主流是統一，統一的時間超過分裂的時間；（二）統一總是正義的，是人心所向，符合歷史潮流，統一的時間自然越長越好，統一的範圍自然越大越好。

上述定見（一）是怎樣得出來的呢？原來，傳統辦法是根據朝代來劃分統一或分裂的。如果一個朝代大體上統一，就把這個朝代整個都算作統一；再把這些「統一的」朝代從頭到尾的長度加起來，就得出國史上「統一」的總時間。這當然是很誇張的算法。

精算國史　分裂與統一孰長？

以清朝為例，享祚二百六十七年，但事實上滿人一六四四年入關，南明政權依然存在；至一六八三年清軍攻克澎湖，才真正統一。但到了一八四二年，香港割讓予英；一八九五年，俄英兩國瓜分帕米爾高原的大部分，日本拿走台灣。如果把這些山河破碎的時段減除，則清朝統一的時間只有一百八十六年，佔國祚的69%。

傳統觀念裡，秦、漢、西晉、隋、唐、元、明、清，都是統一朝代，國祚總和是一千四百五十四年；但實際統一的時間只有九百五十二年。若從西周有較完整編年史的頭一年（公元前八四一）算到今年，「中國」的總長度為二千八百五十七年，故統一時段按傳統算法佔51%，按較嚴格的算法則只有33%。

根據上述數字，無論怎樣看，也無法得出「統一是主流」的結論；若有一個主流的話，分裂才是主流。對此，我們或應問一個為甚麼。葛文沒有朝這個方向走，但我們不妨做一些簡單的探索。

以史上「中國」最大疆域而言，並以漢文化為此疆域內促進統一的凝聚力，其餘少數民族文化為導致分裂的發散力，則二力相加，若前者大於後者，則「中國」統一，反之則「中國」分裂。這樣看的話，結論應該是，漢文化的凝聚力實不足以長期穩定地統一「中國」。如果各族之間不動武、不以暴力或暴力威嚇為統一工具，則「中國」的統一時段所佔比例，連33%都沒有。

漢文化　凝聚不足、暴力搭夠

其實，漢文化在自己漢民族之中，也常常未足以導致團結。春秋時代，「漢」和「華」這兩個字，都還未有今天的政治意義，孔子講的是「諸夏」，指眾數的「諸」字，其實就代表分裂。近現代，國共都是漢人黨，但自民國十年（一九二一年）起，這兩個黨卻鬥得死去活來，一場「解放戰爭」就傷亡一千萬軍人，足與春秋時代的「諸夏」比爛有餘。

這說明一個問題：在文明、自願、非暴力的條件底下，史上「中國」最大疆域之內存在的各民族散發力，並非漢文化的凝聚力可以駕馭。「中國」太大了，統一不是主流，分裂才是常態；要統一，惟有用暴力。從這個觀點看，毛澤東當年提出要把「一個中國」分成二十七國，李登輝要把「支那」裂解為七塊，連同目下中國周邊五個地方的分離主義訴求，皆非無理取鬧，反而是有很強的文化理性，堪稱和理非非。

秦殖民南侵　港入中版圖

統一既需暴力或以暴力作後盾，定見（二）說「統一總是正義的」就有問題。傳統中華帝國論述裡，漢文化的傳播，靠的是「坐鎮雅俗、以德威服人」；這個講法來自孔子說的「為政以德，譬如北辰，居其所而眾星拱之」。當今中國旗上四顆小星拱一顆大星，用的其實就是這個意象。但是，從秦滅六國統一天下到共產黨踢走國民黨解放全大陸，都是用暴力。香港「回歸」，黃華說可以不駐軍此地，鄧小平就罵他胡說八道，證明暴力起碼是後盾。至於史上的開拓邊疆搞擴張，更是無暴力不行。

今年四月一日，新華社發表文章批港獨，指香港自秦朝以來便是中國領土，但沒說明是如何把香港地方納入版圖的，明顯為始皇諱。筆者於是引《史記》等文獻指出：「秦朝把香港併入中國版圖，是一起中華帝國侵略邊疆民族的嚴重罪行；當時秦始皇派了六十萬大軍南征百越，之後更大舉南向移民（包括流放罪犯），其手段和後來歐洲殖民主義時期的做法完全一個樣。」

對此，葛文講得更深入：「征百越，不能看成是滅楚戰爭的延伸；嶺南的越人絕不會主動進犯秦朝，所以秦始皇找不到任何藉口。當時秦朝境內的土地還未充分開發，不存在人口壓力，也不存在過剩人口需要尋找新的生存空間。這場戰爭完全是侵略性的，非正義的，越人固然堅決抵抗，秦人也不支持，所以秦始皇才要用強制手段徵集士兵和移民。」

其後，西漢征西南夷和大宛、宋吞南唐、北朝滅南朝、明清奪台灣等的大大小小無數次對外用兵，皆純粹是暴力擴張和侵略，根本談不上正義。「以德威服人」，將來不敢說，但從秦朝到一九九七，都是虛構。這樣子拼湊而成的帝國版圖，當然滿是裂痕，而帝國的態度一天沒變，這些裂痕就一天存在；就算不裂解，統一的政府也要花費巨額資源，甚至不惜動用暴力犧牲生命，才得以維持局面，例如在西藏；維持不了的，如在高句麗和越南，那些地方就成功分裂出去了。

帝國沒落　疆土過大、統一過長

由此，葛文引出「版圖不是越大越好」、「統一的時間不是越長越佳」的命題，繼而指出重要證據：西漢文景之治出現在武帝大舉擴張疆土之前；唐代天寶盛世形成於東西疆域收縮以後；明朝自放棄佔領越南、自北方邊界撤退之後，社會經濟卻開始穩定發展；清朝由康、雍締造盛世，乾隆則著力開疆拓土，但後者一旦完成了他的「十全武功」、造就了國史上「極盛疆域」之後，國運就馬上走下坡，終至萬劫不復。

這一條國史脈絡，與西方主流經濟學講的「最優國家規模」理論相符。耶魯大學史家保羅．甘迺迪（Paul Kennedy）研究了五百年來世界上包括大英等帝國的盛衰，一九八七年提出「版圖擴張過度招致帝國沒落」說，亦完全與之吻合。

葛文觀點如此「不羈」，採用的史實如此令強國尷尬，有其時代背景。他這方面的主要理據和結論，早在八〇年代初就出現在他的著作裡；那時大陸學術界的政治氣候還是比較寬鬆的，所以沒有問題。八九六四之後，他的著作一度受到禁制；後來發表的有關文章比較收斂，有時還加插光明尾巴：「我相信，只要中國堅持並擴大改革開放，不僅不會分裂，而且還能實現統一，走出『分久必合，合久必分』的輪迴。」

話說回頭。彭定康反港獨，與他在祖家反對 Brexit、反對英國本身存在的三個分離主義運動的主張一致。有趣的是，英國夠民主、夠開放了，但境內的獨立運動並不因而稍斂，反而在二〇一四公投小敗之後穩步增長。可見中國要走出分合輪迴，並不一定如葛教授說的那麼簡單。反過來說，民主和獨立訴求，亦不必然如彭先生說的互相排斥。

此間統獨之爭沸沸揚揚，卻因為彭先生高調參與而更形熱鬧。畢竟，僅僅是他的高貴身分和風度，以及他所選擇講話的場地——外國記者俱樂部和香港大學，便足以提升自決與港獨意識的品位，讓世人好奇、關注。至於他本人所持的強烈反對態度，有說認為「無傷大雅」，也許是對的；世界上所有政治運動，無一不是給罵著登台者。看點是，給彭定康這位絕大多數港人十分尊敬的人物罵過，港產分離主義會怎樣輪迴，更盛還是轉衰？

2016/12/21

特首選舉北京失控
財爺胡官兩張好牌

梁振英棄選，港共元老吳康民說是「被迫自動」的不尋常政治操作，引起諸多猜測很自然。筆者認為，不尋常之處是，北京在梁的政治鬥爭事業達到高峰的時候把他拉下馬。解釋這點是掌握目前香港政治局面的關鍵，其他一切是枝節。

梁氏公開的親共政治生命始於八〇年代中英談判期間出任基本法諮詢委員會秘書長；九七之後的幾年裡，他相對低調，只是掛著的一國兩制研究中心理事會主席頭銜比較突出。二〇一二年成為特區行政長官之後，不必那麼韜晦，馬上在政府架構內部建立起以極左毛派國家主義者為領導核心的中策組智囊團。然而，梁政府這個明顯輕政策重政治、以意識形態鬥爭為綱的陣勢未及發揮，便被學民思潮領導的反國教抗洗腦運動殺個措手不及。

上台即輸國教　報仇打壓學生

麻鷹輸給雞仔，這個奇恥大辱無疑深刻影響了梁團隊日後的鬥爭指向：老一輩反對派不足懼，火力要對準學生、青年，尤其是在傳統民主派政黨周邊及之外衍生出的新興政治組合和另類思潮。不能不說，梁團隊施政能力低下，政治上卻抓住了對當權派而言是問題的核心：取得主權十餘年，人心未服反倒潰敗了，而潰敗最厲害部分正正是「八、九十後」這個最應分大中華的本地「紅旗牌」人口股。

梁氏任內的好幾波政治衝擊：佔領運動、魚蛋革命、港大李國章事件、立會選舉獨派登台以及上周選舉委員會的「三〇〇大突破」，主力或是年輕人或是在佔運期間浮現的新中生代專業組合。所以，梁從二〇一四年施政報告把矛頭指向港大那些帶有初步分離主義意識的學生，到二〇一六年DQ青年新政兩議員，矛頭始終指向年輕人，從北京的觀點看，方向完全正確，儘管所採取的極左家長式高壓鬥爭路線大錯特錯而終歸滿盤落索。

毛理論從來認為知易行難：搞階級鬥爭解放全中國的大方向很清楚，共產黨人的責任就是找出能夠達標的最好路線。同樣，港共的長遠目的是赤化香港，那是不用說的，問題是走甚麼路線最能達到目的；如果到頭來年輕人反赤化最堅決，部分人主張的港獨更從無到有、越打壓越厲害，本來對北京最有利的「一國兩制」基礎（法治、公務員中立等體制規定）也打碎了，好好的二〇四七（真）回歸出問題，那就證明路線錯了，制定這條路線的香港領導人，無論是台前的梁振英還是（不那麼）幕後的張曉明就都應該革職、落台。

共產黨上頭一切講實效，下面只有方向正確立場堅定是沒用的，梁氏落台、張氏失勢，是意料中事，何況有人熱衷搞鬥爭，是因為像「四人幫」那樣只曉吃政治飯；也有人據《成報》說是正事不做，一面裝模作樣鬥港獨，一面讓一把手分派大小政協名銜換取好處。典型的極左路線下面，如常地藏污納垢。

然而，北京縱把港共極左派路線的代表請下台，卻不一定有把握成功培植自己認為最好的人替上。梁振英嚴重忤逆民意的最重要結果，不是他自己失去駕馭政敵的能力，而是反對他的人，都因而取得部分民意支持，行事不再需要唯北京馬首是瞻。換句話說，梁特主導的極左路線直接導致北京在這次特首選拔的過程裡失控。

反梁勢力坐大　北京無法阻擋

北京在選拔特首這關鍵港事上失控，從兩個方面可以看出：其一，若干參選者自把自為，沒有北京當局開的「綠燈」，甚至有些據說還得了「紅燈」，卻一樣敢於表明意向，去馬參選。在以前的各次特首選舉裡，當權派有意問鼎者，無論背後是甚麼派系陣營，未得到北京首肯，根本連公開表示參選意願也不可以，遑論去馬；像今次這樣，野心勃勃者未待阿爺首肯就打開口牌表明參選意向，是未曾有過的事。這是北京對香港精英政治心理管控的首次失效；「阿爺欽點」才能入閘之說，原來是可以違反的。

其二，佔運時期浮出水面的新中生代專業組合異軍突起，成為民主派取得325張選委票的關鍵；這幾百票加上上屆選舉時形成的唐派票加起來，完全有可能讓一個這兩股勢力都願意支持的參選人跨過601票當選門檻，儘管此人不一定是北京樂意支持的。

於是，是次特首選舉，北京既不能全權決定誰能代表當權派入閘，也不能決定入了閘的人當中誰能當選。這就是失控。共產黨管治的地方，政權出現失控，除了文革時期的「武漢兵變」等零星事件，要算香港這一遭最嚴重；究其原因，無非就是梁氏聲譽太低劣，以倒梁為目的的選舉動作輕易取得正當性，只要不違法，北京無法有效阻擋。

此情此景，北京如果要恢復掌控，惟有蠻來，DQ一些它不喜歡的參選人，進一步拆毀「兩制」，但那樣做極其不智，因為在這個局面底下，中共同時遇到兩個危機：一是黨國對年輕人的號召力崩盤，二〇四七（真）回歸的阻力比一九九七大得多；二是外圍形勢變壞，東南亞地緣政治風險惡化。

年輕人當中，九十後大部分還是學生或剛進職場，無錢無權無位勢，抗爭立場卻最激烈，離心力最強。八十後已經穩紮職場，其中為數眾多的專業精英，本是梁振英最落力爭取的階層，不料這次選舉委員會席位之爭，卻成為反梁主力；醫學界、會計界、大專界、社福界、教育界、建築測量等個人票集中的界別，反梁派聲勢大振。這兩批人士三十年後二次前途問題揭盅之時是社會中堅、棟樑，掌握最大部分社會財富，現在成為中港永久而徹底區隔的鐵板支持者，離心傾向遠比九七那一批強烈；而且，這批人的下一代的大中華意識無可避免進一步削弱。這叫中共如何是好？

面對這個世代危機，梁振英路線的對策就是加強打壓，但對付年輕人最無效的手段就是打壓，因為他們的精神心理上的修復再生力一如身體生理上那麼強大；經過連番重大挫折，年輕人會失望灰心「灰到爆」，但是在看似失意甚至絕望底下，心靈創傷修復機能卻靜靜發揮，抗戰意志轉眼便復原，而且更會像骨骼那樣因曾經損裂而再生得更堅固。這個現象，在反國教抗洗腦運動以來的跌宕起伏中不斷驗證。如果政權打壓年輕人一直打壓到二〇四七的話，港獨會失敗但人人皆港獨。

地緣政治險惡　香港再成窗口

鄰近地區地緣政治風險惡化，近兩年明顯加速。明年一月美國總統換人，特朗普上台之後，美中爭奪東南亞的矛盾勢必加劇，原有美日同盟不斷加強之外，還可能出現美國聯俄抗中、美台關係解凍甚至美軍再次駐紮台灣。此外，經濟方面出現了中國日漸被西方排拒的走勢；最近歐美日異口同聲拒絕承認中國經濟是市場經濟以利築起對華貿易壁壘，便是最不祥的預兆，外圍形勢有倒退到七〇年代時的那個模樣。如此，香港的「窗口」角色便會重臨。但是，要準備好扮演這個角色，梁振英搞的中港融合便是錯誤方向；香港應該走的路線，是中港區隔，即回復到中英談判之前的那種格局。

有這兩個危機，北京在梁氏政治表現達到頂峰（DQ 獨派）、破壞力也最強（導致年輕人鬧獨立）的時候把他拉下馬，就很容易理解。按此邏輯，不僅梁振英本人要下台，他所代表的路線也必須清算，管治風格與他相近的人物如林鄭和葉劉，也不可能接班，否則就是推行一套「沒有 CY 的 CY 路線」，於事無補。北京這次拉下梁振英卻讓他「做好做滿」，就是不給機會予林鄭署任、真除，不像董建華當年腳痛下台馬上讓曾蔭權頂替，以免其他人想入非非。這樣看，林鄭、葉劉是半點機會也沒有的。

本來，北京若要取代梁振英極左路線，重塑香港「窗口」角色，重新實現《基本法》要求的甚或更嚴格的中港區隔，在已知有志參選特首的人當中，民望最高的曾俊華應是首選，但北京明顯不喜歡他的西方背景。也許北京在放棄梁振英極左路線的同時，也否定了曾俊華，而寄希望於一個更容易操控的專業技術官僚出任特首。但要達到此目的不容易。就算把曾俊華擋下來了（例如由北京最高領導出面「挽留」他），民主派加唐派的票很可能都給胡國興，那北京就更不高興，於是三思之後，可能終於批准曾俊華辭職。論策略，胡參選是一張好牌，其意義在此。

五年前的唐梁板塊之爭，凸顯政經集團利益矛盾，最後梁板塊勝出。但梁氏執政五年，政治衝突成為主要，社會撕裂，年輕人造反要自決想獨立，中港矛盾越來越深，民調顯示港人對中央政府的信任度跌近歷史低點，中共特別是京官在香港神憎鬼厭。今天，梁氏一夥敗陣玩完；特首大位爭奪戰，筆者認為將是「港英餘孽派」與「忠字技術官僚派」之間的較量。要緩和年輕人當中的自決意識，要恢復、加強香港的「窗口」功能，前者是首選。

梁特誰隊冧？[1] 林鄭怎上台？

2017／01／11

梁振英在他搞愛國愛黨政治事業的高寐被北京突然DQ，失去爭取連任的資格，筆者認為他犯的錯誤有二，一內一外：內的是他把統治階級分化為多個敵對陣營、撕裂社會之餘，還挑起分離主義火燄，替北京添煩添亂，大搞其個人選舉工程卻在正事上乏善可陳；外的是在世界特別是東亞大形勢對中國越來越不利的環境下，不斷以極左手段破壞一國兩制，致令「友邦驚詫」（尤其是美國），損及香港對北京來說非常重要的「窗口角色」。

假若梁的錯誤只是前者，那麼對早已處心積慮要逐步赤化香港的中共而言，他的功過還可以「三七開」，北京縱不悅，也不會把他監生[2]拉下馬，但後者則無法不成為他的死罪。專長吃政治飯的梁特，竟然會犯上第二個錯誤而未能及早察覺、及時修正，原因有二。

《環時》搞破壞　梁跟車太貼

其一是，他和他的智囊受北京《環球時報》系的意識形態以及「強國論壇」之類的極端言論影響太深，幾年來不斷高舉「一國」矮化「兩制」，把香港說得一文不值之餘，還嚴重破壞了法治、廉政、公務員中立等「兩制」精華，已經「蜚聲國際」。其二是，美國政治海變，特朗普當選還未就任，中美關係、東亞形勢已驟然惡化，一切來得太突然，連北京那些善於翻雲覆雨的操盤者也措手不及而須急煞車，梁特一夥跟車太貼，於是人仰馬翻。

然而，真正影響下屆特首人選的因素還要看一月二十日特朗普上任之後如何推行說好的「百日維新」，其中包含他對主要進口國的態度、對亞太地區的關注和實力投入，以及他如何看待與中國和台灣的關係。特朗普的亞太政策越強硬，香港的「窗口角色」對中國便越重要，要保住便越困難。

由於這些方面還存在不確定性，所以北京最後首肯誰當特首，還須考慮下列場景和選項：（一）特朗普虎頭蛇尾，上任後十分溫和，那麼北京可讓林鄭配葉劉上，利用二人的「港英舊電池」色彩繼續瞞騙國際，實行「沒有梁振英的梁振英路線」；（二）特朗普硬中帶軟，則北京可讓表面上溫和得多的雙曾配出台；（三）特朗普非常強硬，北京滿盤落索，只好索性讓胡官上，向國際釋出善意，同時用其他方法規限胡官無謂硬拚，否則無法頂住美國壓力、保住香港這扇無價窗口。

1 隊冧：幹掉。
2 監生：強行。

美國越仇華　兩制越寶貴

最新情況，北京很難樂觀。上周，在朝鮮半島問題上，特朗普又借北韓揚言試射洲際導彈發飆，指摘北京在對美貿易上好處佔盡卻在朝鮮問題上沒出半點力。幾乎同時，特朗普就宣布委任美國對外貿易首席談判官勞勃・萊特海澤（Robert Lighthizer）。英國《衛報》指此人乃列根時代出道的超級仇華鷹派，多年來不斷指摘中國利用世界自由貿易體系佔足美國便宜，應受懲罰，特朗普任用他，首要目的就是要他來對付中國（其次對付墨西哥）。北京因此非常不快，但對著即將上任的「狂人」特朗普卻不敢造次，只讓《環時》以十分詩意的文句詛咒：「誰知道美利堅合眾國是不是歷史天空中閃過的一道流星？」

中國靠了香港這扇窗口，能建立與發達國之間千絲萬縷或明或暗的管道，在經濟金融方面尤其重要。香港則在九七之後依然能夠藉此享受美方給予而中國無法取得的各種優待，特別包括從美國輸入一些不能輸往中國及其他「共產國家」的高科技產品，原因就是香港和中國之間築起了「一國兩制、港人治港」的體制區隔。美國政府看待這個中港區隔非常認真，甚至用法律的方式作出了反應規範，此即一九九二年通過的美國國內法《美國——香港政策法》（United States-Hong Kong Policy Act）。

此法與《台灣關係法》不同，並不干預香港內政；它只是指明，一旦香港和中國之間的分野模糊了、消失了，美國就以對待中國的態度對待香港，原本給予香港的優待跟著消失。為此，該法規定一九九七至二〇〇〇年之間，美國國務院須每年對國會提交一份報告，認可一國兩制所定義的中港區隔仍然有效。後來此法修訂了，提交年度報告的要求延伸到二〇〇六年。事實上，美國國務院在二〇〇七年額外提交了一份報告，確認一國兩制落實十年很成功，於是由二〇〇八年起，年度報告不必再提交，那對香港很有利。

梁當政　美即收緊《政策法》

值得留意的是，《香港政策法》判別一國兩制是否繼續存在、中港區隔是否繼續有效，標尺就是在該法條文中11次提及的一九八四年簽署的《中英聯合聲明》。然而，二〇一四年十一月底，中國「半正式地」向英國表示，《聯合聲明》已於一九九七年七月一日香港特區成立、《基本法》生效當日同時失效，而此後英國對香港再無任何「道義責任」。英國政府即時反對這個說法，但反對無效，因為北京看穿了英國為了商業利益想當「中國的最好朋友」，根本不會再在香港問題上說三道四。不過，美國的反應不一樣。

二〇一五年四月，美國國務院在停止了七年之後，在沒有法定要求底下，主動向國會提交一份報告，其中指出中國政府和特區政府的若干行為有違一國兩制規範，這包括二〇一四年六月北京國務院發表的「一國兩制白皮書」、特區政府其後提出的政改方案、引起佔領運動之後特區政府的一些對付抗議人士的暴力手段，等等。報告還指出美國政府收緊了敏感商品出口香港的備案審查等規定。

本來，梁特如果有足夠國際政治觸覺，當會即時懂得收斂一下，但事實不如此。

二〇一六年五月，美國國務院再次在沒有法定要求底下向國會提交年度報告。這份報告對中港政府干預一國兩制的行為作了更多質疑，一面尖銳地指出，在香港發生的李波事件上，美國首次指控中方違反《中英聯合聲明》（這意味著美國不認為《聯合聲明》已經失效）。此外，梁政府在港大副校任命一事上授意否決陳文敏教授的任命提議，其後更不理學界強烈反對而委任李國章為港大校委會主席，報告認為都是政府干預大學學術行政的事例。

大家可以推斷，二〇一七年美國國務院也繼續會有一份年度報告，提及香港去年夏天及後發生的多起立會選舉DQ事件、人大主動以「釋法」為名替香港立法、給法院審判作強力指引的先例。大家也不難估計，特朗普的亞洲事務官員會怎樣寫這一個報告，以及報告寫好送到由共和黨控制參眾兩院的國會討論，會有甚麼結論。到時，美國國務院就算不作出最壞的結論（一國兩制失敗，香港不再與中國有效區隔，美國不應再予香港優待），也很可能會發出十分嚴厲的警告並初步制裁香港，令中國很被動。

隊冧梁特者——美帝

筆者估計，奧巴馬政府很可能於十一月底透過外交管道暗地給了中國一個溫馨提示；北京一急，拋出梁振英。這就可以解釋為甚麼梁特陰溝翻船得那麼突然；習近平對梁似乎早有意見，但壓垮駱駝的最後一根稻草卻來自老美。不過，平情而論，梁氏私賣港人利益，尷尬下台乃天意，但他絕非破壞一國兩制的唯一罪人；不少壞事都是北京手筆，例如銅鑼灣書店事件，梁政府不過被動配合，不阻止、不抗議、不調查，不了了之。罪有應得之餘，他也是半隻代罪羊。

大家也可能留意到兩則或有關連的新聞：一是本月二日的新聞報道指奥巴馬政府將在卸任之前發表一份報告，建議阻止中國併購美國半導體行業高科技公司；起勁反華的特朗普政府求之不得。一是上周梁政府宣布一件「選舉工程」：香港和深圳將合作在邊界以南的河套區建設比原定計劃大得多的科技園區，並大量輸入中國專才。

這件深港同城工程和「西九僭建」一樣味道，無疑本來都是梁特處心積慮要在他自己宣布參選之時公布的策略信息，現在卻變成林鄭的競選亮點。不過，此項高科技同城化工程從中港美三角關係看，非常敏感，可能進一步刺激美國國家安全疑慮，結果導致美方更嚴格限制美國高科技產品輸港，因為以後香港科學家接觸得到的美國尖端科技產品，中國科學家也可直接接觸到；按行會梁粉的說法，甚至有可能將來大部分的「香港科學家」都是大陸來港的「新香港人」。

矮化香港最大輸家——中國

明顯，有人為了一己選舉利益，不惜犧牲香港利益。類似這種中港融合、深港同城的政治工程越來越多的話，很快有一天美國會按《香港政策法》了結給香港的優待。當然，一些中港喉媒、極端分子、《環時》派的人會說：美國的東西不稀罕，中國的更先進。如果北京領導人不是傻子，應該看得清楚：香港由一些執行「沒有梁振英的梁振英路線」的死硬派人物來領導，所有港人都會是輸家；而且，一旦香港的「窗口作用」消失，更大的輸家是中國。

兩司對決公務員分裂
林鄭上台做不滿五年

2017／01／25

「連任DQ大爆炸」塵埃稍定之後，四個意圖參加小圈子特選的遊戲人，包括民調領先而西環港共決意封殺的曾俊華，最後都可進場搏提名；不然的話，北京在本可完全操控的機制之上更需添加一重篩選，那就真正貽笑大方。

四人當中，有京港高層派系各自心水馬，不在話下，但其餘參選人勸而不退，而且還可能左右大局、替「戲肉中人」勝負添加不確定因素，卻是北人始料所未及。北京首次在特區大政事上如此局部失控，毋乃由於西環／梁特管治太不堪，失去威信難服眾，以致無論當權派還是反對派中的黑馬忤逆「上意」進場而無所懼，因為有足夠市民撐腰。但這個「第一次」，並非是次小圈子特選唯一新生事物。

文官撕裂　葉劉離心

頭兩次特選，公務員基本上抱持中立。其後唐梁之爭，大多數政府人員偏好唐氏，「支左」挺梁的只有幾個房屋幫，公務員大體上無分裂；真正分裂了的是商界。畢竟，對公務員而言，唐梁都是「外人」、「他者」，牽動不了整個官僚體系。

但是，目下的特選有一空前獨特處：兩個大熱一個月之前還是穩坐公務員第一和第二把交椅、各擁自己雄厚馬房[1]的資深AO頭。曾俊華有他的財經系人馬；林鄭則除了繼承房屋幫之外，還有她的一部分非財經系勢力。儘管目前相繼站出前台襄助二人競選拉票的公務員都是退了休的，但人剛走茶未涼，各自的官場關係網依然完好。火併持續個多月，文官系統必一分為二，彼此之間敵意將空前強烈。

論兩路人馬多寡，林鄭因為緊跟梁振英，支持她的公務員是少數。如果西環成功讓出身AO的「女版地下黨」上位，特府管治將遇到前所未有的內部阻力。這種阻力難消弭，因為當中包含價值和效率的雙重因素。首先，儘管「民主」不屬公務員核心價值，但他們一般比較重視公正；如果在小圈子選舉裡，連最低限度的公正也做不到，民望高的反而踢出局，那麼一般公務員就會反感。從另一個角度看，民望低的人上台了，無論推出甚麼政策都會遭遇更大民意阻力，公務員的工作就更難做好，因此而遷怒林鄭、不服西環的情緒就容易滋生。尤甚者，這些反感和憤懣在馬房色彩淡薄、具

1 馬房：意指政治團體當中任人唯親的現象，培養私人親信的文化；在香港的政治處境下，具體尤其體現於政務主任與新進公務員之間。

體負責執行而凡事習慣按規持平的事務官（EO）群體中特別強烈，因而直接影響吏治。[2]

若林鄭上台，除了令公務員隊伍深度分裂之外，還會出現意想不到的後果──號稱「最有承擔」的葉劉為北京賣命多年，滿以為可得眷顧，但看來連150張提名票也欠奉，所以她和她的新民黨必會走上類似自由黨的路，成為反對林鄭政府的又一勢力，其「女性殺傷力」甚至合比自由黨更大。

強勢反林鄭　五年做不滿

另一全新現象就是，還未開始跑，兩隻頭馬各自遇到的敵意已空前強烈。回想首任特首董建華、二任特首曾蔭權，上任之時民間支持度很高，中央政府力挺，港共也不嫌他們的資本家或港英餘孽身分而統一口徑支持。唐梁之爭，背後板塊利益固然互相傾軋，但港共兩個都能接受；唐的民調支持度本來很高，因醜聞逆轉之後，梁的就急升，甚至當時有民調顯示年輕人當中七成以上支持他這個出身草根的候選人。

但這次特選不一樣。兩隻頭馬一開始就各自遇到龐大反對力。曾俊華被西環、港共和喉媒百般阻撓乃至詆毀羞辱，不僅「用完即棄」，還給當作內奸外敵來打，好不令人心寒。林鄭則繼承梁路線，新近還大肆渲染得到董建華的祝福支持，結果同時在好幾個民調裡錄得過半市民不同程度的反對，以致ABC的意思竟已變成Anyone But Carrie，甚至有人罵出「萬惡林為首」；「八達唔通」[3]之後更被指「堅離地」[4]，在在顯示民間對她的反感和輕蔑。

三個特首「高開低收」，當初的高支持度不敵後來露出的低能、庸碌、殘暴，以及收到京官指令貼貼服服、對著港人不同意見則不屑一顧的兩種嘴臉。但這次我們進一步看到的是，排頭兩個候選人早在競選階段已遇嚴重逆風；這般前所未有的「低開」，無論最終誰上台，也會面對不可想像的管治困難。

若曾氏上台，西環、港共、喉媒等天天反對他，特府固然無法有效施政；但如果林鄭當政，則特府更會「車毀人亡」。泛民和唐營繼續與她為敵，年輕人跟她不共戴天，分裂了的公務員系統泰半會暗裡使勁對付她，再加上葉劉的明槍暗箭，林鄭的位勢哪能不比梁特更弱更不濟？狼狽之間，每下愈況！小圈子「選」出來的三個特首都不得善終，連善始也莫能的林鄭，又怎麼可以？故筆者的判斷是：送她五年，她也不能做滿。

「東方紅」續集有睇頭

二〇一一年梁唐對砍，政治方面，筆者喻之為「東方紅鬥女兒紅」，後來上演的是「東方紅」，

---

2 EO：Executive Officer，指行政主任，俗稱行政官。在香港公務員制度設計上是以資源與系統管理為專業的行政人員，參與不同政府部門或決策局的行政工作。

3 「八達唔通」：林鄭月娥在參選特首期間，落區乘搭港鐵，卻不懂得使用八達通（類似台北使用的悠遊卡）出入閘，須別人協助，被譏諷「離地」，即和民間脫節。

4 堅離地：香港俗語，形容想法、行為與普羅大眾脫節，不知民間疾苦。當中「堅」在香港話亦有「真的」、「確實」之意。

一國兩制應聲高速走樣變形；年輕人為了自救，開始探討自決以至港獨等分離主義道路。此苗頭受梁政府高度「關注」，在一個又一個「刺激／反應」回合裡不斷壯大，形成一股北京終不能忽視卻又無法壓抑的思潮，間接導致梁振英出局。

站在京港當權派角度而言，梁特下野在即，若北京採取懷柔政策，趁勢去掉「刺激」以紓緩「反應」，未嘗不可逐步解決分離主義問題。不過，如果北京當局以為換上一個「女版地下黨」便可以了，那就大錯特錯。林鄭當政，會出現下列發展：

其一是，導致分離主義思潮澎湃的「刺激／反應」機制會強化。林鄭在佔領運動中當了梁氏鎮壓路線的參謀長和總司令，與新世代結下不解的樑子。由她承襲梁路線當政，矛盾不可能消弭，祭出的「刺激」必不會少，各種形式的「反應」亦會加倍強烈，直接給分離運動添加燃料。要注意的是，運動一旦超越初生階段，不會單純扮演「刺激／反應」中的被動反應方，而會反客為主，俟機主動作出擊而待特府反應。每一個成功的新興社會運動都會遇上、要跨越這個變被動為主動的門檻；林鄭上台，正好形成了一個這樣的門檻，挑戰分離運動去跨越。

其二是，世代矛盾會因林鄭上台而出現二元發展：特府與新世代之間的鴻溝只會更深更闊，但在社運內部則會出現調和，以老一輩為主的大中華民主派將匯合新世代的本土分離主義思潮，形成筆者說過的「大中華港獨」，先隱後顯，最後成為運動主流。

港獨最終型的三階段證成

「大中華港獨」出現的過程，可用黑格爾辯證法的「正反合三段論」來描述。先是，反對運動裡只有「民主派」，其大中華底蘊是不必言說的；這是三段論第一段的「正」。其後，在北方外力不斷破壞兩制而危及年輕人長遠福祉的情況之下，民主派裂變出分離主義，其極致表現為否定大中華的本土港獨，形成了三段論第二段的「反」。此新生一極在社運內部的對立面（即原來的民主派）於是被賦予「大中華」標籤，兩極同時存在。

「正」而生「反」，因為有北方外力；「正、反」趨於「合」，依然是同一來源的外力引致。北京主導的銅鑼灣書店事件，首先催生了以林榮基為意念象徵的「準大中華港獨」，給老一輩反共人提示「中華」與「港獨」可共容。跟著，北京透過梁及林鄭，強行以僭建方式把故宮博物館香港分館空降西九。此舉是關鍵。

大家知道，中共壟斷了國家層面的愛國權，誰愛國還是不愛國由黨認定；民主派的愛國，於是被壓縮到文化歷史地理層面。但自北京透過收發回鄉證操控民主派的入國權之後，後者的地理層面愛國（愛祖國壯麗河山）已很困難。其後，教育局不斷把黨版史觀灌輸到中小學，亦令持平的歷史愛國越發不可能。及至故宮博物館空降西九，暗帶黨版文化觀的特洛伊木馬於是進城，勢將顛覆港人對傳統中華文化的理解，文化愛國亦將由中共定義、壟斷。

往淨土的信念通道

「大中華民主派」的愛國空間如此被北人步步壓縮到了「無地自容」的境況，自然出路便只有兩條，一就是認輸，把自己的愛國心和中華文化裡所有珍貴的價值都「卷而懷之」；一就是為自己心目中的中華求一小片淨土，致力實現港中之間徹底而恆久的區隔。後者即所謂的「大中華港獨」，亦即三段論最終段的「合」。

梁特主政到今天，香港民主派大中華人與這個「合」，之間只有一步之遙；這僅餘的一步阻隔，就是一般港人頭腦裡以為的「港獨斷水絕糧不可行」。然而，古老中華傳統裡也有讓人繞過這個阻隔的信念通道，那就是千百年來儒家每在絕境中抱持信念時的基本態度：知其不可為而為。梁特之後，林鄭會是把民主派大中華人導入這個信念通道的推手嗎？

雞年論林鄭白切剖視與梁曾異同

2017／02／01

雞年伊始，筆者祝大家新春愉快，身體健康，屬雞的都安好太歲，百事和祥。大人物當中，市民特別要為林鄭祈福，因為她今年剛好六十，屬雞，本命年當上特首的話，一損則港人皆損，一榮則港人皆榮也。

與梁切割枉費心機

林鄭近日見勢不妙，開始與「梁包袱」作口頭切割，特別想擺脫「梁振英2.0」標籤。本來，在看似牢不可破、西環話事的政治環境裡，任何特首參選人效法梁特效忠黨國，支持一系列「中港融合」政策，最堅定不移地朝一國一制方向接軌，即可取得西環青睞，「阿爺選委票」便唾手可得。無奈形勢不變，北京陣前易帥DQ梁氏之後，西環地位越顯不穩，林鄭察覺跟車太貼會出事，遂有必要在戰術上淡化與梁過分親密的不利形象。

然而，三尺冰封非一日寒。梁特人脈關係貧乏，人事資源與公務員體系不兼容，但五年來竟能作出非常有效的政治決策，瓦解佔運、拖垮政改、擊退獨派進佔立會，靠的就是林鄭。世界上沒有無緣無故的恨和愛，西環／梁特如此關照她，為捧她上位而調動港共和商界，甚至刻意中傷攻擊同樣對黨國特府忠心耿耿的曾俊華，製造出公務員團隊中的「馬房」敵意對立也在所不惜，印證她這位前朝遺臣是如何經過一番無保留洗底努力，最後取得西環的絕對信任！

有此不凡履歷，林鄭試圖與梁路線切割，恐怕是「白切」，枉費心機了。大家知道，自梁氏上台之後，特府作公職人事決定之前，所有合資格人選都要過政治關，把關的就是中策組高靜芝，過得她的法眼，政治就合標準。一月十七日《大公報》報道，高氏對林鄭作了三點評價：能力有目共睹、有心服務香港、並會延續特首梁振英的政策。最後一點一錘定音。

梁當政五年，所提倡的「中港融合」政治總路線，具體落實靠林鄭；梁下台了，他的路線要延續，靠的還是她。然而，她是港英舊電池，政治上翻了身，梁肯定給她不少助力。由此可見兩人互補性極高。傳說中的狽，前足短小難跑步卻善於辨別獵物方向，而狼則跑得快但嗅覺有所不如，狽於是伏在狼的背上協力出擊。互惠互利，何可切割？一般而言，言語上的重疊還可分拆，行動上的耦合要切割就很難。

互補之餘有雷同

無獨有偶，梁在競選過程中，走運靠的是僭建——唐被及時發現了的和梁幸運地稍遲才給發現的；林鄭在現階段支持她的北人和港共心目中地位大幅拔高，靠的也是僭建——「西九僭建」[1]。後者規模宏大得多，而且是在民族主義和文化公益名義下搞的，所以儘管手法完全違規，大眾亦莫奈之何。可以這樣子把梁和林鄭排比對偶，固然有其偶然成分，但二人的雷同處，似乎俯拾即是。事例之一是他們最近各自發表的若干選舉言論，足見二人性格上的一點共同處。

林鄭周前在一個媒體吹風會上散播「自己參選是為了避免選委會選出個北京無法接受的人，造成憲政危機」，然後當場補上一句「北京任命司局長和任命特首用不同標準」。輿論譁然，於是她又補上一句虛語：「不是針對任何人。」

胡官聽了，批評她「極不君子」。任何港人，只要不是白癡或全然不關注政事，否則都清楚知道林鄭在針對曾俊華，而她竟然說了就否認。其實，她的話已不止於針對，而是出暗招點死穴大打擊；用大陸通行說法形容，就是「往死裡整」。對著一個三十多年老同事，本來無仇無怨，況且不幾天

1 西九僭建：二〇一七年，時任政務司司長、身兼西九管理局主席的林鄭月娥，突然公布將在西九文化區內興建香港故宮文化博物館，被視為是她參選特首的競選策略。

前還說了要和人家來一場「君子之爭」，自己卻在「終食之間違仁」。胡官的評語，背後自有孔夫子的德威；筆者若要形容，卻只想得出一個字：狠。

梁特呢？兩年前，筆者寫了一篇題為「梁齊昕[2]的處境不就是香港人的一個縮影嗎？」的文章，刊在小眾報紙裡，提及齊昕之處，筆調都是同情。沒料梁特反應非常激烈，向筆者發的公開信竟鬧得滿城風雨。為免進一步影響梁小姐情緒，筆者當時主動收筆。上周，梁特接受媒體訪問，卻反覆強調一點：每晚看望齊昕，覺得力不從心，因而決定不爭取連任。這種說法，便是真的，也不宜由做父親的宣之於口、公告天下。試想：女兒的健康，導致父親如日中天的事業戛然而止，連累香港失去一個卓越領導人；做女兒的如果相信父親的說法，不是太沉重了嗎？

Desperate!

梁特那樣說，有多種政治收益不言而喻，然而卻可能導致女兒心生強烈罪惡感，影響康復。後者危險，梁特當然明白，話卻還是一再說了，而且都準備得非常好，絕非即興。如果也用一個單字來形容，應該是哪一個？

梁先生，為免更深傷害一個人，你可曾停過口？

通常，一個人在做一件要事或者參加一個重要比賽要奪標，如果成功的機會很高，甚至是篤定的了，那麼他會很淡定，所謂胸有成竹。反過來說，如果他忐忑不安，到處張揚，談自己的贏面怎麼高，別人如何不濟，終了還搞小動作；不僅自己如此，隊友也同樣空群而出，不停造勢，那就顯示他的贏面縱不一定沒有，卻是比較低，團隊都沒有把握，於是表現得很 desperate。林鄭和她的廣義競選團隊，包括她的競選辦、喉媒、港共政黨、商界大號支持者等，無疑都有這種傾向。（葉劉亦然，不過沒有去到搞小動作或放冷箭中傷他人的地步，政治靠攏北京無底線，道德上則還未越位；沒有西環大力支持，只能「入閘當贏」的她，真無必要付出太多。）

這個規律後面，有理性原因。造勢行動如果密集、高調、急促，達到了 desperate 的地步，成本就會很高，偶一不慎而犯錯的話，代價就更大；如果贏面本來已經很高，比方說已經達到了九成九了，那麼，拼老命付出更多，贏面卻很難增加，搞不好犯錯了，贏面還會下降，何苦？當然，這不是唯一理性解釋。還可以想像，梁和林鄭一直以為連任不成問題，所以可能做了不少需要靠著權力才可掩藏的「陰質事」[3]，現在連任很可能泡湯，慌了，就 desperate。

2 梁齊昕：梁振英的女兒。
3 陰質：粵語「缺德」之意。

從這些角度看，皆可說明林鄭並非她的支持者所傳說的「真命天子」，她要走的路還很遙遠，甚至可能永遠走不通。至於政治上低調、親和力比較強的曾俊華，辭職參選以來，一直從容淡定，調子和言行和以往沒有多大分別，信心似乎很充足，但我們卻沒法從邏輯上推斷他的贏面很高，因為贏面很低的競爭者，也犯不著那麼 desperate。

或者我們可以再從另一個理性觀點看曾和林鄭的選舉風格差異。

首先值得一提的是，選不上特首，薪酬方面的機會損失，五年便達兩三千萬，這對曾和林鄭這種堪稱高級打工仔而言，絕對不是小數目，為此而出盡吃奶之力，亦人之常情，並不需要訴諸愛國愛黨大道理。（前一陣子流行譏笑參選立法會議席的人目的是「脫貧」，但這兩個人當然不貧，失掉幾千萬是未能錦上添花。）然則為甚麼林鄭那般 desperate 而曾卻顯得從容淡定？答案在於，一旦落選，他們各自的「剩餘價值」很不同。

落選後的剩餘價值

曾俊華財經系出身，若要在商界發揮「餘熱」搵真銀[4]，還大有用武之地，而且絕不限於香港，收益甚至很可能大幅超越當特首的薪俸。況且，他民調跑第一，輸的話，百分之百是政治因素使然；這對他在國際職場找機會，不構成負面因素。如此考慮，曾的確有本錢從容淡定一些。

林鄭管社會政策出身，雖然掌過庫務局，也不過是當管家，敗選之後的市場價值不高，失掉兩三千萬的收入就「幾係嘢」[5]。政治上而言，她一敗選便成為「雙失」、「雙無」：既無深厚民望，亦暴露了自己從來不是北京主流派的馬。這不僅限制了她的職場前途，連她退休之後住在哪裡也成問題。在香港，港共看風使帆，會馬上棄她如敝履；民主派更會不齒這個連下場也一樣的「女版689」。英國不會很歡迎她，因為她屬於支持「《中英聯合聲明》早已失效論」的那派人；而且，在那邊的小鎮生活，流言蜚語尤其厲害，遑論還有吃回頭草的尷尬。在中國，無論是北京還是深圳，大陸人勢利，會給她白眼，搞不好還會有後續派系政治風險。

Desperate 一字，北方官話沒有足夠傳神的繙譯，粵語的「猴急」卻相當貼切。

---

4 搵真銀：粵語「賺錢」的另一說法。

5 幾係嘢：粵語「不可低估」之意。

裡通外國薯片[1]遭鬥臭　十年浩劫牝雞搶司晨

2017／03／08

爭位遊戲未到尾，共產黨的「中國特色」便原形畢露。被西環系人馬和喉媒明指為外國勢力代理人的一號仔John曾，好比當年給老毛打成「叛徒、內奸、工賊」的中共副主席劉少奇。他只不過提倡「與民休息」，也馬上被指別有用心，如同劉當年被批搞修正主義的「鬥爭熄滅論」。誰說文革的意識形態已經消失？

無中生有製造矛盾，是西環／梁特經常幹的事，而真正存在的大問題卻從來不敢面對。比如說，他們現在搞窩裡鬥，拚老命也要倒曾捧林鄭上台繼續執行強硬路線，但那樣會產生甚麼嚴重的矛盾？管治因而會遇到甚麼新的困難？對香港有甚麼影響？本文就與此有關的三個潛在／新生矛盾逐一分析。

林鄭上台　先鏟梁粉

林鄭與梁班子的矛盾絕不簡單。港人無論甚麼政治立場，現在習慣想像她與梁共穿一條褲子，卻忽略他們之間的權力矛盾以及背後的實利衝突。二人政治出身不同，因利益而苟合，執行同一條西環制訂、以強悍手段赤化香港的路線（所謂的梁路線，實質是西環路線）。她若入主特府，一降一升，主客易位，那麼她首先要做的，就是剷除絕大部分梁粉，特別是務必奪回特府內外實質銓敘權，安插自己心腹。

梁在中策組設人事衙內，不斷架空本由公務員事務局官僚體系把持的提名與審核機制；林鄭上台，竊掌此權的「高妹」必倒。林鄭政綱裡已經寫清楚：中策組要改組，「不再參與法定機構和政府委員會的人事任命工作」。一葉知秋，快則馬上，慢則半年一年，盤踞在行會、特府高層、中策組、各重要公職如大學管委會裡的核心梁粉，均須執包袱讓位。到時，西環的權力泰半會向林鄭傾斜，以保她施政順利。梁或會以全國政協副主席身分插手港事，但林鄭絕非省油的燈。梁乃污點特首，有 UGL 等把柄給林鄭抓住，如不小心，幾年後的下場很可能跟曾蔭權今天的一樣，甚至更差。

林鄭與大多數公務員有矛盾，是好幾個因素導致的。首先看淵源：John 曾與 Donald 關係密切，後者以前在政府的最大馬房由前者接收。這次選舉給西環／林鄭夾硬擠出局的葉劉，在官場中的支持者也不少，他們對林鄭不會有多大好感。這兩點都是就比較高級的公務員特別是 AO 而言。至於

---

1 薯片：指曾俊華，因為曾外表酷似洋芋片品牌「品客」的標誌吉祥物，故被戲稱「薯片叔叔」。

數量更多的 EO，因為西環硬捧一個民望較差的人上台當特首，推行政策必遇更多阻力，處一線實幹的 EO 無辜成為磨心，自然對林鄭反感。

至於林鄭自己的馬房又如何呢？分析這點要看梁特上任之初發生的麥齊光事件。可信的說法是，長期潛伏在政府內部的共特與梁特合作，要給林鄭一個下馬威，空出發展局局長的關鍵位子容納梁粉；林鄭「識做」，讓她的手下都寒了心，後來導致麥齊光宣布支持 John 曾。更重要的原因是，公務員也是人，論基本政治態度，沒理由與整體社會差太遠。也就是說，在親共還是反共、愛黨還是愛港的大問題上，公務員大體上還是按「六四黃金率」[2]分割的。那麼，現時民調裡顯示出的各參選人支持度，也就構成公務員群體裡相應數據的基點。

為了翻這個盤，林鄭有一招可出的，就是特赦。現時當權派的極端分子要求特府立即特赦七警，這份殊禮西環讓林鄭上台之後分發，比讓梁特在落台之前做，有更長的嘗味期限；但特赦七警對爭取文官支持無大幫助，死硬藍絲公務員是極少數。因此，林鄭上台，很可能特赦 Donald 以籠絡曾系公務員。

但如此翻來覆去，當權派在政府內部的鬥爭最後也會把一個本來建立得很好的管治機器毀掉，如同上述精英內鬥把整個香港也折墮[3]了一樣。廉署墮落，其實就是香港政府整體墮落的一個先聲和側影。

年輕專業　反共愛港

前述兩個新矛盾，都是統治層裡的矛盾，發展向壞。跟著這一個，是統治集團與人民之間的，發展向好：此即林鄭與各專業界新世代之間的矛盾。

先從梁特談起。此人出身專業，九〇年代年代以來便著重打專業北上牌。當初，策略非常成功，讓不少獅子山下老一輩（陳茂波輩）已有在港事業根基的專業者更上層樓，成為雙重既得利益（美俚 double-dip）；他們因此容易成為梁粉、傾向親共，或多或少替北京搞統戰說好話。可是，二十年之後情況變了。大陸專業已逐步成形，香港業界再要北上，大陸不再認為是助力而是要分一杯羹，所以越來越難；這和今天不少外資在大陸受冷遇而打退堂鼓是同一境況。今天，連根基深厚的香港業界公司也難在大陸競爭，遑論出道不久的年輕個體專業人。

更重要的是，以前專業人北上猶可以說是為了幫助祖國進步、發展，但大陸政治走回頭路，中共愈發專制封閉，甚麼專業道德和守則在體系貪腐下都沒有發揮的餘地，香港年輕一代專業人因此自覺與大陸市場疏離，不再認為那是個人和國家前途之所在。他們更同時驚覺，九七之後，香港社會經濟各環節反而都受到大陸官商資本入侵，專業精神和水準都受到腐蝕，梁政府不斷鼓吹中港融

2　六四黃金率：香港立法會地區直選中，長期以來民主派和建制派得票的比率約為六比四。

3　折墮：落得悲慘景況、倒霉之意。

合深港同城，他們因此大感焦慮，卻一直未能有效阻止。

這就是為甚麼大量年輕專業人於二〇一四年參與佔運，並且在運動後期按不同行業組織起來，繼而在特首選委會裡發揮驚人作用，借支持 John 曾反林鄭打擊西環，顯露了愛港反共的實力。年輕專業人是明天的香港骨幹、業界中堅；林鄭上台的話，他們勢將與這位因負責鎮壓佔運而有功於黨國、手上沾有遭暴者鮮血的特首不共戴天。

本土資本　板塊生成

上述三大矛盾都是新的，林鄭縱非無能之吏，也難以招架。此外，梁特仗著背後權勢，踢走老左曾德成，一點面子不給，得罪半個地下黨。後者平時低調，關鍵處卻有本事還以顏色；選委會裡有他們的票，這次用來對付林鄭這位 2.0 很管用。

西環讓林鄭接收梁氏政治資產，但世上無免費午餐，她須同時接收梁的政治負債，特別是梁的固有敵對板塊勢力，即所謂的唐派。二〇一二年之後，有唐派人物公開投向梁營，但始終是少數；更多這種人（如李家長子），這次跑到林鄭那邊。以如此招降納叛成軍的林鄭治港，大家可以祝她好運。

然而，唐板塊本身，確切說是本港八、九〇年代商界形成的主流板塊本身，也在起變化。這部分資本由於在大陸營運愈發艱難，在香港又處處遇到紅色資本入侵欺壓，可謂到了末路窮途。年輕人說的二〇四七問題，對商界這部分人而言，同樣逼切，同樣引致焦應，以致從前也曾高唱愛國愛黨的一些本地商賈，在佔運期間竟含蓄卻明顯地表示了對梁特和林鄭的處理手法不認同。這些其實反映一個蛻變：本地資本轉世，「本土資本」即有本土意識的資本板塊正在生成。

本土資本的愛港反共意識勢必日漸提升，出現自我救贖，其中尤以不在大陸營運的一些小商戶最自覺。社運界特別是其中的開明左翼，很快便會跳脫階級觀念，明白到必須爭取這一板塊，使之在今後五年、十年之內成為商界反赤化的中流砥柱、同情甚或支持民主自決的一股力量。那是年輕世代能夠如願解決二〇四七二次前途問題的一大關鍵。

論林鄭政權的階級背景和赤化特徵

2017／04／05

小圈子假選舉鬧劇落幕，民眾情緒依然未能平復，那佔六成的民意被北京強姦了，對煮成熟飯、即將上桌的林鄭政權的態度不會輕易轉圜。然而，要分析3．26結果出爐之後的香港前景，卻不能只看民意，因為掌握政經大權的兩大非民意勢力——本地資本和外來赤化力量，從來都未鬆動過。研判今年7．1之後的局面，需以分析這兩股勢力的變化為主。從反抗運動的角度看，充分理解新局面的性質，才可找到有效對策；懷憂喪志或者互相指摘，都是不必的。

劃分新舊局面的事實無疑就是「梁下林上」，故明白甚麼是逼出「梁下」的力量，方可從這些力量的延續解釋新局面和推測其發展。本文把觀察起點放在二〇一二年。那年的特首選舉碰撞，首次暴露本地資產階級板塊之間不可調和的矛盾，香港亦自此進入板塊政治年代。其後有人看到一些唐營人物陸續投向梁營而誤以為唐板塊已被梁營加西環打散、中共有能力在香港主導一切，但那是錯的。事實上，二〇一七年僅僅是香港板塊物語第二回，好戲還多著。

板塊物語ABC

描述香港板塊政治，需搞清楚「板塊」、「營」、「團隊」和「班子」這四個概念的分別。「板塊」是宏觀時空產物，在戰後幾十年的時間裡逐步形成，主要成分是不同家族之間的血緣紐帶和利益鏈條。這種板塊長期高度穩定，細緻因素有二：一是父系社會血緣關係由於子女的存在而不因父母離異而切斷，一是家族企業互相控股、高層互相「坐 board」，策略得以相輔、利益因之相乘（反壟斷經濟學裡說的 interlocking directorship 及 interlocking ownership）。四者之中，板塊是根本。「營」，則通常指出現在公眾眼前的板塊頭面人物或其資深代理（與「派」大致同義），成員名單穩定但可變；唐營個別人物投梁，名單就變了，但下面的板塊根基沒變。我們不知道那些投梁者是否無間道，現在看起來甚有可能；為了保存中共的太上皇面子和己方實力，唐營過去五年的上策不是大反枱，而是謀求在對方內部蛀空——if you can't beat them, join them。

「團隊」，是為參選或護主等需要而出擊時的用語，成分較鬆散，甚至為壯聲勢可招降納叛；林鄭團隊裡有前佔運後生，梁團隊裡有前民主派馮煒光，論資格皆遠未足以入「營」。「班子」，則指執政以後的一小批核心管治人物（主要官員和行會成員），不一定都是「自己友」，例如曾俊華是前梁班子成員；況且，組成班子，北京有份話事。如此，團隊和班子的某些變動，就更與板塊穩定無關。

二〇一二年非常重要，因為那年的特首選舉是一次十分嚴重的管治脫軌。大家知道，國史裡有所謂羈縻之制，起於秦漢，唐時盛行，元朝改稱土司制，要義都是以夷治夷，保留地方原來社會政治制度不變，是港澳「一國兩制、港人治港」的原型。以夷治夷的話，中央挑選出來負起地方管治責任的那個夷，必須能服眾，所以不是當地的大哥頭，便是各地方派系都能接受的妥協人選（compromise candidate）。

以澳門為例，首任特首何厚鏵是何賢之子、大哥頭式人物；繼任的崔世安是澳門何氏、崔氏、馬氏三大家族之間的妥協人選，因此都符合「能服眾」的基本要求，可替中央擺平地方統治階級內部矛盾。

管治出軌　合理收場

香港方面，首二任特首都是妥協人選而略為傾唐（應說傾李），因此大致上保證了統治階級內部穩定。但是，二〇一二年選舉因梁營使奸，關鍵時刻捅出由臥底提供的「唐宮案」黑材料，偷襲得手上位，小板塊騎在大板塊頭上，地方統治階級內部因此失衡，板塊之間勢如水火。這就是上面說的管治脫軌，是港澳特區加起來近四十年經驗中唯一一次。

梁位高勢危，其代表的板塊下盤不穩，經濟上需大量引進紅色資本撐腰，政治上則投北京之所好搞極左（卻拍錯馬屁），終於不敵唐板塊的實力與在京人脈關係，梁本人更在DQ港獨和自決派議員的政治表演高潮一刻頹然失勢！二〇一七年這一幕其實是二〇一二年脫軌演出的延續和「合理」

收場：政治上打倒梁板塊，唐板塊的一哥地位平反了。

換人換路線嗎？

坊間經常提出的一個問題是，北京是否「換人不換路線」？曾俊華敗選之後，多數答案似乎是yes，但這個說法太簡單。梁的下台，反映北京糾正五年前的脫軌演出，解決的是統治階級內部均衡穩定問題；在赤化香港、阻撓政改、鎮壓民主運動的政治路線，共產黨完全沒有改變的意欲和需要，但隨著梁下台，北京也有必要修正他的一些極左做法，卻不會全面調低打壓力，因為梁在位五年，不可逆轉地改變了一部分香港政治地貌，而這部分正是北京最忌憚的。

一九九七年至二〇一二年，北京在「兩制」之下赤化香港，手段主要是「隨風潛入夜，潤物細無聲」。大家一直都不為意，但佔領運動電光一閃，才驚覺到如聖公會那樣的殖民教會領導層，愛國親共反民主得比唐派更徹底更堅決；一些平時最受年輕人追捧的詼諧明星青春偶像，竟是死硬支持政府暴力鎮壓民眾的幫凶；傳統媒體十多年來逐一歸邊；各大學的管理委員會逐步淪陷；大批中小學辦學團體暗地染紅；課程和學生課外活動點滴大陸化，陸語教學由低及高漸成主體。這些都不是梁特的功勳，而是首二任特首治下的纍纍碩果。

相比，梁氏未上任便高唱港深同城、港陸融合，一上任就硬推紅色國教，引出反洗腦運動，造就了學民思潮黃之鋒等中學界反對領袖；其後梁在立會批港獨、在金鐘放催淚彈、在法庭搞議員DQ，結果反而催生更頑強的港獨和自決思潮；香港人和大陸人之間互相憎惡，關係從未如此疏遠、割裂。從中共的角度看，梁特一夥的做法是揠苗助長、打草驚蛇。因此，中共儘管可以讓他當政協副主席戴上「黨國領導人」的桂冠，卻不能讓他繼續做香港特首。

此後北京在港必重施行之有效的溫水煮蛙赤化故技，只需逐步把溫度調高，而不會像梁特急於蓄意挑釁；此亦即習氏說的「不忘初衷，不走樣不變形」。但是，對已經形成氣候的港獨和自決思潮和團體，北京卻會讓林鄭續當「梁振英2.0」，持續出手打壓。如此，換人之後的政治路線，既是換，也是不換。其實，這條路線無論誰當特首都一樣要執行，只不過讓強硬派林鄭上位，北京的面子好看些，避免顯得要急轉彎糾正二〇一二年的脫軌錯誤，方便繼續偉光正神話。

林鄭會鑽營（轉營）

按前述定義，林鄭不屬梁營，只是梁班子的前成員。她沒有雄厚根基和班底，而梁特也因為失道寡助，猴哥子也拉夫稱局長，害得她要不辭勞苦當奶媽。這次競選，她身邊眾星如雲，人才不缺，泰半卻是唐營派來騎劫她的（她說發噩夢7．1埋唔到班[1]是做戲而已）。她得777票，比梁特五年前多出88票，都是唐營提供，所以她必須謝票，提名讓唐營一眾「能人」擔任要職。（這也是與北京的協議罷？）林鄭大概也巴不得如此，免得如梁特那樣無人可用，要繼續當奶媽，出了岔子，更會有人訕笑，怎麼得到「主流」支持的特首，手下依然那麼不濟？

按此，筆者估計，林鄭要「改嫁」了，不當梁營奶媽，改當唐營管家。「梁振英2.0」的稱號，只在她競選最初期有用，之後成為她的包袱，所以她要跟梁營切割；這在她發表政綱之後更明顯。梁特大概也意識到這個，所以上周擺明在TSA／BCA[2]一事上與她抬槓（民意對跛腳鴨不重要，對林鄭競選也不重要，但對她以後的施政卻顯然重要）。另外值得留意的是，林鄭到西環，既是謝票，卻同時表明「游說議員是政府職責」，明白暗示西環不要插手，弄巧反拙，破壞觀感，而小明DD[3]竟然應承了，這教一眾剛剛才說西環介入港事乃「天經地義」的梁粉情何以堪？實情恐怕是，功能組別議員當中，真正梁營的很少，屬於唐營的卻很多（這不奇怪，因為梁板塊是小板塊），所以梁政府要西環助力。但到了下屆政府，唐營卻用不著要外人幫手箍票[4]；萬一西環受了別家茶禮，出手搞破壞，就更麻煩，所以乾脆叫它收手。

筆者如此解讀，乃是因為不同意一般認為的「中共在港隻手遮天，可以為所欲為號令一切」；那種想法太灰暗，也不合理。不錯，無論甚麼營，到了大陸都要畀面阿爺鞠躬盡瘁，因為阿爺在大陸操生殺大權；但是在香港，這裡有很多大陸官爺們想要的東西，卻不是唾手可得，有錢還須有門路，

1 埋唔到班：不能組成團隊之意。

2 TSA指全港性系統評估（Territory-wide System Assessment），政府在學生小三、小六及中三完結時，評估他們的中英文、數學的水平，其中以小學三年級面對的TSA最為人爭議，有指當局以TSA成績向學校施壓，故引來過度操練學生。二〇一七年改名為BCA（Basic Competency Assessments，基本能力評估），二〇一八年當局以不記名、不記校方式，復辦小三TSA，抽出全港10%小三學生接受評估。

3 小明DD：指中聯辦主任張曉明，DD在香港話解「弟弟」。

4 箍票：當立法會進行表決時，中聯辦或政府出手提醒議員（通常是建制派議員）投票支持有利政府或北京立場的動議或法案。

認識幾隻地頭蟲。在「李家之城」裡，你道誰家的門路多？況且，唐派要人自大陸撤資之後，在港與北人博弈之時的叫價能力反而會提高，梁特給拉下馬，豈無唐營在幕後發功？

UGL 案是撒手鐧

林鄭不蠢，當看得出轉營是她的前途所在，否則做滿這一屆也困難，所以上台之後，除了會按阿爺指示鎮壓港獨自決，否則不會願當「梁振英2.0」。甚至，她若夠聰明，還會以 UGL 案作撒手鐧，用梁營對付曾蔭權的手法反過來對付梁。就算她沒打算那樣對付這位新進「國家領導人」，唐營也會適當引導她幹；不起訴，掛在那裡三五七年，也夠梁受的，而她自己則可以過過民意癮。

未來五年裡，統治階級內部平衡會恢復；不是選舉期間，未投降的民主派也可獲邀成為建制一部分；溫水煮蛙的水溫逐漸提升之時，林鄭會多派糖。除了對付港獨自決要強硬，社會便可如此「休養生息」。待她做好做滿這一屆，距二〇四七便只剩二十五年。

論「淺藍人」躁動和紅資犯港

2017/04/12

二〇一二年香港「管治脫軌」：統治階級內部小板塊騎在大板塊頭上，政經力量比例顛倒、失衡，派系撕裂；這局面至去年底隨梁特被篩出局而結束。上月特首選舉雖由打著強硬路線2.0招牌的林鄭勝出，但唐營騎劫下屆政府勢成，統治階級將會在修補撕裂、休養生息的幌子之下恢復內部平衡。

從北人觀點看，排除了梁氏極左干擾，更有利拉攏中間派，推動23條立法，集中力量對付生生不息的民主運動和風起雲湧的分離主義思潮。這個如意算盤打不打得響，要看香港民眾今後的政治態度。筆者認為，在是屆特首選舉前後，有兩個社群的心態出現微妙變化，一是淺藍群眾開始反阿爺，一是本地大資產階級用上「本土」語言反紅資。本文分別就此兩點作分析。

「港豬」躁動　化身薯粉[1]

特首選舉期間出現「曾俊華現象」，揭示出重要信息：「港豬」（淺藍民眾）也是可以動起來的，而且這次他們起碼在情緒上於有意無意之間站到了本地統治階級主導力量——阿爺——的對立面。這些人的數目大約有多少？一時的情緒躁動會多大程度上影響他們今後的政治立場？零星報道、道聽塗說，都指曾俊華支持者當中包含了這種淺藍民眾，但愛國派不採取這個說法，而一口咬定薯粉都是民主派化身。一些簡單數據不僅有助判別孰是孰非，還可從中估計出淺藍組群的大小。

三月二十日至二十四日之間，港大民研中心做了今次特首選舉民調最終回，結果有56%選擇曾俊華，9%選擇胡國興（二人合共得65%），29%選擇林鄭月娥（齊頭數算30%）。這些數字與絕大多數其他民調吻合，而近年立會普選結果，一般民主反對派（泛稱黃絲）與保皇愛國派（藍絲）的支持者百分數也分別是55%和45%。對照這兩組數字，大家就會問，45%人口是藍絲，為甚麼林鄭只錄得30%支持？答案是，有45%-30%=15%的藍絲把心中一票（手裡無票）投給曾俊華或胡國興。這15%應該就是所謂的「淺藍」，其政治特徵是：支持曾俊華的競選綱領即接受8·31政改框架、接受23條立法，目前也接受小圈子選舉，但不接受中共露骨干預香港內部事務。

注意：淺藍這15%，基數是18歲或以上的所有香港居民。若以所有薯粉為基數，則淺藍佔了15/56=27%（筆者的一位在曾俊華競選辦當全職義工的朋友說，約有三成左右的薯粉是淺藍，與上述推算吻合）。如果僅以所有藍絲成年人口為基數，則上述淺藍的比例為14/45=1/3。也就是說，藍絲當中，有三分之一的人在這次特首選舉中站在了阿爺的對立面。這就是北京一意孤行把低民望的林鄭抬上轎的人心代價。而且，這種人心代價不會是一次付完了事的。

曾俊華的造勢活動越到後期，支持者越表達強烈的對曾氏的愛戴，不少人甚至在敗選的時候潸然淚下。一些民主派中的「原則派」埋怨「策略派」的人假戲真做，其實是誤會了；真情愛戴曾俊華的，九成都是那些淺藍人。甚至，我們可以說，這些人過往投票予保皇黨，是一種不得已的「含淚支持」（因為更不喜歡民主派），如今發現真愛，於是情不自禁。

淺藍形成主體意識

淺藍人不喜民主派，一是認為他們迂腐不實際，向阿爺要真民主，不啻與虎謀皮，反中不成反累港；二是認為民主派太「左膠」，搞福利環保「車毀人亡」。但他們不是深藍，到底對阿爺有戒心，害怕大陸那一套搬來香港，即是有一種「港豬」本土情意結。因此，政治上他們既是現實的，同時是恐共的，忍中不親中；經濟上則傾向自由主義，有一種進取的「獅子山精神」，覺得人要過好日子就要咬緊牙關靠自己。

這樣動情的薯粉主要來自中上階層：住屋苑，教育水平高，做小生意或是專業人士，不享社會福

1 薯粉：曾俊華被戲稱「薯片」，支持他的粉絲遂被稱為「薯粉」。

利，脫貧卻不完全離地，或稱夾心階層；另一些則是正在努力求取、有信心進入夾心階層的次中產。曾氏的履歷和選舉語言，完全符合這兩種人的口味。他們覺得財經官員 hea 一點就好，[2]千萬不要學老董那麼「7／11」[3]；二〇一一年預算案被福利派議員猛攻的「注資強積金事件」裡，他們很可能就已經是支持曾的。對曾俊華那股抗中而無挑釁性的體育本土主義，他們更是深有共鳴。

如此，淺藍薯粉無疑是一些提倡「中間路線」政客以為的理想票源，但曾俊華能夠讓他們心動而這些政客不能，有一個深刻原因。曾氏以建制之身走向中間，過程中不惜「逆鱗」：西環三令五申勸退，他就是不理，表現出一種名士風流，不似後者多從泛民走向中間，過程中不斷向阿爺示好。

曾經滄海難為水，發現過、愛戴過曾俊華的這種淺藍人，下次選舉顯然不再會有胃口投劉江華；這還沒計算這些人這次贏了民意卻輸了選舉，等如給專制政權摑了一巴掌。以後的任何選舉，要是候選人當中沒有一個像曾俊華那樣的人，這些已發展出主體意識的淺藍人會乾脆不投票或者把票投給一位淺黃名士。如此，京港當權派就要不斷付出人心代價。

上述淺藍人並非唯一因京港當權派在這次選舉中的表現醜惡而離心的組群，只不過他們的人數可估算，政治心態變化也較易推測而已。至於中藍變淺藍，淺黃變深黃，深黃變自決，自決變港獨，一整串政治移位，也是當權派無可避免要付出的人心代價——世界上無免費午餐。這個政治心態連鎖位移對獨派最有利，因為獨派處在位移終點，只有進帳沒有流失。然而，政治光譜並不說明一切。

紅資犯港　港資變「本土資」

自由黨田北俊最近說：「大陸資本已經進佔本地民生日用各行各業，控制香港人起居飲食一切方面，以致未來民主改革更難實現。」這番「本土撚」味十足的話語，言下之意是，紅資公司僱主和高管，會加緊利用僱員的弱勢，操控後者的投票意向。事實上，這種政治壓迫已從中資公司擴散到一些非中資公司，香港人早就知道，但說話出自唐營大家族掌門人之口，而且把紅資的態勢描述為鋪天蓋地，折射出的是一種前所未有的被壓迫感。

田氏更說：「中資在港天價買地，已令本地不少財團『無位企』[4]。」這無疑是比草根階層被水貨客、拖篋黨連累所引起的日常生活不便更為嚴重而直接的財經壓力。終於，北京的赤化步伐逼得香港的大資產階級亦萌生本土意識。這個變化，比政治光譜上的位移更能影響日後香港政局發展。

小市民、草根人面對赤化，會感到無能為力，便是社運針對這個問題，也不一定能有效應付。在經濟環節，一間一間公司染紅，一筆一筆的地產資源落入紅資口袋，小市民、草根人更只能眼巴巴看著，一點辦法也沒有。但是，當本地大資本受到紅資威脅而本能地覺得需要抵抗的時候，經濟環節的反赤化運動就有了可能。反赤化運動的動員面從草根、中產一直伸延到資產階級，形成一種

---

2 hea：悠閒、優哉游哉。

3 「7/11」：首任特首董建華曾言自己「朝七晚十一」，從早上7點工作到晚上11點。

4 無位企：粵語「沒有立錐之地」之意。

本地從未有過的抗爭結構；在這個跨階級結構之上導引出的抗爭組織、行動形式和具體爭取目的，都是目前無法想像的。這正好為苦於無法突破二十年來政改悶局的社運人提供「腦震盪」。現存反對派政黨若不能擔起這個抗爭的領導責任，很快就會被民眾邊緣化。但另一方面，新興本土抗爭組織實力未足，難支大廈。泛民政黨此時要注意的是，反紅資不只是「本土」問題。試想，有一天香港真的實現真普選了，但選民卻受僱主逼迫，只能票投親共候選人，那就等如取消了民主普選。所以，反赤化反紅資，其實是港人爭取民主政改的核心一部分，民主政黨不能視而不見。

跨階級「抗紅統一戰線」？

為刺激思考、理解問題的難處，容筆者提供一點參考。香港面對紅色資本全面進襲，社會各階層從草根到資本家都受威脅，始終會組織起來反抗，打一場沒有硝煙的禦外戰。世界範圍裡，一個國家一個民族面對外敵入侵，通常都會組成一個跨階級的戰線，如國民黨組織抗日民族統一戰線，越共組織越南南方民族解放陣線等等。香港會否出現類似的反紅資禦外統一戰線？

答案很可能是個斗大的「不」，因為香港還不是一個國家或一個民族，而香港大部分民眾想抵禦、抵制的紅色資本，佔港人三成的深藍派還以為是「自己人」的東西，甚至引以自豪。如何處理這些困難，顯然是本土派以至所有社運人都得面臨的挑戰。

論本土資本和「抗紅保港聯合陣線」

2017/04/26

即將上台的林鄭表明不在任內處理政改。按所謂「行政主導」的規定，這等如讓民主派今後五年基本上「失業」：政府撒手不提任何政改方案，大家就沒奈何。退而求其次，乃有戴耀廷先生提出「風雲計劃」[1]，瞄準二〇一九區議會選舉。其實，京港統治集團不會不知道，為求管治得心應手，行政立法關係需要透過體制改革去理順；因此，集團的政治目的很清楚，就是盡快建立一套他們懂得玩、能操控的威權選舉制度（authoritarian election），只不過還欠了一點點條件。

中共在港已具強大選舉動員能力：有分別代表中產和草根的兩個政黨，經驗和資源都十分豐富；有能夠拉攏新界和商界勢力的政治聯盟；還有大批享受商界、西環和政府資助的特殊利益團體和外

1 風雲計劃：培訓或找人參選無民主派打算出選的選區，要由民主派搶佔二〇一九年舉行換屆選舉的區議會議席開始，奪得立法會中區議會一席，及增加在特首選舉的影響力。

圍群眾組織；除了兩大極具攻擊性的喉媒在重要政治運作中負責引導主攻方向和傳遞策略信息之外，更有越來越多逐步收編了的主流媒體幫助放冷箭打邊鼓。如此萬事俱備，欠的東風就是在重大選舉中能夠反轉「六四黃金率」的那額外兩成選票。

紅資僱主是民主大敵

先易後難，當權派二十年來的人心工程已做到極限，本來預計可憑民間團體操控大陸來港新移民投票意向的做法不濟事：一來，馬嶽教授等人的研究顯示，新移民的文化政經特徵有向香港主流靠攏的趨勢（這是一個在所有移民國家裡都可觀察到的規律）；二來，有大量事例指出，離心傾向最強烈的年輕人群體裡，包含大量新移民子弟。此路不通，於是近年出現紅色資本集團公司強勢操控員工投票的做法；扼住打工仔的最弱點——生計，就能逼迫他們在政治行為上就範。

當然，這個策略不在於讓紅資控制香港的資本市場（那個已基本上做到），而在於進佔所有民生日用環節，透過開設公司作「正常」營運成為越來越大部分港人的僱主。如此在實體經濟赤化香港，遇到的阻力，會比例如在教育環節靠官員推動的小得多。此局面一旦形成，推行威權選舉的條件便接近成熟；到時，不待民主派要求，政府也會主動拋出政改方案，甚至還會在一些設計方面給甜頭，誘使部分民主派入局。能夠操控額外兩成市民的投票方向，便是來個「真普選」，北京也能通吃。

不過，紅色資本要成為大部分港人的僱主，先決條件是大量排擠或買起現存的港資公司，而最直接而有效的做法，便是從地產行業入手，因為地產是本土經濟命脈，成功操控了，其他如飲食、超市、零售、娛樂等行業，便可快速蠶食。月初，本地資產階級「首席發言人」田北俊先生公開吹響警號：「中資在港天價買地，已令本地不少財團『無位企』。」短兵相接，港資直接受壓，反而有民主派政黨幾乎完全欠缺敏銳觸覺。

港資也「本土」？

田氏一句話，標誌了一個時代的終結。八〇年代英資開始退出香港，港資（時稱華資）趁勢補位成為一哥，盡領風騷三十年；今天，港資地位從根本上被紅資動搖了。這個變化的涵義廣泛，不僅包含本地資本vs紅色資本的你死我活攻防戰，更威脅到香港人的民主前途。

然而，從認知層面看，更為有趣的是，正當佔運孕育出的新世代本土思潮因遭遇連番挫折而差不多畫上休止符之際，本地資產階級卻從「自在」走向「自為」，即不單止感覺到生存威脅（existential threat）從而啟動自救本能，還逐步表現出一種客觀唯物的自覺本土意識。

佔運期間，本地一些大資本家拒絕站到聲討佔領者的最前列，甚至在上京面聖被規勸之後亦然；佔運之後，一些中小資本家出資幫助個別因同情佔運而受打壓的藝術人恢復表演活動。這兩點觀察加上前述的「田警號」，是理解曾俊華以軟中帶硬的「公僕抗命」姿態參選特首的鑰匙。曾氏上周舉行小圈子生日派對，唐派前台頭面人物——唐、田二人暨夫人出席歡慶的整套照片在一位軟性第三者個人FB上流出，漫不經意還是別有深意，大家可自行判斷。還值得留意的是，除了若干泛民議員，曾鈺成伉儷也欣然在席，更似乎替這場疑似的紅酒政治騷畫龍點睛。

香港的「民族」資產階級

筆者在本欄說過，本地中小企業業主，尤其是那些在大陸沒有生意的，儘管階級立場或與其他市民有異，但對中共和中共治港的態度，其分布應與社會大體一致，亦即四成支持六成抗拒。現在，筆者有信心把這個命題延伸，括及本地大資產階級。

更甚者，由於此階級不少成員在經營生意方面與外來紅色資本有直接而嚴重的地盤衝突，光是「地頭蟲」心態，亦足以滋生強烈的本土意識。試想：那些幾近一無所有的年輕人，為了區區魚蛋粉車仔麵的「集體記憶」及那虛無縹緲遙不可及的「真普選」，也爆出了波瀾壯闊的佔領運動，以身相許而在所不惜；那麼，這些在香港打出天下而以此城為己城的大人物及其自然而然更覺理所當然的二三代繼承人，眼巴巴看著北人夾紅資藉權勢到此予取予攜，豈會無動於衷而拱手相讓？豈會不對梁營那些香港吳三桂恨之入骨？

筆者估計，這些本地資產人早在十年、二十年前，已經萌生強烈本土意識，只不過其若干特質和表現方式與這幾年新出現的激進本土主義有所不同，以致最近才浮出水面。

其實，本地資本「本土」化的現象不奇怪，百多年來的激進政治運動史裡談論不休的「民族資產階級」（national bourgeoisie）與殖民帝國主義之間的矛盾，跟今天香港出現的本地資本與外來紅色資本之間的矛盾，幾乎一一對應：如果香港是國家，香港人是一個民族，這裡的本地資產階級就是馬列毛經常談到的民族資產階級。

從ABC到AFC

在本地資本「本土」化後面，有兩個問題等著大家去探討：一是，這個逐漸自為的本土資產階級會怎樣玩政治遊戲，施展甚麼樣的政治權術？一是，本土激進社運人，特別是獨、自兩派，如何看待這個既有能力和意願抗紅資、也飽含所有「資產階級劣根性」（貪婪、軟弱、會出賣原則）的政經力量？關於第一個問題，筆者日前已在本欄給出答案：首先，本土資產階級會透過其政治代表（即唐營人馬）在年初特首選舉過程裡對林鄭的「支持」，以大包圍方式騎劫整個林鄭政府，對梁營趕盡殺絕，只留一兩個活口點綴。

另外，就是用最有利的方法收割「曾俊華現象」所產生的政治能量，以所得支持下一次立會選舉，主要是爭取功能組別議席，以及少數有機會集淺藍與淺黃票勝出的地區直選。組黨與否，短期不是大問題，因為曾俊華的品牌成功不是建立在黨組織的力量之上的，不與政黨（包括自由黨）扯上太深關係，以中間派運動名義助選，更能凸顯曾氏素人魅力。如果本土資產階級在上述兩方面都做到，長遠一點，例如在林鄭的第二個五年（她聽話合作便有），組成一個有群眾基礎的本土資產階級政黨便很自然；以此支持林鄭政府，更可「開政黨政治的先河」。到時，掛著大和解的美名把 Anyone But Carrie 變成 All For Carrie，乃輕而易舉。

這個政黨不會急於推動政改，不會熱衷真普選，更不會替獨、自站台，卻能夠與泛民大黨保持友好，因為大家都和理非非，按佔運的標準而言，彼此顏色也都甚淺，主要分別是它會欣然接受「袋住先」。林鄭受此優惠，要交的貨只有一件，就是把港共政黨從挺梁變為拒梁；這沒很大困難，派點糖、用一些他們的人，就可以了，要不還有曾鈺成幫一把；北京也不會反對，因為都搞好了，香港大處就會出現一團和氣的政治局面——Pax LiKa-ana——你懂我的意思。

立法抗紅資保香港

搞這麼多動作，本土資產階級的目的依然是抗紅資保地盤。怎樣抗？如何保？總不能想像資本家會像本土右翼反蝗那樣抗紅，或者學本土左翼搞土地正義那樣搞資本正義。筆者估計，本土資產階級有能力而且會推動社會輿論，朝立法限制外來紅資壟斷本地實體經濟的方向進發。

這個做法並不前衛，因為香港法律早有一些可資比照的條例。大家知道，大陸人來港定居、工作，有比其他外國人更多的法律關卡。大陸人流可以限制，大陸資本當然也同樣可以。誠然，《基本法》規定香港是自由港，資金可自由流動進出；但是進出自由不必然包括在本地買賣資產的絕對自由。

事實上，便是本地資本，在某些關鍵處也不能自由買賣本地資產；例如，同一自然人或法人不得同時擁有紙媒和電台／電視台。按此，香港雖不能限制紅資進入本地金融市場，卻可以立例限制紅資購買本地公司證券，更可以限制紅資進入本地實體經濟進行公司營運。（注意：限制不等如全面禁止，可以是不能擁有任何本地營運的公司資本的一個百分比，例如10％。）

跨階級本土聯合陣線

這樣進行「香港優先」的商業立法倒有一點政治困難，因為牽涉阿爺的利益，而且阿爺不只一派。要成功，本土資產階級必須調動香港所有的本土能量，在立會內外夾擊，才能匯集接近全港一致的立法意志，創造出合適的本地法律工具以維護本土資本利益。

為此，本土資產階級需做兩件事。其一就是，有必要取得越來越多年輕世代認同的激進本土左右翼的支持，辦法之一就是以大幅緩和本地階級矛盾作交換條件，如提高公司溢利稅（income tax，又譯利得稅）、最低工資和有薪休假日數，降低標準工時等。做到這些，一個跨階級的抗紅資救香港聯合陣線就有可能出現。失之東隅，收之桑榆，這對本土資產階級依然有著數。

毛澤東與本土資本

其二就是，必須說服阿爺同意接受紅資在港的活動限制。其實，如果阿爺聰明，懂得對香港長期利用，就會明白，任由紅資控制香港，只會把香港經濟窒息，政治上則永無寧日；這在目下風雲變幻不可測的東亞形勢裡，絕對是頭等壞事。限制陸人來港定居，中港雙贏；限制紅資在港運作，中港也雙贏。問題是，在阿爺的習慣思維裡，雙贏挺難理解。餘下的，就是激進本土左右翼如何看待本土資產階級，能否在紅資問題上彼此作策略協調（strategic coordination——心通即可，根本不需面對面談；談合作更是太沉重）。在這方面，筆者提議激進本土左右翼參考毛澤東一九四八年寫的一篇文章〈關於民族資產階級和開明紳士問題〉，或可得到一些啟發。[2]

對兩大泛民政黨，筆者有一提醒：抗紅資已成為爭取真普選者不能繞過的前提，如不積極對應，會喪失群眾，包括中間群眾。假如在這方面的立法工作失敗了，香港人有一天都替紅色資本打工，那就根本不需要談甚麼普選不普選，因為就算爭取到，便是真的那種，實施的時候也不過是威權選舉而已。

2　文章收錄在《毛澤東選集》第四卷。

2017／05／03

論「唐氏綜合派」的和解／打壓策略

好勇鬥狠的梁特治港五年行將結束，和解成為了一般港人願望，但劣質管治的後遺症甚多；尾巴搖狗，這幾年港澳辦官員的「戰鬥性」也跟著比以前高漲。饒戈平[1]近日的「一國」言論明顯不利和解，甚至可說是反和解、反香港的。況且，香港內部形勢有變，按傳統思路從統治階級內部、政權與反對派以及反對派內部這三方面去分析撕裂及解救辦法，有其用處卻已然不足，需要另闢蹊徑。

唐派實力不宜低估

一個前所未有的複雜性在於，「曾俊華現象」徹底改變了唐營過去只能在統治階級上層運作的

1 饒戈平：現任北京大學法學院教授、香港特別行政區基本法委員會委員。

局面，替它補上雙淺（淺黃、淺藍）民眾基礎，使化身成為「唐氏綜合派」。分析今後香港政局，此派動向是關鍵；其在北京的牙力[2]非同小可，梁特政治業績乍看如日中天之際卻忽然下野，便是有力證據。

唐派財雄勢大，人脈關係豐厚，足以在梁營土崩瓦解之際騎劫林鄭政權；上可達天庭，中接專業及其他夾心階層，更可憑泛民和老左關係接觸草根，甚至在抗紅資保地盤的關鍵事上，有空間跟新一代獨自派作戰略協調。如此捭闔縱橫，一個或足以承載中長期穩定政治局面的陣勢儼然在望，此即筆者說的 Pax LiKa-ana 是也；是凶是吉，大概年底明年初便見端倪。

當然，這個可能出現的政治局面，並不可真正與 Pax Romana 或 Pax Americana[3] 作比擬；它還要得到北京首肯並願意接受充分體現君臨臣服關係的若干條件，才可望取得「高度自治」的再承諾。

不過，在開出這些條件之時，北京也不能不意識到必須作某種實質的對等交換。元、明、清七百年歷史說明，任憑中華帝國如何強大，也無法直接管治邊民，而必須長期倚靠一大批極高度自治的土司（「高度自治」前面加「極」，特指三朝土司皆可擁有自己的軍隊，為香港特區所無）。旅日史家王柯指出，明朝末年，朝廷在西南各地設的土司數目是1078個，清初又增加了幾百個，邊民之難管可見一斑。此困難在今天香港也有目共睹：北京只要欽點一個像梁振英那樣的黨員，推行一條港中融合路線，香港人馬上造反，播下了自決獨立的種子；若正式改由中央委派流官直接管轄，那就更不得了。

其實，過去五年的本地政治實踐清楚說明一點：北京並不如一些人以為的那樣，能隨心所欲擺佈港事。首先，民意它全然操控不了，年輕人的離心傾向固然日益沉澱，最近，連雙淺的政治表態竟也出奇地頑強。其次，一般人認為只曉拜金、有奶便是娘的香港商界，並未在五年前的特首選舉脫軌演出之後順從北京意旨通力協助梁氏施政，反而或明或暗處處給他設難（政改立會投票一役怎可能只是「蝦碌」[4]？）；行不得也哥哥，北京於是知道不能硬撼只能轉軚，遂上演了梁特一夥「臨天光瀨尿」的尷尬劇。[5]

港應行土司制政治包乾

猛虎不及地頭蟲，北京現在應該懂得了，在香港不搞民主選舉的前提之下，唯一明智做法就是在本地政經集團裡挑選最強大的，委以土司重任，實行政治上的包乾制，包產到戶一包到底，不需要也不容許有甚麼「第二支管治隊伍」（中聯辦虛化或撤離），而行政長官實質上只能是土司底下的 CEO。

---

2 牙力：說話的影響力和議價能力。
3 Pax Romana 為羅馬治世，Pax Americana 為美利堅治世。
4 蝦碌：出糗之意。
5 臨天光瀨尿：快要天亮才尿褲子，指快成功時才失敗。

如此理順本地政經層面的勢和位、權與責，特區統治階級裡才不致於出現輕重倒置的失衡狀態。說到底，今天有能力在本地負起土司職責者，惟唐氏綜合派莫屬；至於林鄭，縱以一能吏之身發揮到極致，也不可能逾越一個首席問責官員的角色。梁特禍港五年，除了意識形態有問題不為港人接受之外，主要還在於他既非能吏，而且他所代表那派的政經比重和人脈分量亦不足以負起「制夷」即擺平本地權貴內部矛盾的土司第一職責；所以，一旦北京要面對此問題，梁氏就沒有不下台之理。

然而，由唐氏綜合派坐定土司角色、承接本地管治責任，無疑有金與權直接結合的高風險，需有足夠的他力和自力去抗衡，否則長遠對香港而言也是死路一條。他力，指的是強大、不息且懂得靈活運用和理非非、公民抗命以至勇武抗爭等的社會運動直接制衡政府。自力，則指唐派必須有的自知之明；這點需要稍加解釋。

政治上而言，若阿爺插手管東管西，壞了事是阿爺的責任；包乾了，承包者就必須政治上好自為之自負其責，而再不能像梁特上台時那樣，捏幾個招降納叛的樣辦便當作「大和解」。唐派掌權之後首先應做的，便是修補過去二、三十年來主要由貧富不均造成的階級裂痕。

第一步：緩和階級矛盾

大家知道，已發展國家這三、四十年來的內部貧富懸殊，主要是全球化特別是製造業離岸造成的。在香港而言，離岸就是北移；其結果是益了中共貪官、大陸勞工和香港老闆，卻苦了香港中下階層。本來，香港老闆那樣賺大錢之後，在本地作適當財富再分配補償損失者，未嘗不可以雙贏，可是一直未有做到。李嘉誠不止一次說過，可以立法提高企業利得稅，所得用於提高市民福祉。唐派如果「完全執政」，這個承諾必須兌現，否則就證明此派也不過是口惠而實不至，尚無資格擔當土司角色——有實力，不表示願意為做好角色而作出必要犧牲！

此外，對唐派而言，向前看就必須自救救人，負起反紅資救香港的第一線重責。對香港的「民族資產階級」而言，紅資已把他們逼到了背城借一的地步。對香港人而言，反紅資則是爭取真普選的先決條件。能夠帶頭反紅資，則唐派作為當權派，與廣大反對派之間的政治裂痕便可望有某種程度的修復。（問題是香港商界還有多少「腰骨」？不少本地富二代認為投降紅資並與之合流是今後生存發展之路！）

第二步：反紅資團結港人

此亦與緩和本地階級矛盾有關。如果紅資不斷把港資擠壓至「冇位企」（田北俊語），本地階級矛盾緩和就根本無從談起，因為到時剝削香港人的不再是本地資本，而是「讓利」期過後便會顯露更凶殘貪婪本性的大陸資本。

上面談的都是社會撕裂的可修補部分。就政黨關係而言，唐派與泛民目前關係良好，重要原因當然是曾俊華競選特首得到泛民選委鼎力支持而入閘，演出空前的「公僕抗命」一幕。中間市民對此非常受落，直接成就了唐派取得群眾基礎而變身唐氏綜合派。如果此派成功騎劫無班亦無底的林鄭（發生概率是九成九），則泛民與林鄭的關係亦可能跟著改善。近日梁特起碼在三個政策方面與林鄭有明顯衝突，說明雙方正逐步剝離；這當然也會導致泛民與她進一步和解。

唐派與比較激進的反對派特別是獨、自兩派的關係，除了在反紅資事上或有交集，卻很難談得上會有甚麼積極修補。在阿爺眼裡，獨自派都是千刀殺的壞蛋，無論誰上台執政都必須置之於死地。北京貶曾而舉林鄭，此是重要考慮；但筆者認為，如果曾俊華當特首，一樣會打壓不客氣，薯片叔叔和善形象轉念之間就變，除非他搏炒，但那又何苦要參選爭勝？

打壓非「梁氏最後瘋狂」

因此，近日政權加緊打壓逮捕獨、自派人士，並不僅僅是一些人說的「梁氏滅亡之前的最後瘋狂」（意即很快會雨過天青），而是會在林鄭上台之後不斷延續；北京甚至會因為在其他方面取得和解而覺得有本錢對獨、自派作更嚴酷打壓。這當然是愚蠢的。分離主義思潮在年輕人當中已經成為「風土病」，政權與越來越大部分的未來社會棟樑為敵，何可謂明智？

其實，從北京給香港設置的二〇四七二次死線角度看，越接近那條「真死線」，京港當權派與激進反對派之間的衝突必會越趨嚴重。這意味著後者必須有更強烈的危機意識。本土民主前線發言人黃台仰最近為文指「抗爭者吸取過去兩年的經驗，未來的勇武抗爭會轉趨地下化」；這是抗爭運動面對越發嚴厲打壓時的一個正常反應，共產黨自己當年在「白區」的運作便是如此。

然而，另一個在這種情況之下的自然反應、國際上激進運動發展過程裡的通例，就是運動因需要而作內部分工，發展出有效的救援翼（rescuearm），專門負責的工作包括：籌錢打官司、有組織地探視繫獄的同志、協助提供他們出獄後的生計、解決繼續學業和就業的問題等。在踏入真死線前後，統治階級更可能實施血色恐怖，救死扶傷便也要成為運動救援翼的重責。至於像「黃雀行動」、「地下鐵路」等的跨國界救援，也必重現。

社運的救援翼

大家可以想像，這些都是很困難的工作，需要大量多種專業人士的支持。獨、自派更應廣結善緣，關鍵時刻才會有更多人願意伸出援手。可幸國際經驗說明，參與這種性質的救援的人士，並不一定都是激進派；很多都是從根本的人道立場出發，不問甚麼種類的抗爭立場，只問如何盡力救助被不義政權迫害的人。

筆者特地談論這點，為的是要在一片渴望和解、尋求對話聲中提醒大家，無論哪一派掌權，北京也不會輕言和解。要和解有前提，就是你必須證明自己對這步步進逼的政權是無害的。

為了六四——談政治公共財的壟閉與開放

2017／06／14

八九六四天安門大屠殺是反人類行為、民族悲劇，更是共產黨和中國政府對人民犯下的一個無可寬恕的罪行，不存在爭議，也不容爭議。悼念死難人士，聲討屠殺令背後邪惡組織裡的決策者、執行者、附和者和開脫者，是完全正義的事。事件發生的過程裡，全世界各地都有強烈反應。在香港，這個素以政治冷感稱著的城市裡，過百萬民眾湧上街頭抗議，那場運動鞏固了九〇年代以降此地民主運動的「反中共、抗暴政」基調，承傳至今。這也是無可爭議的。

六四爭議——緣起和焦點

爭議的出現，源自社運內部的結構裂變和路線分歧。二〇〇九年，民主派激進翼提出「五區總辭、變相公投」的策略，把民主改革的抗爭矛頭對準立會裡的小圈子功能組別議席，卻得不到最大主流政黨民主黨的響應，嫌隙由是生。其後激進翼的一部分與當時興起的本土思潮結合，生出社運本土翼；二〇一三年之後，港獨意識在年輕人當中抬頭，幾乎成為了與「本土」同義。

本土港獨路線強調香港人主體意識，提出香港民族論，特別刻意跟任何與「中國人身分」，有關連的事物切割，其中包括有強烈愛國意味的六四悼念活動。他們尤其對「平反六四」、「建設民主中國」這兩個綱領性悼念口號或字眼的選擇不以為然。要求中共平反某些人或事，暗含承認中共擁有道德及法律裁判權；他們認為所有反共人士都不應接受這樣的提法。至於建設民主中國，他們認為那是「鄰國的事」，不是香港人責任，而且任務大得驚人，港人自顧不暇，談何越俎代庖。

上述是爭議的無可厚非部分；觀點不同，在多元社會裡是正常。至於爭議雙方的恩恩怨怨和感情用事，例如今年中大學生會的不悼念聲明和其後的反擊指摘，其實無新意，流於意氣之爭。義理要分辨，但爭論沒完沒了，長此下去，對雙方都無好處。因此，筆者今天不談悼念本身的義理，而挑選另一角度探討問題，目的只是一個：強化六四這個珍貴抗爭資源的存在價值和功效。

此角度是一個比較功利（utilitarian）的角度：視六四為一件寶貴資源，然後試圖找出保育、提高這件資源的價值的實踐辦法。當然，功利只是一個次層面，歸根結柢，它還是要為更基本的精神和道德價值服務的，只不過在這個層面探討，大家的邊際收益會大些。

以英國基建變革為例

探討的起點在於把六四這一抗爭資源的性質認定為一件抗爭者公共財（public good），而支聯會歷年來建立起的一套動員手段、悼念模式和運作方法，可視為承載這件公共財並使之產生政治作用的基本建設（infrastructure）。悼念的地點在維園的公共空間，主辦單位不必納租；這一點更強化了六四悼念在香港的公共財性質。

由於悼念活動是公開的，而且任何人的參與不妨礙其他人的參與（除非到了場地空間的極限），因此活動帶有極其強大的規模經濟（economy of scale），而在這些條件之下，傳統的想法，就是活動由一方主辦，效率最高，不必作重複的基建投入。但是，單一主辦者的缺點，往往就是營運資源的投入過低。這反映在多年來一直有意見指悼念活動年年如是，十分沉悶。（沉悶也罷，若無法成為激揚抗爭新意念和爆發力的源頭活水，才更可惜——這是筆者個人意見。）

要替六四悼念在香港這回事找一個類比，並從中吸取改進的門路，最好就是看英國電訊業基建這兩年來的變革。BT 是英國電訊行業的最大營運商，其前身是國營壟斷企業，一九八四年開始私有化，一九九三年英國政府把最後一筆股權售出，但 BT 依然壟斷多個環節，包括全英國固網基建的「最後一哩」（指網絡幹線與用戶終端之間的關鍵接駁線路，由 BT 子公司 Openreach 擁有）。二〇〇六年，英國通訊管理局 Ofcom 強制要求 BT/Openreach 開放「最後一哩」，讓其他電訊供應商可以向其租用入屋線路，十年之後再檢討成效。

去年二月，十年期屆滿，Ofcom 決定再進一步強制 BT/Openreach 開放「最後一哩」的基建投資權，指明要求後者協助其「最後一哩」租用者兼營運對手（TalkTalk、Sky、Vodafone 等）在其落伍的銅質線路通道上加建光纖線路。在之前的十年裡，營運對手不滿「最後一哩」的線路質量，但 BT/Openreach 卻疏於進行改善質量所需的投資，以致很多終端用戶都抱怨。

Ofcom 新的強制決定還不是最重手的，沒有把 Openreach 強行從 BT 剝離；但該項決定足以令 BT 感到龐大競爭壓力，以致不出三個月，BT/Openreach 便宣布了價值六十億英鎊的「最後一哩」改善投資。最後得益的，當然是所有終端用戶。

和六四悼念作類比

英國這個經驗簡單俐落，筆者去年閱讀有關資料之後，覺得「有嘢落袋」[1]，很有啟發。空間是公共財，在此公共財之上作了商業網絡投資的 BT，雖然擁有網絡的產權，但 Ofcom 認為，從公益角度看，這個產權不應視為絕對。

BT 的立場是：接駁線路的空間縱是公共財，但基建是我的投資，你要入屋，你自己覓地建你自己的一整套基建——蓋分機房、豎電線杆、掘地鋪線路，你都有自由，但不要來分用我的。可是，

---

1 有嘢落袋：獲得利益，此處指學到東西。

Ofcom不接納這個說法，認為公益大過天，若要求每一競爭者自蓋一套基建，非常不經濟，而且會妨礙競爭者進場，最終減損社會效益，壟斷者的產權因而不應是絕對的，於是先後要求BT開放其基建的租用權和投資權。

其實，英國的做法並不獨特，很多國家和地區三幾十年來已經朝這個方向做了，包括香港在內。不只是電訊行業，其他類型的行業，只要是包含公共財和規模經濟的，如鐵路運輸、貨運碼頭等，在世界各地都陸續開放。傳統自由經濟理論對壟斷現象的良性解讀不是全無道理，但在這些場合都不成立。

以此觀照香港的六四悼念活動，要求支聯會開放維園悼念晚會的幾個方面：場地、悼念綱領，以及組織該項活動的決策機關的議席，是有充分理由的。至於具體怎樣開放——例如應否作某種有償開放，則需要仔細商討。當然，開放還應該有清楚目的。

開放目的在於強化六四參與

六四作為抗爭資源在香港發揮的力量主要有三種：一是對中共政權當年的惡行作事實和道德的控訴，直指其邪惡本質；一是鼓舞大陸尚餘的抗爭人士繼續堅決抗共；一是在動員和參與過程裡，讓舊參與者的抗爭意志得以鞏固和更新、新參與者得到健康的政治意識啟蒙。

中共一貫厚顏無恥，所以鄧小平說過：共產黨是罵不倒的。的確如此。因此，第一種力量的作用十分有限，接近零。第二種力量的作用則無法估計，因為大陸還有多少抗爭人士，大家不得而知。第三種比較有形可見，也是最根本的，如果沒有了這個，活動逐年萎縮，前面說的兩種力量也無從談起。參加人數因此十分重要，那種認為「六四悼念就算只剩下寥寥幾個也有意義」的想法縱然悲壯，卻太消極、不足取。

影響參加人數的中短期因子很多，如之前的政治氣氛、當晚的天氣、是否逢十逢五，等等。長期的因素則主要是人口，新世代因為少子化的影響，替補率低於一；還有就是新世代對六四的感覺是否變弱。至於本土主義、港獨思潮的興起，則是另一個對長、中、短期都會產生影響的因素。

不少人認為，港獨思潮不過曇花一現，今年與去年的民調數據相比，支持者數目已跌去三分一，只佔總人口的一成多一點。不過，正如股市走勢一樣，明天升降多少，並不能以過去的數據表現推導出；何況，如果只有兩年的數據，未來根本不能以圖表預測。

從基本因素的角度推測，越接近二〇四七，中共對香港的打壓越烈，本土／自決／港獨的情緒便越高漲，哪怕《基本法》23條通過了，有關主張不能宣之於口，也會情鬱於中，成為一種廣泛去中國化的潛意識，結果便是悼念六四的人數長遠看跌，活動作為抗爭資源的價值下降。那正是筆者所擔心的。從這個角度看，開放六四悼念平台，適當增加本土元素，有助積極爭取不同立場的人士參與悼念，強化六四的抗爭資源價值，因而是一件超越政治派別利益的好事。

廿年大倒退・CY鬥林鄭・六四再商榷

2017/06/21

七一才將近，卻似急景殘年；九七廿載遽然而至，加上特府換屆又換人，媒體遂多總結檢討之類的文字。港人回頭望，比照那輝煌的八、九〇年代，更覺香港從高位下滑，本是光芒四射的東方明珠，已黯然失色因此倍感欷歔。先進回歸落後，文明被野蠻吞噬，尤以過去五年為甚。倒退無可避免，還有甚麼好說的呢？

看經濟，八、九〇年代香港非常興旺，是亞洲四小龍之一，但工業於瞬間給大陸掏空之後，二十年來增長虛弱不振，明顯落後新加坡。金融、地產、建築、旅遊等支柱行業越來越給紅色資本支配，連本地大資本家也驚呼「冇碇企」[1]。其他民生日用方面，供應本不虞匱乏的必需品每給陸客搶購一空，港人自己卻要喝鉛水吃毒菜。

政治上，香港給一連三個不稱職的特首及其背後的西環黑手搞得一塌糊塗；這些大人物到頭來自己沒好下場就算了，連累香港和香港人才真要命。共產黨據說偉大光明還永遠正確，但給它欽點上台的三個香港最高領導人卻是如此不堪，其中一個，竟與紅色富商、人大政協之流交往墮落犯上刑事罪，政敵乘機爆黑料發難，結果鋃鐺下獄。德不孤、必有鄰，香港現在是德將孤、因有鄰，剛巧反過來了。

另外兩個，一個無能一個兼且無恥，管治大出錯，任內都發生龐大持久的反抗行動；其中那個本應是「特殊材料打造」的如黨員，更由頭到尾貪腐醜聞纏身。結果，不是因為港人對這兩個特首太看不過眼，而是主子也覺失體面，於是給提早發落，折墮了當政協副主席去。

AO vs「政監」

兩次換馬都事出突然，大小支持者跟車太貼人仰馬翻尷尬不堪，一再灰頭土臉。因此，二十年過去，港人無論擁政府反政府，政治上沒一個開心的，過幾天卻得強顏歡笑迎接一個高大威猛堪比毛澤東的黨國領導人，哪能不集體抑鬱？不幸的是，這種抑鬱，不會因那個孤家寡人在嘲諷掌聲中下堂而稍退，因為接踵而來的這位，是民意大幅落後硬給西環搬上台的。

可笑的是，中共兩次把「自己友」搬上特府領導人大位，兩次都徹底失敗，其止蝕之急，甚至不能讓那兩人體面地做滿兩屆，須半途腰斬，而再推上台的人選，竟兩次都是港英舊電池。這一再

1　冇碇企：粵語「沒有立錐之地」之意。

說明，親中派根本沒有治港人才，無法擔當重任；要一個能挑大樑穩大局而比較能取信於民的人，還得從「老闆娘教落」的那些資深 AO 中找，儘管親中派都認為，這些前朝舊臣，政治上絕不可靠，耳語甚至把他們都打成英國 MI6 臥底。

不得已讓政治上不可靠的能吏坐第一把交椅，於是必須以政治上可靠的自己友包圍之、監視之、必要時舉報之，一如對付曾蔭權。這些自己友於是滿布政府內外其他位置。這樣，產生兩個問題。

一是，親中派既無能力坐第一把交椅，也就沒多少能力坐第二、第三以致其他各把交椅；勉強安插進去的「政治任命」，明顯只能濫竽充數。這些兼有政治監督員身分（political commissar）的充數人，每天疑神疑鬼，無意亦無法和被他們監督的那些 AO 打成一片，生出有力的合作團隊。辦公室政治齷齪猥瑣，芝麻綠豆小事也往往成為分黨分派分圈子的毒源，何況有些人的身分表明他們是負責打你小報告的？

此問題從九七就有，只不過當初社會政治氣氛不那麼非友即敵，問題還不那麼嚴重，但近年情況完全不同。梁特與曾俊華共事，有一次幾乎大打出手，之後左報猛傳曾乃美國臥底，就是這個矛盾的最佳反映。上周，CY 2.0 在敏感的港獨問題上又一次跟 CY 1.0「不夾口形」，後者馬上以政治教官的口吻說重話。這必然會在特府裡裡外外的政監系統中響起警鐘：原以為最可靠、最能繼承 CY 強硬路線的人，除了和曾俊華有爭位的矛盾，政治上卻可能是一丘之貉，因此有必要重新檢視先前對她的「化學定性」，加強政治監察。一旦有這樣的懷疑，管治團隊裡的合作基礎便蕩然無存。

敵我思維深植中共政治DNA裡，導致黨內鬥爭往往從地方一直鬥到中央最高層；同志猶如此，況乎港英舊電池！由此推導，中共在特府各層次摻沙子設政監的做法，保證特府團隊無互信，因而也無法有效管治香港。英國人做得到的，新中國人無法做到。

六四悼念：一些補充

筆者六月四日在港大六四研討會上的講話，以及其後兩篇談論同一議題的本欄文章，在民主派內部引起爭議，質疑和反對的聲音遠多於贊成，但有一些報道、批駁和意見分歧，可能是因筆者未能完好表達自己觀點而導致的，對此筆者深感歉意，並為此以點列方式作一些補白。（——節錄自若干篇有分量的批評文章——）

練乙錚要求支聯會放棄「結束一黨專政」的訴求。

這是一個傳媒的籠統報道，不少論者引用，卻偏離了筆者原意。中共一黨專政是早就應該結束的，那也是筆者一貫立場，任何社運組織的基本綱領提這點，筆者都絕對支持，怎會要求人家放棄？筆者向李卓人先生建議的，是支聯會不在悼念綱領上提這一點。李先生回答說，悼念綱領已經沒有提「建設民主中國」，如果連「結束一黨專政」也不提，有困難。對此，筆者是體諒的。

我對練先生的開放建議更是心感不安。悼念晚會不是嘉年華，搞其他活動是否適當？若有意悼念，來參加便是。要在場內另樹一幟，恐怕是為了打響自己組織的名號吧！

抱歉令讀者這樣感到不安。六四悼念當然不應變成嘉年華。筆者多次參加維園悼念，每次由頭到尾一言不發，叫口號、唱〈風采〉（即〈血染的風采〉）都免，因為重新感覺當年那種悲痛，甚麼聲音都發不出。當然，筆者不反對他人那樣做，也不反對支聯會等組織在悼念的場地或某些時段裡做點廣告或籌款（「打響自己組織的名號」）。附帶活動，只要不是排斥性或者會引起情緒爭端的，筆者認為無可無不可。

港大論壇上，民族黨陳浩天問：獨派參加悼念，可否上台宣揚理念？筆者當時給的意見是：各派那樣做應該都可以，但要有分際，尤其不應包含對其他派別主張的負面評語。若能訂出各派都能接受的悼念共同綱領，其他的具體規定，可仔細商量，大家都該有君子雅量。

練生又要再來一次拆支聯會的大台。

這是很深的誤會。筆者不僅不拆大台，反是要把悼念六四的平台建得更大更穩固，更能服務大眾。在上星期本欄文章裡，筆者引用英國通訊業監管者要求開放 BT 建立的平台的例子說明這點。開放過程中，如同英國電訊業大哥頭 BT 讓步給 TalkTalk 等小公司那樣，支聯會少不免也要作出一些讓步；文章試圖讓大家明白，這是為了公益。

為公益，修改悼念綱領很關鍵。設想，如果反把綱領訂作「在現有中國主權框架和河水不犯井水的前提之下要求平反六四」，也許參加的人數會少一大截，尤其年輕人。所以，悼念並不是「有意悼念，來參加便是」那麼簡單。悼念的綱領，完全可以通過討論，做出積極的、有意義的、合乎「公益」的改動。這種「功利計算」，並非不近人情。

司徒華先生生前跟筆者說過，非常著重六四悼念的薪火承傳，而他這方面的努力的確很成功。筆者九十年代初回港工作，每年都參加悼念，但過了幾年，走進場的時候發覺坐在地上的人禿頭的越來越多，有點擔心。但到了〇〇年後期，再進場的時候，卻發現禿頭的比例明顯減少。如今又過了十年，筆者不希望悼念的人又變回以禿頭的為主，因此才希望支聯會作出活動綱領的修訂。

這是否過分功利主義呢？以耶教對LGBT逐步開放為例：《聖經．舊約．利未記》列明男人不得有同性的「不道德」、「可憎惡」行為，但時移世易，教會不改變立場，只會僵化成孤芳獨賞，與時代的包容尺度格格不入。同理，下一代的中國情懷減弱，上一代也應包容；年輕人的意氣話，更不要成為我們這輩人說意氣話的起點。悼念六四，「愛國」不應是先決條件；天安門大屠殺是反人類暴行，早已超越國界，為全球所聲討。

除練先生特別「愛護有加」的港獨／本土派，其他政治光譜的團體沒有要求支聯會要改口號，要這樣那樣……練先生究竟為何念念不忘要求支聯會改變來迎合港獨／本土派？原來念念不忘的是六四那筆政治公共財，不忍見港獨／本土派棄而不用。

港獨／本土思潮在年輕人當中很有影響，但筆者並不特別對此派愛護有加。去年立會選舉，筆者剛巧短暫地沒有了「評論員」身分，於是「落場踢波」，拼老命支持某些候選人，包括替劉小麗拍宣傳照，替羅冠聰、梁頌恆和游蕙禎站台；競逐功能組別批發及零售界議席的區諾軒（民主黨）

希望筆者寫一段文字支持他，筆者亦欣然答允。

筆者是立場開放的自由民主支持者，但近年的確寫了較多同情、袒護獨派的文字，原因只一個：他們的群體是弱勢中的弱勢，不僅因政治信念最被政權打壓，也被其他民主派（包括前熱普城）排擠、誤讀，論述能力薄弱，媒體欠同情，在國際上也得不到多少關注。他們有缺點，會犯錯，有時甚至是臭雞蛋。但如果以村上春樹的蛋與高牆為喻，他們是最細小、殼最薄的雞蛋，卻最短兵相接最快要撼到最硬最厚的那塊高牆上了。

若我以村上信徒自居，我的同情不是最應該寄在這派年輕人身上嗎？

國家與分裂

2017/06/28

九七二〇近，黨官及其支持者不斷放話高舉一國、矮化兩制，鼓吹廿三條立法、建議《國歌法》在香港實施、聲稱要對港獨自決派的「言行」刑事化、推行幼兒國教等等，搶佔新聞頭條。不過，如此放話並不明智、對覺得「一國二字難聽過粗口」的97%年輕人而言，這些貶損港人自尊心和自治權限的挑釁話語，入耳之後唯一作用是加強他們的叛逆意識，在DQ事件之後、「本土退潮」之際，替分離主義打氣回神。

然而，黨官的一國話語，影響不只及於年輕人。不少老一輩民主派面對步步進逼的中共，也逐漸生出「主權疑惑」。筆者上周參加一個二〇四七研討會，與會者來自兩岸四地，各有不同立場，有親共的，也有獨派和反共統派的，其中一位還是跟筆者相熟的老泛民。會議中途、一位台籍講者發言之際，老泛民朋友忽然挨過來在我耳邊不無讚嘆地說：不知為甚麼，台灣人講說話總是有一種主體意識，跟我們不同。我哈哈一笑跟他說：那是因為人家是一個主權獨立的國家呀。

會後，筆者更想起林榮基最近說的一句話：「港獨為甚麼不可以談呢？就算實現不了，民主派也可以用來當作與中共談判的籌碼。」跟曾經是北京的政治犯的程翔比，程對獨派是同情地理解但不支持，林則是再行進一步。這是老一輩反共港人中出現「主權疑惑」的又一例證，是「大中華獨」出現的先聲。中共真是功德無量。

主權疑惑 VS 國家意志

《公民權利和政治權利國際公約》第一條開宗明義說：「所有民族均享有自決權，根據此種權利、自由決定其政治地位並自由從事其經濟、社會與文化之發展。」與此相符，在所有自由民主國家裡，人民談論、宣傳分離主義，甚至組織政黨鼓動分裂國家，都是合法的。不少這些國家的憲法都包含局部領土和人民和平合法地分裂出去的條件，美國是主要例外。

美國憲法沒有對分裂的合法性作出說明，惟一八六八年的一宗最高法院官司 Texas v. White 對這個問題作出了終極裁決：儘管憲法沒有賦予各州單方面退出聯邦的權利，但在「發生革命或在各州同意之下卻可以實現分離」。這當然是很高的門檻；不過，美國卻是國內局部獨立運動最多的國家。二〇一二奧巴馬連任總統，全國五十州都有共和黨人向聯邦政府提出脫聯要求；去年特朗普當選，民主黨人照辦煮碗，可謂家常便飯到近乎兒戲。

國家意志包含統一，本無可厚非，因為有需要在自由與穩定之間作一取捨；不過，極權國家的統一意志卻特別強烈，人民不僅不可以有分裂的行動，便是連提出分裂要求，甚或只是討論自決，也屬違反刑事法，抓到了，不判死緩也判終身或長期監禁。和自由民主國家比，這是霄壤之別，也是野蠻跟文明的分野。很不幸，這個分野之間的爭持，可能很快就要在香港出現、了斷。

民主黨的投名狀？

持甚麼立場、表現出甚麼態度，老泛民之間可能出現相當大的差異和分化。例如，公民黨認為，言論和行為是應該分清楚的，就算是支持港獨的言論，只要不是蓄意而且有可能引發即時暴力，或者該言論與暴力事件沒有即時及直接的聯繫，都不能入罪；此即所謂言論自由的《約翰內斯堡原則》（The Johannesburg Principles on National Security, Freedom of Expression and Access to Information）。民主黨於二〇〇三年五月發表的一份立場書裡，也堅持這個原則。

但是，民主黨的老黨員李華明最近寫了一篇文章，以一些用字習慣為證據（如用「中共」不用「中央政府」、用「主權移交」不用「回歸」），指名道姓指控一些從未承認支持香港獨立的議員是獨派（「很清晰看到他們絕不承認自己是中國人」）；文章儼如一篇投名狀，無怪人民力量議員陳志全說：還以為是《大公》、《文匯》打手的傑作。不過，考慮到李的往績，他那樣說一點都不奇怪，令人擔心的反倒是，在多位反共立場堅定的泛民人士如古德明等人批評了李之後，民主黨卻一點表示也沒有，令人憂心李的態度就是民主黨的主流態度。如果是，就很可能反映民主黨關於言論自由的立場因中共對港獨的強硬打壓而倒退了；那麼，倘若特府再來一次廿三條立法，就算只是翻炒不加辣，民主派也沒法子像二〇〇三年那樣有足夠社會動員能力去阻擋。

列寧式政黨 VS 初選平台

五年來，香港政治生態大變，一些政黨如民主黨卻「巋然不動」，暫時還可以很好地生存下去。筆者認為，那是因為香港所有的政黨，包括民主派的大黨，都是列寧式的政黨：即嚴格地按極少數黨領導人的意識形態辦事、靠自己的資源運作。歷史顯示，這種政黨要改變立場非常緩慢、困難，不是通過黨內鬥爭，就是最終「撞南牆」、損失嚴重痛定思痛，或者是其領導層最後自然死亡、新陳代謝，路線才會改變。

這種列寧式政黨，和一些民主國家裡的平台式政黨（即所謂選舉機器）大相逕庭。後者通常只有幾條鬆散的政治理念指引，包容性十分強，本身不會很偏激激進，因此可以廣泛網羅支持者的資金，吸引很多不同的「運動」進入各級選舉平台比拚（即黨內初選），得勝者贏得動用最大量資源的權利，與其他政黨的初選勝出者作最後爭奪。

例如：美國民主黨是一個稍微傾向左翼的選舉平台，奧巴馬、希拉莉、桑德斯（Bernie Sanders）等，就是一個一個不同的左翼「運動」，本身沒很多資源，但各有各的明確政綱，誰能夠打動中間加左翼的群眾，得到最多的支持，就可以代表當下的這個美國民主黨，並得到最大量的資源澆灌。

這種性質的政黨，能夠敏銳地反映群眾當中的變化，說得不好聽就是民粹（可能造就特朗普式的人物上台），好處卻是能夠避免整個黨長期成為一小撮人的意識形態俘虜。這種高度競爭型的政黨，最能鼓勵政治創新。香港的社運需要這種平台，現在也有可能建立起這種平台。

民陣＋本土商界

要建立這樣的一種平台式政黨／開放式選舉機器，最好的辦法就是找現成的加以改造、升呢。環顧目下香港社運平台，論經驗、包容性和支持者數目，民陣是首選。資源，一直以來都是一個不能逾越的路障；民主派多次嘗試建立初選機制而每次都失敗，就是因為無法積累一大筆資金，供初選機制的勝者動用。

以前的初選平台難以得到足夠資金吸引政黨參與，以後為甚麼就有可能？答案在於「本土資本」的出現。二千年之後，紅色資本步步進逼，不出十多年，已經能夠把本地商界原來的大戶逼到「冇碇企」，必須直面生存威脅。他們會是一個開放式民主選舉平台的潛在支持來源。（左翼朋友也許受不了，但死到臨頭，別無選擇！）

另一方面，不少以本地經營為主、沒有或少有大陸生意的中小企，也多方受到來自大陸的壓力。這些中小企業主，儘管「階級立場」與大多數市民有異，但論政治態度分布，卻沒理由不跟整體社會上的分布相若；那就是說，他們當中，應該有六成左右的成員是心儀民主而反對中共干預香港的。他們既可以支持何韻詩取得表演平台，就同樣可以支持民主派建立選舉平台。筆者猜測，曾俊華出選，來自中小企的支援還遠遠未曾用盡。

現有的泛民政黨顯然不會一開始就支持這種初選平台的創立，但如果這個平台能夠匯集足夠的支持者和資源，他們就會願意加入，貢獻一分力量。

自主 VS 認命

當然，要建立這樣一個平台，還起碼需要其他兩個條件，其一就是民眾當中要有足夠的「民主脾性」，其中最重要的就是一種廣義的包容，或者說是政治上的、積極的「願賭服輸」：自己支持的初選團隊出局了，真正投票的時候，還是負責任地到把票投給自己不支持甚至反對過的初選勝出者，而不是拍拍屁股走人。要做到如此「不含淚投票」，之前就要多有包容、少有敵意，不因政見不同而互視其他民主派初選人為「鬼」。

另一就是需要有一些屬於廣義民主派的政治興業家（political entrepreneur），有足夠的意志、承擔和能力，組成一個多元團隊，擔負起這個平台的建設。這個團隊甚麼派別的人都要有——從淺藍淺黃到自決港獨，要像八仙過海，能各顯神通，卻可以打成一片。

一旦平台建立了，它能負起的功能，就不限於選舉；舉凡一些社會政治經濟民生議題，需要最廣泛動員的，只要能達到共識，都可以由這個平台推動。當然，由於需要廣泛共識，能由這個平台去主導的議題，都不會是很激進的，但激進派也一樣要幫助推動，因為平台是公共財，大家都有責任去支撐。

國家要統一，港人就不能分裂。若以過去十年八年香港政界特別是民主派內部那種狹隘眼光和遺下的牙齒印看，呼喚這種平台和團隊的出現，無異癡人說夢。但筆者認為，二〇四七漸近，紅色壓力有增無已，便有可能出現改變；外來壓力會迫使不同意見派系和脾性的香港人走到一起，建立合作團隊（大台？）。那會是一個奇妙的正、反、合全過程。

如果無法做到這個，那麼港人就只剩下最後一個選項了。那就是好好認命，安安分分做 PRC 中國人。那也不錯啊。

「軸心突破」——論聯合聲明失效與社運去向

2017／07／26

香港大學學生會的同學希望筆者寫一篇文章探討社運的發展和整合，那正是筆者近日關注的問題，遂有此文。同一文章略作增刪之後，會在八月號的《學苑》出版。

香港是國際城市，牽涉兩個主權國家，人口和資產高度跨國。九七後，北京為要把香港「去國際化」，逐步實行三種對策：開放北人南來，推動紅資湧港，廢止《中英聯合聲明》。後者三年前起分階段發生，低調卻明顯，顯示高層作了清晰決定。

二〇一四年六月李克強訪英，以巨額商機為餌，要求英國簽署一份肯定《中英聯合聲明》落實成果的文件。當時香港因政改醞釀佔中，英方不願談甚麼成果，中方不得要領。七月，英國派員訪港監察一國兩制落實，中方拒簽護照，並透過外交渠道暗示聯合聲明作廢。今年六月，中國外交部公開說：「《中英聯合聲明》作為一個歷史文件，沒有任何現實意義，也不具備任何約束力。」「約束力」是聯合聲明核心，中共當年接受，是一種權宜，早晚要擺脫。一擺脫，一國兩制就失去原有基礎，香港社會基本性質因而改變，傳統社運模式也隨著失效，原因是結構性的。

聯合聲明與香港獨特社運模式

聯合聲明對中國有約束力，所衍生出的政治效果非常獨特弔詭：在全世界最大最嚴酷專制政權的鼻子底下，竟然存在一個規模相當宏大的反抗運動。它由一兩個傾向民主的大黨派主導，承認中國對香港的主權，支持一國兩制；在持續擁有立法會關鍵少數議席的條件之下，以溫和手段調動群眾爭取民主改革、推進雙普選議程；一旦成功，再倚靠民眾中長期存在的反共大多數，選出民主派支持的人上台執政，長期守護香港。這無疑是世界上最理想的民主運動，在前階段的十多年裡，其四方面的運作條件都良好：法治穩固，公務員和警隊高度專業中立，中方大致遵守不出面干預港事的承諾，第四權發達、言論自由的尺度比港英時代更寬鬆。微風細浪到民主，是聯合聲明的設計威力；如果真可以，那會是人類歷史上的奇蹟；環顧世界上所有國家，民眾完全和平、政權完全非暴力地達至民主的，一個也沒有。

奠基英國民主議會制的「光榮革命」（一六八八），別稱「不流血革命」，其實也是多次戰爭的成果。如果把之前初步取消英國君主專制的英國內戰（一六三九至一六五一年）也歸入議會民主的過程，那麼英國經驗就和其他國家無大分別，都相當慘烈。台灣民主化後段完全平和，但解嚴之前卻不是，這個大家清楚。

但是，這個神話般美好的香港社運模式，在強國勃起、視《中英聯合聲明》作失效而英方無力亦無意挽回的情況之下，已無法完成任務，因為支撐這個模式的四個主要條件正逐一剝落：法治日漸鬆動，甚至已被用作對付社運的工具；公務員高層和警隊嚴重政治化；自二〇一〇年「第二支管治隊伍」出台之後，北京干預港事愈發明目張膽；言論自由也因主流媒體被收編而日益收縮。這些都是結構性轉變。

真正被DQ的是甚麼？

再無國際條約約束力，一國肆意衝擊兩制，民主派勢將逐步失去立會關鍵少數議席，議會因而不再是守護香港的屏障，「六四黃金率」存在也毫不管用。可以說，宏觀層面上，被DQ的非僅僅是十個八個議員，而是整個自港英管治晚期形成的非常特殊的香港社運形態。

與原有社運形態同時被DQ的，是運動的主要目的：政制民主。這個其實在聯合聲明作廢之前已無著落。你和理非非，中共就帶你遊花園；你搞佔領，它就施放催淚彈開槍。如今沒了國際約束，一國更可隨便欺凌兩制。選民把你送進立會嗎？它乾脆找人大釋法打掉你的議席。

周前一篇本欄文章比較了獨立與民主孰難，徵引世界各地百多個事例，得出的結論是兩者不相伯仲；目的不是辯證獨立如何容易（傻子才會那樣想），而是指出民主有多困難。如果還需要一個實例說明中共不會恩賜民主，那就是劉曉波的死。（此說明社運派別以達到各自倡議的政治目的之難易相攻訐，是何等虛妄！）

佔運之後，民眾呈現政治虛脫，動員困難，無論怎樣號召，群眾參與率都非常低。筆者推斷，這並非多次大規模動員之後的簡單政治疲勞，休息一下就復原那種；更不是港人追求民主的意志不夠堅貞，想放棄；而是民眾已直覺意識到，《中英聯合聲明》作廢，兩制遭結構性毀壞，傳統社運回天乏力，民主遙不可及，參與是虛耗。

聯合聲明作廢　港向專制過渡

的確，民眾回顧多年經驗，當會如是想：兩制尚稱完好、傳統社運發展蓬勃之際，政改也無寸進，如今一國當道，安問民主？未見社運有可信新目標、行動綱領、組織架構和領導班子之前，與其知其不可為而為，不如先做好私事。

民眾如此「無反應」，其實是很好的反應，是對社運作出嚴苛提問，逼迫社運自省。社運因此不可能再一貫作業，business as usual。

《基本法》是國內法，本身對一國無約束力，兩制的實質存在，端賴聯合聲明的約束力。後者如今作廢，兩制顛覆，香港社會朝專制過渡無可避免，聯合聲明衍生的那種美好獨特社運模式不能繼續有意義地存在，「文明社運」即將告終。抗爭將無可避免回歸專制社會之下的一般形態：挨打、頑抗。上下四方古往今來皆如是，香港怎會是例外？

領導和參與這種「一般抗爭形態」的代價遠比過去的「文明社運」高，香港人已經看到了一些，躊躇一會很正常。且不說如八九六四天安門事件那樣的大屠殺——如果知道出動坦克衝鋒槍是政權行事話本裡的選項，則社運領導絕對不應朝那個方向走；但大家如果要清楚認識一個專制社會之下有意義抗爭的極限典型，一九七九年發生在台灣高雄的美麗島事件是最佳樣板。

問題是，在「文明社運」與「一般抗爭形態」之間，香港的抗爭將會升級到甚麼程度。回答這個，要看客觀需要，更要看運動的領導與民眾的意願。為此，社運界首先需要探討一個更基本的問題。這個問題剛巧已由一位溫和得不能再溫和的泛民人一句話牽引出了。

叛逆：到甚麼程度？

《立場新聞》月初訪問了中文大學教授陳健民。這位二十年來孜孜不倦在中國各地培訓公民社會人才的義工、視長毛在立會掟蕉是暴力的溫和派、被指為無可救藥的「大中華膠」，最後被問到如何面對愛國與民主時，平淡地說：「如果民族立場要我壓抑對民主、自由的追求，我一定做叛國者，毫無懸念地叛國。」

讀了這段驚心動魄的自白之後，筆者再在傳媒朋友之間印證，得出的印象是，當權派殘忍打壓中國內部異見人士、粗暴干預香港事務，在香港像陳健民那樣的五十後溫和派被逼到叛逆邊緣上的還真不少，其他比較年少激進的就更不用說。（聽說還有一位以往猛烈抨擊港獨的八十後現在轉而主張香港立國；那更是完全合乎事態發展常理的。）

「絕地天通」神話與「軸心突破」

這就預示，香港原本分裂了的民主抗爭運動將會出現一條行動依然溫和但觀念比以往激進的聯合陣線，裡面包含背叛國家的聲音，因為這種聲音在不少年輕人當中也有了相當的比重。這樣的一條聯合陣線的出現，將突破籠罩香港社運的持續低氣壓。

史學大師余英時二〇一四年初出版了據說是他畢生功力之所在的專著《論天人之際》，探討的是中國古代思想的起源。書中刻畫出春秋時代哲學思想的一次「軸心突破」，非常有意義。

中國遠古曾經出現過一次思想獨裁化。本是「天人合一」、「道不遠人」的一個良性秩序，最遲到了商代甲骨文所包含的五個時期中的最後一個，出現惡變異。此後的主流論述裡，一般人不可以憑一己心性接收和理解天道；那個能力改由一位「普世人王」、「余一人」、即所謂的天子所壟斷。這個突變，是以一個「絕地天通」的神話表現出來的；《尚書．呂刑》：「乃命重、黎，絕地天通，罔有降格。」從此，天和地上的凡人隔絕了，只有「余一人」可接收天命、掌握真理。

但是，到了春秋時代，「余一人」的權力崩壞，思想界出現「軸心突破」（莊子說的「道術將為天下裂」）。「軸心突破後的思想家如孔子、孟子、莊子等……，都強調依自不依他，即通過高度的精神修養，把自己的心淨化至一塵不染，然後便能與天相通。」（見余書75－84頁）

當然，後來中國再出現大大小小的「余一人」。到了二十、廿一世紀，共產黨系列的「余一人」就更徹底，從北京到一國，從一國到香港，都實行「絕地天通」：天道是甚麼，國家怎樣發展，人民如何生活，都由偉光正的「余一人」說了算。不過，上世紀五、六〇年代在中國搞這個還可以，二十一世紀在香港卻不行。

石破天驚

道術將為天下裂，這個裂，不僅是思想上的裂，也隱含王權與土地的裂，兩千多年前便如此。孔子的文化淵源在周，但他和他的弟子說的和效力的「父母之邦」卻是魯、衛等國，周在儒者心目中的政治地位已無舉足之重，軸心突破既是思想上的，也是政治上的。「毫無懸念地叛國」，就是今天香港民間思想界正在萌生的軸心突破；它出現的方式和兩千多年前出現的那一次同樣地溫和，也同樣石破天驚。

新常態即大打壓
代議士變代抗士

2017／08／16

上周六，公民聯合行動主辦了「全面打壓下民主運動對策初探」研討會。立場不盡相同的八位民主派濟濟一堂，與兩百聽眾商量社運前瞻與整合。議題很吸引，筆者希望多了解社運人今天的看法，卻因為身在海外而錯過，殊為可惜，好在能透過看《立場新聞》的現場全直播知道內容。對關心社運和香港前途的人而言，三個多小時的錄影一點不長，只聽黃之鋒說反DQ釋法行動之前已與本土民主前線討論過現場如何協作分工，已值回票價。

八位台上講者分別是周永康、梁天琦、黃之鋒、戴耀廷教授、評論人桑普、馮敬恩、長毛梁國雄、民陣負責人區諾軒。特府嚴打之下，八人當中過半數有社運官司在身，若然入罪，刑期不會短。參與者所代表的政治光譜很闊，從獨、自派、左、右膠到泛民都包括，這本身已是一個重要信息。二〇一〇年五區公投之後民主派分裂再分裂，至佔運之後更勢成水火；DQ釋法之後形勢有變，鐘擺盪向整合。黑格爾辯證律走到第三步，無疑很自然。

民主派的健康整合

不過，核心的整合必須有機而健康，才能發揮力量，鼓舞群眾。從一個「碎片化」了的狀況出發，現階段怎樣的整合才是健康的呢？有台下與會者認為，各派應先反省，揚棄錯誤綱領，方能言整合。這其實不必，也不一定健康。

迄今為止，本地民主政治場域綱領競爭，無論是關乎目的還是手段方面的，只要排除一些無謂敵意，統統都是健康成分，不可或缺；各派參與整合，不必先作政治告解。梁天琦講得好：在追求自由民主的路上，問題只是我們有沒有胸襟去容納不同派別的抗爭哲學和方式。

有這方面的胸襟，連繫到有與會者提到的社運參與門檻，綱領競爭就更易理解。例如：和理非非是上車盤，勇武則是能夠而且願意付出更多代價者的豪「擇」，而處於中間的，有不同程度的公民抗命換樓升級盤[1]。但在過去一段時間裡，有人認為突破和平手段會引狼入室，有人則反唇相譏，認為行禮如儀的所謂抗爭不如不搞。到後來，這些指摘不幸演化為對稱的鬼論，至今有人樂此不疲（大概不全是五毛挑撥）；由此可見一些「無謂敵意」的禍害。

筆者認為，反對派各方力量應該可以在完整保留自己的政治綱領的前提下，參與到一個新的「人民的聯盟」裡。這個聯盟主要是一個工作聯盟，在聯盟之內，大家不必談論彼此的抗爭路線分歧，因為更重要的是找出合作的基礎；在聯盟之外，也應盡量避免互相就綱領性的東西猛做別人的「負面廣告」。

那階段的「道術將為天下裂」，尋找、定義新的抗爭方向之時，如同細胞裂變、女子分娩，激烈的意見交鋒有其必要，過火也在意料之中，但在各自方向清楚之後，就不要再迷信「真理越辯越明」。現階段這樣減少無謂虛耗，本身就應該，要建立工作聯盟的話，就更不可忽視。

戴教授指出一點很重要：8．31之後，倚靠《基本法》已經不能保證可以守護香港這一制，遑論賴以達致政制民主。的確，《中英聯合聲明》在二〇一四年由中方單方面宣告作廢之後，中國人大常委已視《基本法》為無物；釋法DQ之後，議會勢成政權可用可不用的獨裁工具。大家想想，建一個車站避雨亭也要事先在區議會裡諮詢的香港，如今牽涉兩制生死存亡的高鐵一地兩檢卻是政府說了算，議事文化關鍵處已蕩然無存。

「代抗士」與「代議士」

不僅立會漸無要事可議，一大批能議之士更被摒諸殿堂之外，那麼「代議士」這個名詞在香港已經接近無意義。九七之後那十年八載風調雨順和理非非之際，社運民眾的核心任務就是把自己的代表送進立法會代以議政。這個模式的功用現已消失七七八八，大家就有必要重新理解社運領袖與群眾之間的關係。

1 本段以買房作為比喻，在香港，上車盤是指首次置業的樓盤，而豪擇為豪宅諧音。

「舒適抗爭」大體無效，參與社運的代價普遍提高，對民眾而言如是，對運動的積極分子更如是。黃之鋒指出，佔運魚革之後運動領袖被告判監動輒「以年起跳」，必然有阻嚇作用，更多群眾敢怒不敢「行」。這並非如坊間簡單所謂的「抗爭疲勞」，而是在嚴峻的新常態底下，社運領袖和群眾的核心關係已由「代議」變成「代抗」。

「隱性支援」與「顯性參與」

相應地，群眾對社運領袖的支持，會從給選票、響應號召參與遊行甚至「鳩衝」的顯性方式，逐漸轉變為一些隱性方式，例如：

一、支持救助。長毛梁國雄在研討會上提議建立一個政治犯救助基金，籌錢打官司，組織對繫獄社運人的各種關懷工作。這個建議落實的時候，可能會擴闊一點，成為類似筆者不久前提出過的「社運救援翼」，幫助的對象不限於政治犯，而包括一些其他因參與社運而受害的人；例如，拯溺員郭紹傑，因積極參與佔運糾察工作，最近被拯溺員工會以違反公務員政治中立為由，強行永久刪除資格，就十分值得關懷和幫助。

二、深化和傳播理念。「新常態」之下，傳統媒體日益被收編，社運各派別的聲音多遭封殺，信息傳播不易，惟有透過非傳統方式擴散（不限於互聯網）；論壇活動、小圈子內的報告會、講座等，都是很好的支持方式。再者，社運領袖多是行動派，便是有自己的綱領，也不容易把綱領的論述和建構工作深化；群眾當中，有些有條件的人士，可主辦一些讀書圈，研究港中文化社會政治及有關的問題，慢慢成為民間智庫。方志恆教授和他的學界朋友組成的學者團體「高教公民」就是一例。

有錢出錢，有力出力，都是不同類型的躬體力行，可替代風險代價越來越高的街頭參與。這些方面的支持工作，可以在香港和香港以外的地方開展；後者在白色恐怖的條件底下，更有其需要。筆者估計，群眾對社運領袖的隱性支援並視之為自己的「代抗士」，將會在一定程度上取代顯性參與。

群眾派性和比例代表制

然而，研討會上不少人討論了一個問題：一些群眾的派性比社運領袖更嚴重。

原來，不同派別的社運領袖，對重新建構行動協作平台有很強的意願。原因很可能是，處在操盤者的位置上，他們接收到的資訊和觀看到的實景很多，了解到要成就一個抗爭目的（哪怕是「階段性成果」），靠一己之力無法保證。但是，個別社運群眾能夠了解到的，相比或有更多局限，常以為靠同聲同氣者的力量（「同溫層」）便可成事。這些群眾於是往往反對自己支持的派別與其他的派別溝通、協力。

例如，抗議DQ釋法行動之前，黃之鋒與黃台仰事先有協議，但到了現場，當後者欲開展配合行動之時，卻被一些「黃絲」群眾當作意圖抽水而不得不退卻。梁天琦甚至更坦白說，過去不敢參與協作研討會，因為消息一傳出，支持者就會強烈質疑你扭軚、反對你跨派別合作。

長毛指出，這是因為，在比例代表制之下，各派領袖如果想走議會道路而勝出，必須小心翼翼耕耘和保著自己的那10%選民，不敢得失；這樣，派別之間的合作便很困難。不過，這個問題已經變得不那麼重要，因為DQ之後，議會道路對很多新興反對派別而言，已經走不通，故這些派別的領袖反而更灑脫，不怕支持者一時誤解。塞翁失馬，反有利派別之間進行協作。

老鼠屎：左、右膠矛盾

各反對派別之間有很多矛盾，控制得不好，會讓整合的構思泡湯，其中尤以社運左、右翼之間的意識形態矛盾最難控制、最易出問題。這不僅在本地社運裡已經如此；環顧古今中外，舉凡俄國革命、中國內戰、朝鮮半島和前越南、德國分東西南北、英國退盟、美國特朗普上台、所有民主國家裡的高熱選戰，幾乎無一不滲透著左右意識形態鬥個你死我活的影子。香港社運要前行，各派必須小心管控這個矛盾。

這不是說社運左、右翼的矛盾不應存在；這類矛盾關乎基本價值，有關的爭議大多數都有實質意義。但是，各派同時要看到，香港今後三十年內的主要矛盾都不可能是這些，而是香港原有的文明開放社會體制與中共欲強加於香港的野蠻專制體制之間的矛盾。如果左右翼意識形態之爭掩蓋了這個主要矛盾，導致港中政權漁人得利，那很可悲。各派容或在自己的抗爭路上有不同的左右取向，但絕對不宜把這些取向帶進一個在建構中的整合平台，更不宜對他方施展以左或右作標籤的攻擊。

筆者以自身經驗進言：不只關乎左右翼的政治批評，任何反對派內部的政治批評都應以低調、溫和、正面釋述己方觀點為主；正如開汽車的 defensive driving（防衛駕駛），目的是要自己安全抵埗，而不是要妨礙別人到達。至於長毛梁國雄提到的競選爭票問題，一旦能夠建立各派工作層面的平台，磨合一段時間之後，就應該嘗試進一步探討初選機制，由小範圍、個別派系之間開始，逐步擴大；採取的方式可以是選區迴避，可能的話還可搞一票多派。

泛民在哪裡？

傳媒採訪上述研討會之後的報道，多聚焦年輕社運領袖人物，卻疏忽了泛民的區諾軒。區屬民主黨，卻自稱一點也不溫和。他參與這次研討會，意義是正面的；如果事先是與黨內大老商討過的，則更有一些弦外之音需要大家細嚼。他在會上從親歷的角度分析反 DQ 釋法遊行的組織層面不足之處，也很有意思。或者，反對派光譜的兩極，某階段也可以甚或需要來一個破冰，而區這次參與，可看作一個伏線。

筆者歷來對社運、對香港都採取一種很根本的樂觀和信任的態度，對一些人皆認為負面的事情作正面解讀，因為深信大多數港人都是善的、智的，在關鍵時刻會醒悟，做出應該做的事情。難道你不相信，魔高一尺、道高一丈，天地的最深處飽含著正氣，光禿的樹木在深冬最寒冷的那天開始發芽？

法治上海化 政治西藏化

2017／08／23

特府尋釁，傘運三子刑罰加重，鋃鐺下獄，大家都為這些年輕人嗟嘆、惋惜；香港的法治因這次案件那不堪至極的二度裁判而崩裂，更是令人扼腕。特府官員面對「政治犯」的指控，不是像張建宗那樣閃爍其詞，便是如林鄭般作鐵嘴雞式的乏理反駁，外強中乾，靠的只是赤裸裸的權力。高院上訴庭那份以香港司法史前所未見的北方政治語言書寫、以主觀臆測的心理推論取代無合理懷疑的判詞，導致法律界、輿論界排山倒海的質疑，統治階級竟無一人有言以對。

一直以來，筆者對「法治已死」、「香港出現政治犯」的一類指控都有所保留，但經過這次官司，也不得不修改看法。大家記得，在四月十九日的本欄文章裡，筆者這樣說。（本書沒有收錄。）

「特府三年來以政治檢控作為打壓手段，人所共知；然而，本地這些被打壓對象與典型的專制國家裡的政治犯不同。後者往往是行政系統和司法系統同流合污或者行政系統完全控制了司法系統之後的產物。但是，香港的司法制度還是非常獨立的，絕大多數司法人員都很努力頂住來自行政系統（和西環）的壓力，力求保存司法獨立。倘若『香港政治犯』一詞當下在國際上傳開，世界各國的人誤以為香港的司法系統已經投降了、跟政權同流合污了，那叫正在被政權鷹犬欺凌而堅持司法公正的大多數司法人員情何以堪？」

為此，筆者提出以「特殊政治犯」一詞描述一眾被「有法用盡」的行政系統以政治原因遭刻意檢控、司法系統被動而不得已地履行裁判責任的情況底下遭判刑的那些人士。如此小心翼翼，乃是因為不忍香港法律界幾十年來點滴建立起的馳譽國際的法治聲譽毀於一旦。然而，經此一役，筆者用的「特殊」二字，已然不必。一紙判詞，充分證明傘運三子都是不折不扣的政治犯：若然不是幾位主審法官自己的喪心定見見諸文字，便是由法院系統已經設置的隱形黨委書記捉刀或起碼是經其「潤飾」的產物，而絕對不會是如大律師公會前主席石永泰說的「用了一些情緒性字眼」那麼簡單！

一葉知秋，政治犯出現了，即表示法治的根基已然鬆脫；此案若上訴無門或上訴不得直、判決結果施用到以後所有同類案件的判決上的話，香港司法從此被政權馴服而新加坡化，殆無疑問。然而，香港的法治崩壞，不會止於新加坡化。

商業法治危機四伏

新國政府行政系統固然能夠、而且不斷全面操控所有的政治檢控和判決，但在商業、物權和其他民、刑事案件上，法治的根基依然健全穩固，但香港因為紅色資本全面入侵，商業事務方面的法治已是危機四伏，政治環節的法治失守之後，商業及其他環節的淪陷便是必然，而且會來得很急促，因為背後的三權合作還要加上土豪金的第四權。也就是說，香港的法治，最後是上海化，在北方政權的眼中「止於至善」一片撻伐聲中，特府及其說客與本地一眾《環時》派用上了「求仁得仁」的說法。這是非常不仁的說法，不僅不倫不類，而且引喻失義、涼血、殘忍，令人聯想到林鄭說她同情三子母親，不過是貓哭老鼠假慈悲。這又一次證明，甚麼美好的東西，一到了共產黨及其支持者手中口裡，即變成垃圾、毒物。

「求仁得仁」一語出自《論語．述而》。（子貢）曰：「伯夷、叔齊何人也？」曰：「古之賢人也。」曰：「怨乎？」曰：「求仁而得仁，又何怨？」答話的是孔子。關於兩位「古之賢人」，故事是這樣的。伯夷、叔齊是商朝末年諸侯國孤竹國（今河北省）國君的長子和三子。

孤竹國國君生前立叔齊為太子。他死後，叔齊卻想把王位讓給長兄伯夷，伯夷說：「父王遺命，不改動。」說完便走了。叔齊覺得自己不應該繼承王位，也跟著走了。後來伯夷、叔齊聽說岐山的西伯昌是位有道德的人，便依附於他。西伯昌死後，他的兒子、後來的周武王即位，帶著西伯昌的棺木，進軍伐紂，伯夷、叔齊不贊成以暴易暴，拉著他的馬韁繩勸他說：「父親死了不埋葬，卻發動戰爭，這叫做孝嗎？身為商朝的臣子卻要討伐君主，這叫做仁嗎？」武王不聽，進軍滅紂，建立了周朝。伯夷、叔齊不願吃周朝的糧食，跑到首陽山（今山西永濟西）裡餓死。

伯夷、叔齊悲壯殉義，距離孔子生活的時代約六百年；孔子以「求仁得仁」的說法對伯夷、叔齊作蓋棺定論，是一種無上的褒揚。而且，孔子說這話，體現的是他的廣闊胸襟。大家知道，儒家的政治道德基礎就是「順乎天而應乎人」的「湯武革命」，即古史上記載的湯伐桀、武王伐紂這兩次犯上作亂、弒君的暴力革命。當時伯夷、叔齊反對武王伐紂，如果孔子不吝氣一點，會說他們兩位的「仁」，不過是婦人之仁；但孔子沒有那樣說，而是認真地把這兩位歷史人物視為求仁而得仁的「古賢人」。

現實裡的情況卻是，一個對自己的人民動用武力絕不心慈手軟的政權，把完全沒有使用任何暴力的三子於抗命行動中與守衛員互相推撞而後者受輕傷的事件渲染為嚴重的暴力事件而把三子「繩之於法」，旁邊插科打諢的說客隨即以輕藐的口吻抛出「求仁得仁」這幾個字。對比典故中的歷史，馬上照出這一批人的醜惡嘴臉。（說話的袞袞諸公當中，又赫然包括大律師石永泰。上周六的一個研討會上，允石君要求，筆者為他作了紀念簽名，想來後悔，只得希望那四字是這位言笑晏晏的番書仔[1]不熟書而作的胡言亂語。）

法治上海化，那麼政治上又如何呢？筆者認為香港不可避免西藏化。這並非危言聳聽。如果大家看得透香港和西藏表面上的各種差距分別，當會察覺兩地的同病相憐及香港趨同於西藏的傾向和走勢。對比中原的漢、共文化、宗教、語言、公德、道德和生活方式，香港和西藏都與之有深刻的差別，甚至如果仔細研究人種基因，也可得到同樣的結論（最後這點筆者不只一次指出過，而且是引用大陸基因遺傳學研究結果的報道）。

---

1 番書仔：指在歐美留學、受歐美教育的人。蔑稱，帶貶義。

和香港一樣，西藏也是「自治區」，一九五一年有與中共簽署的《十七條協議》，精神內容與香港的《中英聯合聲明》及《基本法》類似，可是到後來都被中共一一否定、撕毀。在相同的待遇之下，難道西藏人與香港人的內心反應不會一步一步趨同嗎？西藏早有分離主義和獨立運動，香港最近也有了。那是有客觀的基礎，再加上政權所作所為火上加油生成的結果，並不是甚麼梁某人、林某人個別的行動話語導致的。

是的，西藏和香港的分離主義和獨立運動都有國際背景，而且碰巧都和英國殖民主義歷史有關。西藏曾經是英國的保護國，一九一二年至一九四九年之間，更在英國勢力的幫助之下宣布獨立，並且確實享受過幾十年的事實上的獨立。香港是前英國殖民地，現存的體制基本上是英國人建立的，藕斷絲連，英國管治的餘熱依然影響著香港。這是歷史條件決定的。一九九七年之後的香港管治搞得不好，人心思變、人心思獨，十分自然。中共若是明智，處理香港事務必要像英殖後期那樣如履薄冰，無奈不是那樣。小棒則受，大棒則走；法治消失之後會有各種更強力的打壓，香港成為中國的西藏2.0，看來已無可避免。

論法治和法治膠

2017／08／30

高院上訴庭判傘運三子獄刑之後，社會對本地法治是否依然獨立且健全的看法出現嚴重分歧。法律界一些一直以來對法治有承擔的人士，毫不含糊地捍衛本地法治的聲譽，認為律政司要求追加刑罰及其後上訴庭的判決，完全沒有超越法治的界限，不是無可厚非而是無懈可擊，而所謂香港出現政治犯的說法，完全沒有根據。

筆者今天就本地法治可能出現的漏洞或裂痕，對上述法律專業人的看法提出質疑。

在文明體制例如三權分立有鞏固民意基礎和深厚歷史傳統的地方，司法這一權通常也是最脆弱的、最被動的；這點在西方政治體制理論裡講得很清楚。十八世紀末年由美國開國父咸美頓（Alexander Hamilton，台譯漢彌爾頓）等人執筆的《聯邦黨人論叢》（Federalist Papers，又譯《聯邦黨人文集》）第78章這樣說：「the judiciary is beyond comparison the weakest of the three departments of power; that it can never attack with success either of the other two; and that all possible care is requisite to enable it to defend itself against their attacks...from the natural feebleness of the judiciary, it is in continual jeopardy of being overpowered, awed, or influenced by its co-ordinate branches.」

這段說話，美國政治理論界和法律界到今天都奉為金科玉律。現屆總統特朗普儘管狂妄，甚麼人都敢欺負，就是不敢對著法官造次（試過一兩次，但很快就學乖了），因為以力大無比的行政權欺壓無力自衛的司法權，是很大的政治罪行，他犯不著。這樣，司法權這個弱者反而有一點強勢，但那不是來自其本身，而是由於人民知道，要是不無時無刻都警惕地守護著它的話，它就會被行政權或立法權擊倒，而最終受害的是自己。

這個要時刻維護司法權的悟性，這個對行政權和立法權的戒懼，在今天的民主國家裡，不只在法律界，在一般人的認知裡，都已經是常識。那麼，在我們眼下的香港，當司法權不斷受到來自高於其上的專制國家行政和立法權的干擾的時候，本地法律人為甚麼好像沒有同樣的悟性和戒懼，對受盡風吹雨打的司法獨立依然顯得信心滿滿？

懷疑不削弱法治反能保護

面對最需要法治維護的那些人對法治的完好產生疑惑，為甚麼我們香港的法律人好像都無動於衷，卻本能地認為那些疑惑是錯誤的、有害的；為甚麼他們不是用詳盡的道理試圖說服大家不必疑慮，而是簡單地否定那疑惑，甚至提出指摘？為甚麼這些法治的守護者的戒懼，不是由於國家行政和立法權的欺凌，而是由於人民道出了對法治受損的憂慮？

在專制帝國陰影底下而竟然能夠撐到今天的香港法治，無疑有相當的生命力，其中當然包含了無數剛直不阿、對法治有承擔的法律人的心血和貢獻。但是，在暮色蒼茫危機四伏的法律環境之下，面對本地法治運作的一舉一動，任何人也不能自滿，不僅要用如鷂鷹般銳利的眼神專注，還應懷一種如醫者般的仁疑去思考觀察到的現象。這種懷疑態度，見諸言論，不僅不會削弱法治，反而能夠在越發惡劣的條件底下對法治的正常運作產生保護作用。

民眾觀察了這兩年以至最近的若干法院裁判，產生了哪些疑慮呢？

概括了很多比較零碎的疑慮，民眾心中都有此基本一問：香港是否已然產生了政治犯？對此，大律師公會主席譚允芝以否字作答。但是，她把政治犯的定義收縮得非常狹窄。她說：「政治犯是指一些人因與當權者意見不同，而被當權者以不相干的原因，由無罪屈成有罪。」這顯然有問題。筆者試舉一例作說明。

大家知道，同一控罪，證據確鑿而罪名成立之後，量刑一定程度上包含法官的主觀，有些法官會判得輕一些，有些則會判得重一些，這在沒有行政干預的公正審判底下也是會發生的，都沒有問題，入罪者無論獲輕判還是重判，都不是政治犯。但假設罪犯獲輕判之後，行政權的確因政治原因覺得不滿意，刻意找一位素來傾向重判的法官重審，沒有對這位法官給甚麼壓力，卻成功把犯人重判。常理認為，這個犯人變成了政治犯；但是，按譚允芝的定義卻不是。

可見，便是在法律人完全遵守專業操作規則、有關的法律條文本身並未受到諸如釋法蹂躪的情況底下，政治犯的出現依然有可能。問題在於，是否政治犯，在上述例子裡，不在乎罪名與被告的行為是否相關，而在於檢控者有沒有法律以外的政治動機。

政治犯條件太高不合常理

其實，按譚允芝的定義，中國根本沒有政治犯。打個譬喻，按中國「法律」，「妄議中央」是不容許的，嚴重的可進秦城；若某君的確曾經私底下妄議中央六四問題處理手法而遭揭發，被人民法庭判有罪入獄。按譚允芝的定義，這個人也不是政治犯。顯然，譚大狀把「是政治犯」的條件訂得太高了，不符合國情港情，也不符合常理，因此無助減少民眾疑慮，反而有助特府高層振振有詞批評民眾的疑慮「毫無道理」，直到林鄭那種含血噴人的地步。

宗教信仰不容信眾質疑教條，極權國家也不許人民表達對領導人的不信任。但法治不是宗教，香港的法庭現在也還不至於是極權者的天下，那為甚麼民眾一向敬重的法律人卻容不下他們在如此不堪的人大釋法餘波底下對有合理疑點的審判結果提出疑問呢？

除了有否政治犯的大惑之外，不少人對上訴庭法官撰寫的判詞也有不少意見，其中最令人費解的，大概不是個別「特色」修辭，而是對「暴力」的理解是否過分寬鬆。衝入公民廣場會引起推撞，說的沒錯，但衝者目的卻不是要令護衛員受傷；原訟庭認為過程中導致的暴力並非嚴重。但是，上訴庭卻認為，帶頭衝的人見追隨者眾，明知若發生推撞會有人受傷卻依然喊衝，事件就很嚴重，帶頭者因此要加倍受罰。這在普通法裡是牽強說法。

如果百多名衝入者和少數幾個護衛員人數明顯懸殊，而護衛員的指揮官依然下令護衛員以身阻擋，導致護衛員受傷，那要負主要責任的是沒有行使「必要的謹慎」（due care）的指揮官（或者也包括護衛員自己）而不是犯非法進入的衝者。後者目的只是求取象徵式勝利，並非要侵犯人或破壞物。這是普通法裡很普通的論述，為何在審判或判詞中不佔比重？

這令筆者想起一段往事。一九七〇年暑假，筆者在波士頓一所小型文物博物館裡當守夜。館長事先對筆者說，夜巡的時候若遇盜賊非法進入行劫，千萬不要試圖阻止而必須馬上避到安全地點報警。這就是館長要求的 due care。文明社會不要求普通人當烈士。（即便是在戰爭裡，指揮官眼見實力懸殊硬拚必死的話，正確做法是下令投降交出武器。）

至於律政司認為黃之鋒等人以「重奪公民廣場」為口號，其中「奪」字是蓄意使用暴力的證據，那就真是強詞「奪」理，暴力得很。如此寬鬆地理解暴力而產生先例，以後有人「橫刀奪愛」被告上法庭的話，恐怕要判終身監禁。那是控方欲加之罪何患無辭，可憐辯方大狀李志喜在庭上有辭而莫辯！

法律人無法接受法治崩壞

像這樣的疑點其實不少，政府不解釋，是意料中事，但法治精英視而不見，就很難讓人理解。

民眾疑竇不解，發言為聲，法律人卻要求民眾住口，那恐怕不是保護法治的最好方法吧？

面對法治崩壞（或僅僅是法治崩壞的可能性），民眾的感覺比法律人更敏銳。為何如此，筆者有一解釋：法律人無法接受法治崩壞的可悲、可怕事實，因此採取鴕鳥政策。對畢生為法治理想服務的法律人而言，承認法治崩壞的話，一個十分困難而且痛苦的選擇就馬上擺在眼前：要麼繼續維護這個逐漸變質的法治局面——等同替蠻橫的行政權服務，要麼與體制對抗而批判之，成為體制敵人。台灣美麗島事件裡，一批人權律師出現了，為被控罪的「黨外人士」打官司，與獨裁政權對抗，有些律師因此被當權者監禁，自己也成為政治犯，失去自由。法律人走這條路也許太沉重，有些人可能因此不自覺地變成鴕鳥。

法治崩壞，民眾有感，也有不少實例說明崩壞的可能性。早前有保皇資深大狀無視普通法物權法對地下空間使用權的保障，戾橫折曲硬銷一地兩檢，令人對法律人產生疑問；同樣的人格，早已見諸不止一位律政司身上。前車作鑒一葉知秋，難道政權不可以同樣地把一些法官也變成俘虜而把法治置於險境？

筆者一向反對輕率的「法治已死」指摘，但看了最近律政司和法庭的表現，覺得情況有變。「政治已然沖垮法治」的說法今天是否成立，容或還有爭議，但對香港法治前途的顧慮，已經不是天方夜譚。

修補無效不如就讓她撕裂

2017／09／13

當權派由特首帶頭，在教大「恭喜」事[1]上借兩名未知身分大字報人的行為開罵，矛頭直指學生。大學高管第一時間痛心疾首自我批判沒把年輕人思想工作做好。且不考慮各種苦肉計陰謀論，一句頂多是年輕人為發洩政治情緒借意於天譴而作出的文字惡搞，給提高到觸犯道德天條、違反刑事罪行般的層次，完全不成比例。

如果事情發生在港英年代，惡搞對象是某英籍高級AO，則新聞官一句英式幽默便打發過去，根本引不起社會人士興趣，遑論勞駕《泰晤士報》（The Times）連番發社評撻伐；大家都有重要得多的事去忙，小事化無，社會自得和諧。但事情發生在今天就大不同；龐大有形的外來壓力彷彿把本來的政治侏儒一個個都變成了吹氣道德巨人。

1 教大「恭喜」事：香港教育局副局長蔡若蓮（立場親中）的兒子墮樓身亡，教育大學學生會管轄的教大民主牆，出現「恭喜」蔡若蓮喪子的標語。

中土介入　撕裂邊陲

碰巧此事發生在大學開學周，各校園滿布以「香港獨立」為主題的海報和橫額，引來統派小團體衝擊及大陸籍學生撕海報的不文之舉，各大學校方也陸續以「言論自由有限度」為由加入「撕裂行動」。二事交錯，如火上加油，港人渴望多時的「修補」工程，至此已無從談起。

其實，兩事後面，都是北京在煽風點火。《環時》、《人日》等幾份黨報評論的口吻，如同打仗指揮官押陣督戰作總動員。這不僅「符合國情」，還印證了一個歷史規律：造成香港內部撕裂，北方專制政權往往是第一元凶。要明白這點，可由反向事例入手。

一向令愛國派耿耿於懷的是，港英治下的一個半世紀裡，香港都不曾自發地出現過哪怕是稍具規模的反英抗殖運動；民間甚至不曾產生過明顯的親英派和反英派對立。的確，無論是英國商艦最初靠泊香港還是大清帝國把香港割讓予英國，在這兩個「關鍵時刻」，香港人都沒有顯著的抗英意識和行動。當時的香港人，似乎已經是奴性十足的順民；不過，實際情況沒那麼簡單。筆者試以下列一組問題作為探討的切入點，並提供「盒外思維」。

民國史觀迴避了的一個尖銳問題是：為甚麼村民背景的孫中山，他組織的武裝力量，矛頭竟是對裡不對外，反清不抗英？為甚麼早期的孫更和英人打得火熱，出了事還有英國朋友和英國政府營救？孫在當時的滿漢統治階級眼中，是否一個不折不扣裡通外國的洋奴買辦，和今天京港統治階級眼中的大部分香港人差不多？

歷史提供不少解釋線索。

嶺南一帶的原居民、百越族的後代，在雍正以降的百多年裡，一直頑強抵抗清皇朝推行的改土歸流政策（抗拒「一國」、捍衛「兩制」），這點有堅實史料為據，筆者在本欄文章裡介紹過。這種民間的反滿漢、反霸權、視北方政權為外來威脅的意識，在中土政權管治力量穩固、北方殖民歷史深厚的嶺南城市裡比較強，在鄉村郊野比較弱，乃是自然的事；後者除了廣西貴州等偏遠內陸，還一定程度包括當時的中山和香港等沿海地區。便是嶺南的早期真漢人後裔當中，也一直有某種抗拒北人的意識，到今天亦然。

「港英昇平」

因此，當英國人最初來犯的時候，所發生的一系列戰爭包括穿鼻之戰、官涌之戰乃至第一次鴉片戰爭前期英國海軍對珠江口海域的封鎖，在當時香港原居民眼中，不過是新老殖民者之間的攻防戰，所以他們的態度是坐山觀虎鬥，甚或因為與清政府的悠久積怨，視敵人（滿漢統治階級）的敵人（英殖民勢力）為「次朋友」，以致產生了「裙帶路」的傳說。（在中共史觀和民國史觀底下，政治不正確的「裙帶路」傳說都已經被更正。）

的確，如果面對兩個外來政權，新的一個帶來比較良好的管治，原居民就算一開始有保留甚或反對，但跟著卻會受落。這無疑是早期港英殖民政權很快取得穩固認受性的一個重要歷史脈絡。

一九四九年之後的中土政權倒行逆施，再度加強了港英政權認受性，機制是一樣的。

這樣看，二戰末期香港歷史裡說的「漢英昇平」，或可重新理解而稍作改寫：確有其事而且可以追溯到更早——那就是香港歸英管治當初，作為邊民的香港原居民發現與洋人縱不平等卻可共同生活、而且大致上還活得比在大清殖民管治之下好，即有所謂的「港英昇平」。

這是關於早期香港平民社會性質的論述。與之相比，源於鴉片戰爭結果的「百年屈辱」，不過是滿漢殖民帝國敗於英帝國之後的統治階級心態概括和延伸。其實，「昇平」與「屈辱」，是一對平行時空，一在香港，一在中土，並不全然互相排斥；港陸自一九四九年起彼此越行越遠之後，二者更是乾淨俐落地並存。

二十世紀的各次中土干擾

踏入二十世紀，香港很快經歷了兩次大震盪，那就是一九二二年的海員大罷工及一九二五年的省港大罷工。這兩次事件，都有國民黨和共產黨的影子。前者是因為當時的孫中山實力不足，已開始勾結蘇聯，對香港海員罷工按階級鬥爭意識形態作出聲援，而一部分海員工會領導更是屬於國民黨中的左派。

上世紀二〇年代是國際共運的黃金時代，香港本身出現嚴重勞資糾紛不足為奇，後因國共兩黨的影響而加劇，大有可能。不過，當時國共兩黨都還有一定的人民性，故其對香港工運有影響，亦無可厚非。（與天星小輪加價有關的六六暴動規模則小得多，而且完全是香港內部經濟矛盾導致的，國共兩黨沒有明顯干預。）

國共兩黨淪為專制政黨，繼續嚴重干預香港事務、影響香港社會安寧，是二次大戰戰後的事。九七之前，主要有兩起，就是國民黨勢力主使的一九五六年雙十暴動，以及共產黨員發動的六七暴動。雙十暴動簡單地說是國共兩黨爭奪中土政權定出勝負之後的餘波；過程當中，右派暴徒勾結黑道作亂，對社會的傷害、導致死傷的人數，都不亞於後來在文革期間由共產黨員從大陸輸入的六七暴動。

五〇年代的國民黨已退化成專制政黨，雖不如共產黨那般質劣，而且也因為管治範圍大大縮小，結果遠沒有共產黨在大陸那麼惡貫滿盈駭人聽聞，但作為一種外來影響力，在香港社會挑起動亂，也完全不值得稱道，打著的「自由中國」名義，也泰半是虛構的。

回歸是「必然」之下的錯誤

然而，外來專制力量干預香港，損害最大、撕裂最深而後果最嚴重的，當是九七年之後來自中國共產黨的一次；這次沒完沒了，至今看不到盡頭，香港社會正在遭受逐步的、全方位的破壞（有人認為法治是例外，它金剛不壞、完好無缺，只要民眾一如以往絕對服從和接受所有的法庭判決，它就會是永恆的）。六七到九七之間的香港黃金三十年，就是那樣被外來的中共邪惡勢力前後包抄了。

這樣看，一個結論是香港九七回歸是錯誤的，路子走錯了。

在黑暗世紀裡，惡霸可以強佔良家婦女，自有會耍刀槍的流氓惡勢力撐腰；在那種條件之下，歷史「雄辯地」保證了惡霸的必然利益，一切以為可以改變現狀的想法都是白費心機。但是，我們還是可以做出是正還是邪的判斷，指出那強佔是不義的、錯誤的。同樣，「九七回歸」可說是歷史命定，無論是當時還是現在，反對都無效，但我們同樣可以說，那次「回歸」，是錯誤的、不義的。所謂「回歸」，實質是一種強佔，因此不義，體現了香港人史上的第三度被殖民。

走投無路、叫天不應，這一代年輕人於是發蠻地喊出「香港要獨立！」這撕裂的呼喊完全不可理喻，粗糙、無禮、忤逆、狂妄，兼且夾雜著不少真正的「存人性」、「法西斯」，甚或佗衰家、累街坊[2]，兩頭不討好，左右不逢源，根本是癡心妄想，據說還是犯法的。然而，當其他香港人也逐漸發覺走投無路叫天不應的時候，他們還能夠喊得出的是甚麼？

2 佗衰家、累街坊：拖累別人之意。

04

中國側面

黨國不分是中華傳統
忠君愛國即愛國愛黨

2017／09／20

十大學校長聯署聲明發表後，社會分裂更深更廣，因為聲明觸及今天的港陸對立焦點——言論自由。自由當然有前提，問題是統治階級開出的限制通常較嚴苛，現存體制的反對者卻要求寬鬆。可憐諸大學校長儘管學貫中西，卻一輩子未曾真正面對過這個忽然變得空前尖銳的矛盾，乃有進退失據的場面，有的還以今天的我打倒昨天的我。

其實，這些學者若在世界上絕大多數其他文明地方當學術領導，都會不過不失，但在香港卻被迫在一些敏感問題上表態支持統治階級，殊為不幸。覆巢之下無完卵；釋法DQ之後，言論自由的基地何可不遭蹂躪、大學校長哪能避開狼吻？這些從來十指不沾陽春水的政治乙女，大家不應該以打不死的獨自派領袖人物的標準來評核。當然，他們頭上一向頂著的那一抹德望光彩，也就從此失去。

共產黨污手觸碰過的事物，無有不變糞土，但在它的支持者看來，卻都是值得敲鑼打鼓歡慶的盛世事。如此醜惡常態，恐怕是國人自身文化基因裡的問題，不能都怪馬列史。

一九五八年，新儒家代表人物唐、牟、徐、張[1]聯合發表長文〈為中國文化敬告世界人士宣言：我們對中國學術研究及中國文化與世界文化前途之共同認識〉。四位學者對中國文化的看法幾乎完全正面，不足之處在於民主自由的觀念薄弱，有種子卻未發芽，需由西方輸入作補充。對於中共的思想來源，他們則認為「根本不是中國的」。筆者認為這是過分武斷和樂觀了。

中共的信仰體系其實包含大量傳統文化的東西，非常中國。舉例說，民主派常常指控中共「黨國不分」。他們認為共產黨的確壞透了，但無損中國特別是中國文化的偉大；黨國有別而且可分，反共乃必須，但卻不能因此不愛國（這是「大中華」民主派無法接受港獨的重要原因）。但是，如果我們把「黨」理解為一個以某種包羅的政治和道德規範組織起來的壟斷性精英利益共同體（如今天的中共），那麼，在傳統中華文化裡，皇帝家族一姓及其委任的官僚體系就是一個黨（可稱作帝黨），這樣的黨和國家不僅不可分，甚至更是黨國一體、黨即是國——「普天之下，莫非王土，率土之濱，莫非王臣」，這句話，便是在諸如《詩經》、《左傳》、《孟子》等古籍裡，儘管用作目的或不同，意思卻一樣。

1 唐、牟、徐、張：四人分別為唐君毅、牟宗三、徐復觀、張君勱。

與這個政治秩序共生的意識形態，就是後儒所說的「忠君愛國」；這與今天中國由「姓黨」的一家專政底下對人民提出的「愛國愛黨」說法雷同（兩個說法下的黨、國次序倒轉了，但以黨為依歸的意念則一）。有人會說，孔子和孟子等先儒對君臣關係作了民本解釋，否定了絕對意義上的「忠君愛國」思想，因此中華文化的優良傳統是與中共那套不相干的。但是，如果拿孔孟的言論原文細讀，並不能清楚得出這樣的結論。孔孟論述君臣關係時，的確提出過含進步意義的說法，但用現代語詞形容的話，是打了擦邊球，迴避了矛盾，「忠君愛國」的思想並沒有因此動搖。

《論語．八佾》記載孔子與魯定公的一段對話。定公問：君王任用臣下，臣下事奉君王，彼此應遵循甚麼原則？孔子答道：「君使臣以禮，臣事君以忠。」這裡談的是在正常狀態底下的君臣關係博弈平衡——「禮」、「忠」就是一對平衡策略。孔子沒說明的是，如果皇帝（中共）不「禮」，臣下（港人）還要不要「忠」。

到了孟子那裡，矛盾就比較尖銳。《孟子．梁惠王下》記載了齊宣王和孟子就歷史上湯放桀、武王伐紂兩件事的一段對答。齊宣王問得很刁鑽：那樣臣弒君，可以的嗎？孟子答說：損仁的人叫賊，損義的人叫殘，殘與賊都是大壞蛋，殺大壞蛋不算弒君（「聞誅一夫紂矣，未聞弒君也。」）孟子的迴避很技巧、很得體——湯伐桀、武王伐紂的事都做對了，但桀、紂不夠格稱人君，殺了他們，也沒違反「忠君愛國」大原則。

面對一個王，孟子很明顯不能不這樣說。但這是非常危險的邏輯；文革期間，黨認為「反革命」不是人，殺了也不算不人道。或者，今天，黨認為港獨是狗，關起來打也不算違反人權。

國家——不可愛但可憂

我們說，中華文化博大精深，裡面有很多東西可以作十分正面的解讀，例如孔孟的人本思想；那是沒錯的。然而，嚴格而言，理論上孔孟都沒有乾淨俐落地突破當時的最高政治道德規範——忠君愛國。原因很可能是太危險了，就像今天鼓吹香港獨立一樣。於是，忠君愛國一直作為後儒的政治規範和核心價值而存在，演化為今天中共提倡的「愛國愛黨」。上述四位新儒家認為中共思想不來自中華文化，但事實上中華文化並不如想像中那麼純潔。

中共固然破壞了不少中華文化的優良部分；但在中華政治領域裡，黨國不分才是一貫的，中共實際上繼承了、代表了中華文化政治傳統裡的這個核心部分。

相反，黨國二分、黨不同國的說法，的確是舶來品，是西方近現代出現了民主體制、政黨政治之後，傳過來中國，由梁啟超等人介紹給國人的。中共罵民主派、異見人士反對一黨專政乃照搬西方，大家聽了也許非常反感，卻大體上符合事實。便是新儒家也承認，中華文化本身開不出民主制度，一定要倚賴西方文化這方面的輸入。

明白了這點，大中華民主派的思維裡便可能出現信仰危機：中華政治傳統與民主價值既然沒有多少共同點，那麼這個國家有多可愛？如果在民主派的價值體系裡，政治民主是最重要的東西，則中國（指傳統中國，不指今天的中國）並不特別可愛。事實上，中國政治人愛國，從來都不是因為她可愛，反而是覺得國家可恨、可憂的多；憂國是中華人的國家感情特徵。然而，一旦絕望了，憂就成為多餘，剩下的就是恨，而且恨還會變質，從恨鐵不成鋼的恨，變成憎恨的恨。涼薄之意興而「恭喜」之語出。（說到底，後者不過是北方語「活該」或粵語「抵死」的訕笑版，並不特別冇人性。）

中國的政治從來都不很可愛，那麼，土地如何？人民如何？文化的非政治方面如藝術又如何？無疑，比起政治，中國的這些方面有較多可愛處，但也並非全然。

如果考慮到中國近五百年來大部分時間都是擴張掠奪成性的陸地帝國主義國家，行徑和西方海洋帝國主義其實沒太大分別，有的主要是「時差」——中華帝國主義的全盛期比西方出現的早了一百多年，那麼，中國的很多土地就不那麼可愛，因為是古今皇朝政權從周邊界外搶佔得來的；新疆、西藏、內蒙、台灣都如是。東北則本來是滿洲人的，滿族入侵中國建立大清帝國，亡了之後給中國反吃過來的，那也不是甚麼特別光彩的事。

比西方的更可惡

事實上，中華帝國主義有比西方帝國主義更可惡的一點。二次大戰的西方勝利國也起碼讓很多以前的殖民地獨立了，但中華帝國至今沒有那樣做，一直大剌剌佔據那些搶佔回來的土地，以「同胞」名義欺壓當地人民。中土人若說愛西藏的土地，藏人聽了會非常反感。那種愛，道德上其實很低劣，因為愛的是偷搶回來的贓物。這些「不方便事實」，都給中共史觀和民國史觀巧妙地掩蓋了、篡改掉。

中國的人民也很可愛，尤其是非常窮苦的時候。中國的詩詞歌賦曲書畫的成就極高。中國的豆腐也是很好吃的東西，世界第一（瞿秋白語）。對一些港人來說，這已足夠讓他們愛北方的國、反香港的獨。但對另外很多特別是受二〇四七問題困擾的本地人而言，認識清楚了中華文化的專制主義和帝國主義歷史脈絡之後，其餘縱還有正面的價值觀念、生活方式和藝術元素不必也不容否定，也不足以壓下分離主義的心魔了。

台港兩獨共振增 國民黨途窮附共

2020/01/16

政治互動無邊界，此於台港之間一覽無遺，有不經意的，也有刻意的。二〇一四年四月台灣太陽花學運成員佔領立法院，成功打掉兩岸服貿協議國共合作版，成為香港社運的一個榜樣。二〇一九年香港的七一佔立，打響反送中勇武第一炮，掀起一個史無前例和勇結合的反惡法、爭自由運動，終於迫使京港統治軸心停止該項以法打壓、一國吃兩制的政治陽謀。那是台港之間一種大體上不經意卻彼此觀摩、啟發和砥礪的互動產生了成果。

此外，港台之間還有比較刻意的互助。眾多香港抗爭者到台灣為上周六的大選響警號、當人辦[1]，提醒當地人一國兩制是騙局；那雖然不是民進黨致勝關鍵，卻肯定有助小英拉開與國民黨親中參選者韓國瑜的民望差距。另一方面，小英政府幾年來一直提供香港抗暴義士出亡之後的一個容身所，一如清末日本之於興中會同盟會。

由於衝擊立會乃至被迫出亡的港人很多是獨自派青年，而台灣執政的民進黨終極主張是台獨，因此上述互動互助大體上可稱為「兩獨共振」；那當然是北京最不願意見到、卻很難阻止的事。小英選勝後，這種共振無疑會加強。

英德配勝出與台獨指數

蔡英文是個「低調獨」，公開只談自由、民主和社會民生政策改革，而在統獨問題上不超越隱晦曖昧但目前還是比較安全的「華獨」（主張「台灣已經是主權獨立國家，名字叫中華民國」）；她二〇一六年競選拍檔陳建仁是一位無黨派學者，形象比較中間。當政四年而獨味如此溫吞，導致一大片獨派（主張以「台灣共和國」名義建國）的民眾覺得不耐煩。這次小英挑選賴清德這位魅力派「高調獨」作副總統候選人，不但重振黨內聲望，還把總統選舉提升到一個自二〇〇八年馬英九上台之後最明顯的統獨博弈層次。賴多次聲明自己是台獨人，只在帶官職又被媒體問到統獨立場的時候才嗑一下華獨。因此，這次支持英德配的817萬選民，可視作進一步認可了台獨。

這對香港抗爭運動裡的獨自派而言，既是一種精神上的鼓舞，具體方面也有收益，因為台灣作為他們需要時的國際上少數可避難之處，已變得更為鞏固。設想假如今年大選越發親中的國民黨贏了，之後中國一開口，台灣不僅會馬上停止接受香港獨自派的人避難，已經前往的那一批甚至有可能被

1　人辦：活生生的壞例子、樣板之意。

國民黨政府當作向中國邀功求賞的物件，在一輪類似林鄭搞的修法之後直接由台灣送中。如今這危機至少可延後四年，勢必提振香港獨自派軍心。

這次選舉結果的影響深遠，不止四年。過去的四年，因為民進黨全面執政（總統加立法院過半），大力推動轉型正義，包括對國民黨自一九四九年以來取得的不當黨產進行清算；國民黨財力大為削弱，不得不靠中國輸血。最近，反水中國特工王立強在澳洲爆料，指中國二〇一八年給韓國瑜競選高雄市長的活動經費達280萬美元，或可見一斑。但是，國民黨這條財路，亦因立法院通過反滲透法而遭截斷。腹背受敵，又沒有了威權時代的種種特權，它更難翻身。

國民黨有過輝煌歷史。其前身同盟會和興中會，是亞洲最早出現的含民主因素的社運組織，其建立的中華民國，是亞洲第一個按民主原則組成的共和政體。上世紀二〇到八〇年代末那段時間，它更是世界上最堅決的反共政黨之一，老蔣小蔣與中共不共戴天。二〇〇〇年之後，台商大舉投資中國，得到各種特殊優惠。國民黨威權統治下養肥的一眾台灣官商資本家例如連戰家屬，就是在那一轉變中最受惠的群體；這批人吃罷台灣吃大陸，很快令國民黨從反共變附共。但大家注意到，那是發生在台灣民主化之後，所以除了這個政黨的領導層出問題之外，還有更重要的選民因素。

「外省人」拒絕本土化

上一代香港人耳熟能詳的一句話「香港是文化沙漠」，乃四九年南來的中原文化人所發明；若把本土民俗文化不當文化，那句話也許泰半真確。那些文化人，尤其是上層、年紀比較大的，很多最後都沒融入香港社會，到死還是只會說北方話。同樣情況在四九年之後的台灣更甚，因為老蔣除了把「外省人」帶過去，還把整個威權統治機器也一併移植。那些外省人以江浙人居多，他們當中的精英，不止文化優秀，還最懂做生意，再加上威權統治賦予的優勢，令他們鄙視閩南人、客家人和原住民，表現出惡性文化優越感，根本無意歸化本土。因此，縱有晚年蔣經國的努力，國民黨黨內精英陽奉陰違的居多，令它當時無法變成真正的台灣政黨。民主化之後，產生兩個問題。

首先，由於民進黨主打本土路線，而且主張台獨，故那些抗拒本土、認同中土文化的一般民眾（「龍的傳人」不一定親共），只能選擇國民黨作他們的政治代表。民主化之前，是國民黨黨內精英拖本土化後腿；民主化之後，則是國民黨的一般支持者成為其本土化最大阻力。因此，黨內少數要本土化的精英，不會得到足夠的支持，只能「卷而懷之」作罷，或者因堅持而遭驅逐出黨。

與民主化幾乎同步，中國透過大小三通大舉對台統戰，不限於商界；所有國民黨高層信仰「血濃於水」者，都馬上被中國利用，成為輸送統戰資材的紐帶（例如那些被邀請登上天安門觀閱兵的台灣退役老將）；甚至，「血濃於水」成為國民黨內高層機會主義者接受統戰好處時自欺欺人的道德藉口。由於中共統戰主要吸引上層，因此國民黨內新老高層成為引領該黨轉向親共的急先鋒；「連爺爺」、洪秀柱，乃至兩年來風頭一時無兩的韓國瑜，皆其中表表者。

國民黨一般支持者因念念不忘中土而反本土，其精英則親共附共，構成了現時該黨兩大特色。不過，這個組合帶有不穩定性，因為認同中土文化者當中，還有一小部分是反共的（中土文化與威權主義高度相通，故大多數其認同者或容共或親共）。這小部分人日益從國民黨剝離，故國民黨的基本盤在收縮；當這個剝離過程完成，上上下下都容共親共，國民黨方能進入穩定平衡。這個平衡點距今不遠。

台灣政界及評論界不少人在大選過後認為國民黨玩完，那是不可靠的即時反應。另外一種人，大概是一些黨內欲乘機搶位者，則誇誇其談謂整個黨要「打掉重練」，那是笑話了。只要目下支撐國民黨的三大元素（認同中土文化者、親共領導、中國統戰資源）不從台灣社會消失，這個黨就會載浮載沉地繼續存在。

政黨力量對比變化

選勝包含著危機。首先，英德配的得票率是57.13%，和四年前英仁配的56.12%比，只增加1個百分點。（藍營兩組候選人總得票率，今年是42.87%，二〇一六年是43.88%。）這已是挾民進黨全面執政四年的優勢、加香港反送中、再加美中貿戰台商回流推高經濟景氣的結果。當然，可以說，維持了15%左右的差距，本身就了不起；但這15%，很大部分源於投票人對英、瑜兩人的印象反差。如果看另一組反映民眾對政黨和陣營本身的數據，情景就不一樣。

台灣這次總統選舉與立法院換屆選舉一併進行。立法院113席當中有34席是政黨不分區議席，一黨取得的不分區議席總票數可視作該黨得到的支持度。按此標尺，和二〇一六年比，民進黨大輸，得票減少56萬；國民黨反而大贏，得票增加144萬。民進黨相對國民黨的優勢，從二〇一六年的44：27下降到今年的39：38，即幾乎平手了。兩個因素使然。

民進黨流失的不分區立委票，主要是給太陽花運動之後冒出的綠色小黨拿走、這些小黨包括時代力量、一邊一國、基進黨和資格稍老的綠黨。國民黨得票大幅增加，則主要是從二〇一六年的極低位反彈、支持者歸隊的結果（二〇一六年之前那八年，馬英九幹得太差）。若以統獨觀點看，這兩個政黨的一起一跌都可說不特別重要；但如果不看政黨而看藍綠（統獨）陣營的不分區議席總票數，獨派就不能安睡了。

和二〇一六年比，綠營小增三十萬不分區立委票，藍營大增八十萬票，後者依然是歸隊、反彈二效應為主；兩營總票數差距縮小了10個百分點，雖然綠營還是以695萬比藍營的539萬領先（這兩組數字只包含得到十萬票以上的政黨的得票）。然而，不可忽視的，是柯文哲的民眾黨（去年八月成立，前稱「白營」）由零急升到158萬；顯然，他取得了不少淺藍淺綠尤其是淺綠票。二〇一四年，柯靠綠營在北市讓路過票上位，當選市長，但旋即發表「兩岸一家親」的論調，其後跟中國越發投契。國民黨不濟事，中國的對台統戰投資當會部分轉到柯文哲身上。下一次大選，可能就是柯與賴清德對決。

蔡英文狂勝，最大輸家不是韓國瑜而是習近平。此公二〇一九年元旦向小英發出統一威嚇不果，十一那天又對台硬銷一國兩制，但一國兩制在香港給反送中運動打殘，已成為強國統一工程的票房毒藥，不僅小英嗤之以鼻，連韓國瑜也不好意思接，扭擰一番之後吐出一句 Over my deadbody!（韓是念英文系出身的）

因此這幾天的北京《環球時報》氣急敗壞，評論寫得辛苦，罵又不是，不罵又不是，連最討好強國人的出兵說也難啟齒，說到底台灣不過是用文明選票給你強國打臉，你就要動武？況且武嚇去年多次用過，作用卻與期望相反。貿戰給美國 KO，副總理要跑到美國簽字求和；送中在香港焦頭爛額，須煞車兼換馬；干預台灣大選卻到頭來吃一記悶棍。領袖英明啊！

中租界和法租界

2017/08/02

特府強拋一地兩檢[1]，準備「租出」香港空間予大陸，用作高鐵清關，並同時執行大陸法律。由此引致的「割地」和「設租界」指控，已響遍輿論界。今天，離心主義不止於影響年輕人，故特府的做法，直接替中共已然不堪的形象多添一層濃厚殖民主義色彩；加上這幾天梁前特替方案大力吹噓，「外來政權」出賣港人利益的意味於是更形清晰。「租界」既成了一個熱門詞，大家不妨多了解一下其歷史背景和意義；那不僅有助觀照一地兩檢問題的性質，還可破解一些對中國近代史的迷思。避免食「史」不化，可能是港人因高鐵失去一部分土地「次主權」[2]之餘的最大得益。

1 一地兩檢：Juxtaposed Controls，指兩個國家的出入境機關，協議於其中一方的司法管轄區的指定地點內，為過境旅客辦理清關及查驗手續，並各自於管制區內實施各自的出入境法例。在香港稱為「一地兩檢」，主要施行於西九龍高鐵站。

2 次主權：二〇一〇年八月，菲律賓發生港人旅遊間被挾持事件，香港學者沈旭暉撰文〈解構香港次主權——從曾蔭權致電菲律賓總統談起〉，認為香港擁有「國家賦予其領土在個別範疇有主權能量」的次主權，時任香港特首曾蔭權致電菲國元首，不僅符合次主權的章法，而且捍衛了一國兩制的尊嚴。

國史：三次大規模領土擴張

歷史的迷思多著，筆者挑一個「不方便」的例子入題：殖民帝國在別國設租界，不由十九世紀東西洋列強專美；中華帝國同期間也曾在朝鮮設立中租界，情節惡劣，為時不短，今天經過了多年美化的仁川唐人街，就是當年中租界部分遺址。這是怎麼回事呢？

熟讀清、民、黨版近代史而未及批判便全盤吸收的話，很可能走漏一個基本事實：「自古以來」，中國就是帝國主義國家，只不過運程有大起落。兩千多年期間，中土之國有過三次侵略性擴張，規模之大，囊括人口之多，效果之持久，西方十五世紀以來的近現代帝國主義瞠乎其後。朝鮮中租界的出現，不過是這段帝國擴張史晚期的一道迴光。

中華帝國第一次武力擴張是在秦漢之世。秦向南伸展，霸佔了今浙江、福建、廣東、海南、越南、廣西、四川，即古越族及古巴蜀人的居地。漢除了成功「收復」秦末趁機脫離中土管治的南方地區，還把目光投向西北，征服了河西走廊，即今天習近平說的絲綢之路中國段在新疆以東的那半。這次擴張是遠古華夏漢族的傑作。

第二和第三次，則主要是近古的蒙、滿族汗馬功勞。蒙人奪得的今中國土地主要是廣西、雲南（其餘橫跨歐亞的蒙古帝國版圖，元亡之後明朝無力接收）。之後，滿人於白山黑水崛起，陸續併吞了包括蒙、疆、藏的大片土地，另加百浬外海上的台灣。

台灣的土著當時還處於刀耕火種、石器與金屬時代交替之際，面對高度文明的滿漢殖民侵略者毫無還手之力，比同時期遇上歐洲白種人的美洲土著更不濟事，給殺戮得所剩無幾。

這個令不少國人回望總覺無比自豪的擴張運程在十八世紀末達峰。

一七九〇年，國人拜過乾隆八十大壽，這位世界級的帝國主義者就給自己封作「十全老人」，標榜的是那贏得最得意的十場血腥掠地戰爭，把朝、蒙、疆、藏、尼、緬、越、台灣、琉球都臣服了，沒想到的是，不出一百年，這個運程要從巔峰掉到深谷的底。自視為天朝上國之民，一次又一次敗在東西洋人手上，所造成的「心理不平衡」，宇宙之間沒有更嚴重的了，而且任憑你病夫變強國，也無法醫治。類似的毛病近年據說香港人也有，但相比不過是芝麻綠豆。

和尚動得，我動不得？

實際情況並沒想像中差。中華帝國當時已經「大到不能倒」，比它更不堪的國家民族比比皆是，例如朝鮮。朝鮮好比魯迅短篇小說《阿Q正傳》裡的小尼姑，中國就是那個恨得發癢、喃喃自語「和尚動得，我動不得？」的阿Q。於是就有了朝鮮中租界這回事。

幕府時代末，日本思想界再次提出侵略擴張的理論，以征服世界為終極目標。經濟學家佐藤信淵主張同時西侵朝鮮中國、南侵東南亞。一八五三年「黑船來航」之後，武士兼改革派精神領袖吉田松陰更倡議「失諸歐美，補償於鄰國」，加強了擴張主義動機。

一八六八年日皇明治宣布維新，實際主政的大久保利通等人十分支持擴張主義，影響了當時負責處理外交事務的伊藤博文：一個以併吞朝鮮、入主中原為稱霸世界開端的「大陸政策」於是成形。第一步進行得很順利。

一八七五年九月，日本派艦隊到朝鮮海岸測繪海圖，遭朝方炮擊後反擊，趁機攻陷朝鮮江華島炮台。翌年二月，日本逼迫朝鮮簽訂《日朝修好條規》，准許「日本國航海者隨時測量朝鮮海岸，審其位置深淺」，並賦予日本在朝鮮的領事裁判權：「日本國人民在朝鮮國指定各口，如其犯罪交涉朝鮮國人民，皆歸日本官審斷。」

不過，條約第一款卻說：「朝鮮國自主之邦，保有與日本國平等之權。」這當然是謊話，卻是說給強弩之末的中華帝國聽的；朝鮮當時是中帝藩屬，日本卻想據為己有。[3]

阿Q動了小尼姑——中租界

中國的反應有點出人意表。一八八二年，中國藉口協助朝鮮鎮壓兵變，派軍入朝；十月，逼迫朝鮮簽署《中朝商民水陸貿易章程》，劈頭第一句就說：「朝鮮久列藩封，典禮所關，一切均有定製，毋庸更議……此次所訂水陸貿易章程系中國優待屬邦之意，不在各與國一體均沾之列。」這明顯是與日本較量。

怎樣優待屬邦呢？首先，朝鮮也得、「享受」中國在朝的領事裁判權：「（在朝發生的）財產、罪犯等案，如朝鮮人民為原告，中國人民為被告，則應由中國商務委員（相當於領事）追拿審斷。如中國人民為原告，朝鮮人民為被告，則應由朝鮮官員將被告罪犯交出，會同中國商務委員按律審斷。」這裡說的「按律」，指按《大清律例》。

然後，中國推出比列強更荒誕的「炮艦政策」：「中國兵船往朝鮮海濱遊歷並駛泊各處港口以資捍衛……該兵船自管駕官以下與朝鮮地方官俱屬平行。」宗主國的艦長在藩國的權位，與當地市長同（這好比遼寧艦抵港，其艦長的權位就等同林鄭），這不僅超越了日帝對朝鮮的要求，就是連英帝此前逼迫中國簽署的《南京條約》也不曾有過。

緊接著，中國利用《章程》說的「兩國商民前往彼此已開口岸貿易，如安分守法，准其租地、賃房、建屋」，仿照列強在上海設立租界的經驗，在仁川、釜山和元山這三個最重要的朝鮮港口設立租界，名之為「華商地界」，各有正式章程。[4]

華商地界章程規定，中租界內重要事務概由中國駐朝商務委員決斷，華商商董協助執行。治安方面，由朝方巡捕和中方夥同有經驗的英國巡捕聯合負責；朝捕管轄朝民，華英巡捕保護華僑及日裔以外的外僑，華英巡捕由華商英商合資聘用（日僑自有日本領事保護）。稍後中國向朝鮮施壓擴

3 詳見《日朝修好條規》，又稱《江華條約》。

4 詳見《中朝商民水陸貿易章程》，為中國清朝政府與朝鮮王朝於一八八二年在天津簽訂的不平等條約。

大仁川中租界，就沒有再聘用英國巡捕。[5]

大家可以看到，中華帝國主義的行徑，到了十九世紀後半期的中葉，在其軍事實力所能及的地方，霸道處絲毫沒有改變，比起東西洋列強的做法，甚至有過之而無不及。不少中華愛國者提起近代史，講的就只有「百年屈辱」，那也許是無知，也許是虛偽，都不值得稱道。

一八九四年，甲午戰爭爆發，中租界被日軍佔領。翌年，《馬關條約》簽訂，朝鮮終止與中國的宗藩關係，名義上獨立，至一九一〇年正式被日本吞併；中租界乃於一九一三年十一月被迫廢除，總共存在了三十一年。在中華愛國者心目中，那大概也是百年屈辱的一部分？

中共對不起上海租界

十九世紀中葉，英、法、美等國在上海各有自己的租界，後統一成為公共租界，但法國又脫離出去自成一體，體制上與公共租界有很大分別。上海公共租界是當地外國僑民的地方自治體，並不直接受外國領事甚至是英國領事的管理，但法租界則受法國駐印度支那總督正式管轄。二十世紀初，法租界要求袁世凱政府准其擴大，袁答應了，但條件是不能窩藏革命黨。可是，法租界一直都是十分開放自由的。

一九三一年一月，蔣介石控制的南京政府頒布《危害民國緊急治罪法》，第一條規定凡從事反對國民政府的革命活動者處死刑；第二條規定凡與革命運動發生連繫或以文字圖畫演說進行革命宣傳者亦處死刑或無期徒刑（這一條的嚴苛程度跟中共對付劉曉波的法律大概差不多），如此等等。可是，法租界政府既不承認也不執行這條惡法，並在國共鬥爭當中採取中立。[6]

因此，在二十世紀前半的國民黨白色恐怖底下，上海法租界成為全中國思想界最活躍、言論最開放的一小片「樂土」。陳獨秀經常出入此地，並在此為家，中共成立的地點也是在法租界；陳不只一次因為收藏禁書，被法租界巡捕逮捕，也都是罰款了事。旅法學者郭宇岡這樣介紹當時的境況：「在法租界裡，有多所法國學校，比較著名的有聖依納爵公學（今徐滙中學）、震旦大學等。當時著名的文化人戴望舒、施蟄存、劉吶鷗等都是震旦大學學生……徐悲鴻、林風眠、潘玉良、方君璧、龐薰琹等曾留學法國的藝術家，歸國後都來到了上海法租界。」

「一九三二年，劉海粟、倪貽德、王濟遠、傅雷、龐薰琹和張若谷六人發起，在上海成立了『摩社』（摩社即繆斯，希臘神話裡的文藝女神）……這一切造就了上世紀三〇年代上海的黃金時代，而法租界區毫無疑問就是上海的『左岸』，文學、藝術、音樂、戲劇、舞蹈，所有的故事都來源於此。」

魯迅晚年居上海，但不住法租界而選址公共租界。那時上海的外僑以日本人最多，數約三萬，佔了上海所有外僑幾乎一半，主要住在公共租界。魯迅是留日的，日本朋友多，大概是他選擇住在

5　大陸學者賀江楓的〈朝鮮半島的中國租界——以一八八四至一八九四年仁川華商租界為個案研究〉資料相當豐富。不過，賀認為「仁川華商租界具備租界所必備的特質，與近代中國所言之租界有共同性」，卻因朝鮮是中國藩屬而認為未可等同西方列強在華設立的租界，顯然是為了加一層「政治正確」保護色。

6　詳見薛耕莘：《上海法租界巡捕房與三十年代的上海政治》。

公共租界的一個原因。又因為他是「左聯」的領軍人物，左聯亦在公共租界落戶，因此也聚集了一大批左翼文人住在那裡。

陸人與狗不得進入

中共從起家到保命，都受過上海兩個帝國主義租界的大恩大德，照理應該感激不盡；不過，受限於馬列邪說和國家主義，在其洗腦文宣和教科書裡，租界都是萬惡的。徵諸歷史，租界縱有各種不是，但中共那種官方說法難以成立。看今天大陸政府控制思想、打壓言論自由的嚴酷，當年的租界相對是天堂。（大家記得，還不是那麼久之前，陸人與狗都是不能進入那些「華僑商店」、「友誼商店」的。）

特府搞一地兩檢，港人懼而視之為設置現代中租界而大加撻伐，怕的是逐步失去自主自由。其實，如果大陸要設置的是近代史上那種「萬惡的」列強租界，則港人有的是生活在那種租界裡百多年的經驗，不高興也絕對不會如現在那麼害怕那麼反感。那倒要問問《環球時報》一類的理論家們，這到底是香港人的奴性，還是中共的獸性使然？

大鑊了，我的國！論習近平的執政失誤

2019／03／14

中美貿易戰開打半年，中方形勢越發險惡。最初的一陣子，北京還可擺出「以牙還牙」的架勢，但也不過是關稅百分比對等，至於「被打」的出口貨量，中國比美國多了 大截，自然處下風。對美出超巨大，相安無事中國當然過癮，但一打貿戰，出超部分便成為對家的彈藥，所以特朗普才敢誇下海口，說「這場貿戰很好打」。可憐那些曾經替中方搖旗吶喊、要北京「狠狠地打」的境內外「托派」商賈和專家，發覺原來是給主子幫了個倒忙，而這個主子也真有點紙老虎的味道，所以大夥兒現在都噤聲了，「立場」不敵現實。

去年底以來的戰況是：中方因經濟走勢不妙而後勁不繼，上枱面談判的意欲很高，笑臉迎人，一改一直以來的那副「王毅相」。現在傳出來的消息顯示，美帝是盛氣凌人，除了貿額差和關稅差都要大幅削減乃至歸零之外，美方後來附加的進度確認機制，中方也難以推卻，只差最要命的結構性改革要求，包括須停止對國企的巨額補貼等，中方繼續負隅頑抗，因為那是等於要了習近平的命。

對此，大陸喉媒只能抽象概括，說談判的成果豐富云云，但對具體有哪些成果，卻絕口不提；大陸人看了，哪有不懂之理？

這裡說的中國經濟走勢不妙，並非指比較常見的周期性下行那麼簡單；而是遇到了幾股長期性、結構性的「歹勢疊加」，而黨國最高領導人習近平對此不僅僅是束手無策，而是進退失據把事情惡化。下面分別介紹這些歹勢和習氏的失誤。

中國患上「刺激疲勞」

如果只是周期性經濟下行，那麼可按凱恩斯（John Maynard Keynes）的理論，以政府有形之手搞短期刺激，經濟就會復原，搖搖欲墜的 GDP 就會變得堅挺。可是，如果是出現了嚴重結構性問題，刺激不僅會失效，還會反過來把問題惡化，如人臨終，灌多少碗雞湯、吃多少服人參、打多少枝強心針，到頭來都沒用，效果逐步歸零，甚或出現反作用。

一般而言，政府刺激經濟可通過財政手段，直接以政府消費或公家實體投資催谷 GDP，但此法生產白象很有效，卻對社會無大益，而且容易滋生貪腐。另外的辦法就是信貸刺激，政府以印鈔、降息、降準、購入民間資產等手段增加貨幣供應和流通均衡量，降低信貸成本，鼓勵以信貸為基礎的消費和實體投資。由於中國有大量公有企業在市場運作，因此信貸刺激較易實行，公企從國營銀行得到便宜的政策／定向信貸，就可替政府按其旨意辦事。

然而，自二〇〇八年胡溫搞的四萬億人仔信貸維穩之後，中國經濟就出現了信貸疲勞，之後經習李重複操作，特別是二〇一五年那次，更把問題惡化。結果，近四、五年來，新信貸對GDP的刺激作用基本上消失。孤證不立，我請讀者留意以下兩方面的研究，其一來自市場，另一是學術論文。

大摩[1]因垂涎中國市場而常對北京賣口乖，但一份二〇一六年的內部研究報告卻指出了大陸信貸疲勞這個重症。其研究結果顯示，二〇〇三到〇八年之間、胡溫四萬億人仔維穩計劃出爐以前，中國GDP年增速平均11%，當時的信貸效率是1，即政府透過政策每增加1元信貸，GDP就增加1元。可是，到了二〇一五年，這個信貸效率跌至1/5，即要GDP增加1元的話，政府得把信貸增加5元。到了二〇一六年，信貸效率跌至1/6。也就是說，近年貸出的款項，只有一小部分用在消費和實體投資方面（那是GDP的兩個主要組成部分）；其餘的，大部分花在金融房地等資產的購買上了（這只是讓資產升值，直接對GDP零貢獻，間接可刺激私人消費，不過也只是虛火）。[2]

今年二月二十八日，分別來自國際貨幣基金（IMF）、歐洲央行和浙江大學的三位研究員共同發表的一篇論文指出，中國的信貸／GDP比例，是國際清算銀行（BIS）所追蹤的44個風險較高地區當中的第二高，信貸已經超飽和。這個研究重點指出，二〇〇一到〇八年間，中國每增加1%的信貸額，便導致GDP的0.23%升幅；可是，到了二〇一〇到一五年，這個彈性系數值已經接近零。[3]也

1 大摩：摩根史坦利（Morgan Stanley），成立於美國的國際金融服務公司。

2 詳見路透社報道：〈China's growth sucks in more debt bucks for less bang〉。

就是說，以增加信貸求 GDP 增長，在中國已經不可能。

可憐凱恩斯的法寶，已被胡溫習李一夥用殘；這恐怕是現代經濟史上有記錄的第一次。按此，今年一月四日央媽又一次降準1個百分點，釋放1.5萬億人仔作信貸；上周兩會期間，李克強還未把「不搞大水漫灌」說完便推出了合共兩萬億人仔的各款刺激。但明眼人知道，那頂多是為了做點姿勢讓人有「官員在做事」的幻覺，除了讓股樓市炒家多炒轉，對今年的 GDP 不會有甚麼影響。

前車不鑑　習闖大禍

由上述兩種研究看出，胡溫於二〇〇八年十一月推出四萬億人仔浸市，其實是中國經濟體質變壞的一個分水嶺。可是，當時很多人拍手讚好，甚麼英明、果斷等形容詞都用上了。當時的情況是，以中美經貿不對稱關係為源頭的環球金融危機，以不同形式在兩國之間展現，美國處在「原爆點」，受的是外傷，中國則是內傷，表面還風光，但更難治療，十年下來，兩國的經濟氣候遂有雲泥之別。

胡錦濤當政，首先採取了「國進民退」的策略。習上台，本應撥亂反正，進行二次開放改革，但他與胡一樣，都是搞黨務出身的政工，對經濟外行卻總攬大權。李銳說他是小學程度，大陸人暗地裡稱他習包子。然而，英雄莫問出處，真正的考驗是在台上怎麼表現。無奈，習的表現越來越差勁。首先，結構性的債務問題在他手上日趨嚴重，他前車未鑑，卻為了 GDP「保7」而在二〇一五年搞了一個比胡溫四萬億還多出一萬億的11大工程定向刺激計劃，結果 GDP 卻於該年底跌破 7%，信貸／

GDP 比例則馬上急升，擠進全球三甲，刺激疲勞症終於在他任內成了結構病。但起碼還有其他兩個結構性問題，他都因為麻木不仁而錯誤反應。

二月二十八日，中國國家統計局公布，大陸實際就業人口於去年到達歷史拐點，由升轉跌，一年少了54萬，而趨勢才剛剛開始。年齡結構方面，60歲及以上人口數亦首次超越15歲及以下的人口數。至於勞動人口（15–59歲人口），已經是連續第七年減少，去年一年減少470萬；按推算，二〇三〇到五〇年期間，勞動人口將平均每年減少760萬，形成人口雪崩。

這是不算新聞中的新聞。不算新聞，因為早在二〇〇八年，大陸的一些非官方人口學者已經敲響警鐘，指出中國人口紅利已成過去，建議即時全面開放生育，卻遭胡溫主政時的計生委強力打壓。習二〇一二年上台，亦遲遲不更改政策，一直拖到二〇一六年才有點動作，卻還是拖拖拉拉，一孩政策改兩孩卻要分兩步，真是婆婆媽媽、太少太遲；跟著的兩年，出生嬰孩數字都大跌。還未到富裕社會的邊皮，中國小孩子先就成為了經濟學裡說的 inferior good。

3 詳見：Sophia Chen, Lev Ratnovski and Pi-Han Tsai (2019), *Credit and fiscal multipliers in China*。此論文把信貸／GDP 彈性系數稱作「信貸乘數（credit multiplier）」；文獻裡有把信貸乘數等同於貨幣乘數（money multiplier），與上述論文中的定義不同，論文作者已明確定義了他們的用法。事實上，中國統計部門定期公布貨幣乘數值，現時約為 5.4（貨幣基數每增加 1 元，信貸總量上升 5.4 元）；但這個數值不反映信貸與 GDP 之間的因果關係，因為如前所述，擴增出來的信貸（貨幣，money）可能大量投入資產買賣而對 GDP 毫無助益。

中美關係由他搞砸

不過，悠悠萬事，大不過中美關係。歷屆中國領導人，從毛澤東開始，無例外都把處理好中美關係列為頭等大事，也從中得到大量好處。就拿GDP來說，中國的GDP到今天的水平，幾乎都是拜美帝所賜。這說法不誇大：一九九〇到二〇〇〇年的十年之間，中國的改革紅利已逐步消失，GDP增長率拾級而下，跌幅比二〇一〇年至今更大，跌勢更急；但為甚麼二〇〇一年至二〇〇八年又忽然飆升呢？答案是中國進了WTO。是誰的傑作呢？美國總統克林頓。溫家寶的中美關係處理得特別好，他的假民主言論欺騙了當時的美國人（也欺騙了那一代香港民主派）。到了今天，WTO紅利、人口紅利都快要消失，習近平卻把中美關係搞砸了。去年的中興事件說明，中國高科技幾十年來或有進步，但遠未過關，人家一卡，你的龍頭企業就幾乎要執笠[4]；電子通訊用品如此，就不必說國防科技等方面。

現在「千人計劃」、「中國製造二〇二五」皆遭美國緊盯，留學生受限制，留美科技人員被FBI監視、起訴，孔子學院一間又一間停辦，以前親中的中國通都反水了，而且比特朗普反華還早。這些反水中國通打出的第一個訊號，是二〇一六年底已經準備好的一份對華政策改向建議，由過去一直主張中美搞友誼的亞洲學會發表，「獻給下一任美國總統」，當時那些反水中國通還不知道是特朗普上台。[5]此非一日之寒，而習班子完全在狀況之外，為甚麼？

胡溫末期，大陸不少KOL乃至官方學界投新主所好，宣稱中國已進入盛世，綜合國力已超越美國云云。習很快飄飄然，眼睛翻到頭殼頂，他領導下的中國高官不可一世，外交部的嘴臉凶得令人生畏，在南海對多國搞霸權，在釣魚台問題上跟日本對峙（近月收了火），國際滲透和科技偷竊搞得非常高調，不僅要在外國企業裡設公開的黨委，還公布了一部《情報法》，下令所有國民和機構都必須和國安部門合作，接受情報任務，違者受罰。如此肆無忌憚，在別人國家予取予攜，結果引來美國乃至整個西方的懷疑、反彈，華為被美帝封艇兼拉人[6]，與中關村[7]關係極深的美籍華人頂級科學家自殺，以至中國外部形勢全面質變，到最後因特朗普上台反枱爆大鑊，習班子才如夢初醒。站在中共的立場看，中國內外交困之際，習近平卻全線出擊，無疑犯上了歷史性的錯誤。

哪個「瓶」好些？

然而，現在海內外有不少人，批評習近平之際，開始懷念鄧小平，認為習偏離了鄧路線，否則，中美關係還是「鬥而不破」（老鄧六四屠城之後說的話），中國不會在世人面前變成一個專事偷呃拐騙搶的流氓大國（這是最近不少居美華人的慨嘆）；中國改革開放不會走回頭路，一國兩制不會走樣。總之是兩條路線兩個世界。這個想法是錯的。

4 執笠：結業、倒閉之意。
5 亞洲學會的建議見：〈U.S. Policy Toward China: Recommendations for a New Administration - Task Force on U.S.-China Policy〉。
6 封艇兼拉人：強行關閉公司並作出拘捕。
7 中關村：指中關村科技園區，位於北京市海淀區。

大家可曾記得，鄧的國際策略，他自己明白說了，是一個韜晦計，條件未成熟之前，中國人要夾著尾巴做老實人。可一旦條件成熟，嘴臉會變成甚麼樣，鄧不是傻子，當然不會說，但我們可在習的身上看到答案，更可在前一陣子中國官民吐氣揚眉到頂點的時候所表現出來的那種德性看到圖解。其實，習和鄧之間，沒有意識形態方面的矛盾，或然有的，也只會是對形勢估計不同；習認為國內外條件已經成熟，可以發作。然而，也許連這個次要分別也沒有。假使老鄧尚在生、還掌權，他很可能是一個更可怕的 old man in a hurry。而且鄧有非凡魅力，能顛倒眾生，他殺人了，世人很快淡忘，有些更為他開脫。

反而是，習主政不到七年，世界就很快明白了中國怎麼一回事。那是香港民主派跑到外國游說七十年也不可能辦到的。不過，只怕習的這類好處太顯眼，都成為政敵手裡的把柄。如果中美貿戰談判結果被一些人說成是喪權辱國，那麼習的下場恐怕十分可憐，因為按黨史國情而言，一輸權鬥之後，取代他的有可能是周永康或者薄熙來。

2018／07／12

中美三衰六旺　貿戰鹿死誰手

（上周筆者指出，要明白中美貿易戰的來龍去脈，需有「區域冷戰」的視野。從此出發，本文加載經濟分析，指出是次貿易戰若干特點，圈點中美雙方潛在優劣勢。見本書頁146。）

上周五美東時間凌晨零時一分，中美貿戰強勢開打，總值680億美元的雙邊貿易額應聲加稅25巴仙[1]。這個價值的商品，剛好等於去年香港GDP的1/5，說大不大，但特朗普附帶說明，若中方還擊，美國還有合共五、六千億美元的彈藥，約等於中方去年對美的年輸出總額，再加上中方繼續還擊，那就不是講玩的。事情牽涉廣泛，不少人的第一個追問——那樣下去，中美哪一方最先受不了、扯白旗投降——還不是最有趣的。

1 巴仙：百分比之意，音譯自percent。

大家且留意，這個貿戰不是常規貿戰，有其不可忽視的特點。

首先是，開打的時機不尋常。經濟史告訴我們，貿戰往往是個別國家經濟陷入相當嚴重衰退的時候發生的。市場興旺之際，大家開開心心賺錢，任何國家領導人若貿然挑起「殺敵一千、自損八百」的貿戰阻人發財，很容易變成過街老鼠。相反，倘若某國經濟很差，執政集團可玩經濟民族主義把戲，借題發揮歸咎別國「不公平貿易」並先出手發難。但是，發動這次貿戰的美國卻並非如此，而是選在自身經濟上行加速、失業率處於歷史低點、聯儲局剛開始加息、大幅度減稅的正面效果陸續顯現的時候主動打出第一炮！

中方不應戰本乃上策

這一著其實有預告。特朗普上台之前，美國經濟已穩入升軌，而他早就把對付中國的「經濟侵略」列為競選政綱之一。不過，他上台之後沒有馬上針對中國，而是選在外交內政都創造出有利條件之後。他的減稅立法通過了，經濟增長勢頭進一步加強；跟著，他放軟身段與北韓談判廢核，讓朝鮮問題急降溫，然後轉身就打貿戰。由此可見此人行事自有其章法，並非有勇無謀。

中國接招，以牙還牙。此舉又有甚麼涵義呢？一般認為，美國開打，中國不能不等價奉陪，那是國家尊嚴攸關，沒有妥協餘地。這個說法很流行，但與理論和大量先例不符。在典型的貿戰裡，先手國出擊了，後手國接著的算計有兩個取向。若其經濟狀況甚好，貿戰便很可能打不起，因為此時不還擊不應戰、主動坐下來討價還價是上上策；更何況，經濟理論老早證明，不管先手搞甚麼貿戰動作，這是任何情況之下的最佳策略和理性選擇，因為貿易多勝於少、少勝於無，一還擊，貿易肯定少了。

不還擊不應戰乃上策，不僅是已故自由市場經濟理論大師彌爾頓．傅利曼（Milton Friedman）的看法，便是當今國際貿易理論權威、主流偏左的保羅．克魯曼（Paul Krugman），說法也完全一樣。日本當年就是以談判應付美國的挑戰，自願減少一部分出口，另外同意大舉在美投資設廠，失去一些就業卻保住了利潤和市場份額；若非如此，日本經濟今天肯定更糟糕。事實上，美國過去幾十年，大體上也是按此理論行事的，並不很介意貿易對手國打的關稅比自己高，不過卻造成今天美國關稅偏低而其他大多數國家關稅偏高的不對稱局面，而為喜歡「講政治」的特朗普所乘。但是，如果後手國的經濟狀況不妙，其執政集團為了鞏固、保住執政地位，也同樣會打經濟民族主義牌，接招應戰。

習將經濟危機政治化

試想，假若今天中國經濟還是像〇七、〇八年那樣以十幾巴仙的神速增長，領導人大可從容淡定一意跟試圖挑釁的美國坐下來談判，最後表現出大國風度，把平均關稅調低十個八個百分點，完全不是問題，絕對優於拚死打一場可能影響全球經濟穩定的經貿熱戰、葬送一直以來賴以崛起的開放國際秩序。更何況，美國的指控（不對等關稅和盜竊西方高科技產權等等）鐵證如山繞不過去，放鬆一點、息事寧人的話，反可挽回一些面子。

因此，中方現時鐵了心應戰，無疑是習派面對內部政經形勢都不妙之時的被動反應，政治上已經不得不如此。中國 GDP 雖然還有紙面上的六、七個巴仙，但去除造假水分[2]，今明年的企業債務拖欠高潮便是應付得過去，也只能剩下兩、三個巴仙是真的；再加上勞動力長期衰退難以逆轉，中國掉進「中等收入陷阱」的或然率已高得習派不能接受。如此，習近平硬著頭皮接招打貿戰便很聰明，因為只需把危機政治化，贏了即成民族英雄，輸了也可玩悲壯，把民憤引導到美帝身上；中國人民是很吃這一套的。

儘管主動出擊咄咄逼人的是六旺美國，硬著頭皮接招的是三衰中方，但要論斷鹿死誰手，則還得有多一點經濟分析。

特朗普和他的智囊多次揚言，這場貿戰很好打，便是一對多也會贏，因為美國「早已輸了」（指他的前任闊佬懶理[3]，中門大開以致貿赤天高），如今絕地還擊，不可能更差。的確，打關稅總要有個靶，對方的進口貨就是己方的靶，如今美國每年進口五、六千億美元的中國貨；出口到中國的，還只不過千三億美元，如此，美國可打的靶比中國淨多3600億美元，怎能不贏？這當然只是給美國大眾消費用的簡化語言。

中國官方說法比較含蓄：中國除了量對策，還有質對策。這裡說的量，當然就是指美國的進口額。質指甚麼，中國喉媒講得很清楚：主要就是美國在中國的直接投資（FDI，即製造業的工廠和服務業的商戶），還有就是中國手上的大量美國國債資產。中國在美的 FDI 很少，美國人手上的中國國債幾乎是零。所以，如果中國以量對策打不過美國，還有兩個撒手鐧：一是無情打壓美國在華投資，讓這些美國投資者血本無歸，歸咎特朗普；一是大拋美債，沖高美息，窒息美國經濟。

雙方這些招數和彈藥，到底威力如何？能否使出？我們先看中方。美國在華投資，稍為像點樣的，老早已被強迫和中資合夥，而這些中資大多是所謂國有即由紅色貴族控制的，肥水不流別人田。中國政府若打壓，這些公司的中資部分也同樣受損，因而萬萬不可為。這種合夥安排，美國公司深惡痛絕，在貿易戰裡反而成為護身符。此外，美國在華投資設廠，每每九成以上的僱員都是中國人；一旦受打壓，大批中國人會失業。大家看二〇一二年中國暴民對付日資的結果便知中國這道板斧不能用。

拋售美國債不切實際

那麼，中國的第二道板斧又如何呢？大拋美債的作用可從數字看出。目前中國擁1.2萬億美元價值的美債，約佔全世界包括美國本身所擁美債總額的6%。二〇一四年時，中國的這個擁有額高達1.6萬億美元；可是，當年為了挽救急跌的人仔，兩年間賣掉三分一，其間美債孳息反而跌到歷史新低，

2 水分：吹牛成分。
3 闊佬懶理：完全不管。

因為其他地方對美債的需求強勁，接貨者大有其人。

再說，就算中國馬上全拋，聯儲局獨力接貨也不是大問題。聯儲局目前總資產4.2萬億美元，約為美國GDP的24％，大部分都是二〇〇七年金融危機時搞三次量化寬鬆買入的。這比率比起歐洲央行的39％低得多，比起日本的95％就更不用說；若聯儲局有需要一口氣把中國擁有的美債全數買入，比率也只是會升到30％左右。那當然不理想，但遠不是甚麼危機。

反過來看，中國若大賣美債，人仔必然升值，如同一四至一六年間的「匯率調控」一樣「有效」；但在貿戰炮火連天之際而人仔大幅升值，那中國就不要搞甚麼出口了。可見，「拋美債乃中國擁有的核選項」之說雖然流行，卻只能是「厲害了，我的國」那種檔次的自慰遐想。

中方的彈藥，很可能真如特朗普所說，只有那1300億美元可打關稅的美國對華出口總額。此數不過是美國那5、6000億美元的彈藥的1/4。然而，經濟理論並不排除中國可以四兩撥千斤。這點留待下周細說。

侵侵加碼、大大「震驚」，點解？

2018／07／19

自貿雙贏，廣為人知；不過，最近中美貿易戰，不少評論便說兩鬥皆輸，那就是錯誤理解經濟理論。某些條件之下，兩國貿戰不僅有輸贏，勝方還可得淨收益，負方則要貼錢埋單，顯露出零和特性。侵侵（特朗普）隻揪[1]大大（習近平），贏面高低怎分析，經貿理論派得上用場：第二回合侵侵加碼，大大「震驚」有原因。

中美貿戰第一回合未完全到肉，特朗普已二度出手，揚言九月份增徵價值2000億美元中國貨入口稅10%，同時指出還可有「另外3000億」。按美方說法，這是因應第一輪500億關稅「不見成效」而作出的加碼懲罰。那邊廂央媒報道，中國方面對美國的做法感到「震驚」。這樣措辭很奇怪。共產黨從來膽大包天不信邪，這回竟然既震且驚，而且宣之於口、示人以弱，顯然亂了章法。

1　隻揪：單挑之意。

然而，大家看四月份特朗普宣布第一波提高對華關稅以來的金融市場反應，便大抵明乎所以。

此期間，人仔對美元跌5%，上證綜合指數跌15%，而且還是靠了國家隊進場維穩的結果。香港方面，因為還未與大陸完全融合（快了！），所以港元波動相對輕微，但恆指[2]也跌10%。

反觀美國，同期間，道指平穩上升6%，標普500期指和納斯達克（NASDAQ Composite，台譯那斯達克綜合指數）100期指則分別上升7%和14%。也就是說，侵侵隻揪大大，市場中人初步看好侵侵，包括最懂國情的強國投資者。這恐怕是中南海「震驚」的最大原因。

這點如果只看兩國媒體一般報道和評論是看不出來的。北京已下令全國喉媒對貿戰冷處理，報道一律只能照搬新華，不可做貿戰專題，評論文字更要嚴守維穩紀律。表面上看，真箇風平浪靜國泰民安（特別如果沒留意十一日央視提出平民大眾面對貿戰要有「捨小家為大家」的「風骨」）。

美國那邊很不同，特朗普因為品德敗壞而且到處樹敵，不僅反對派跟他深仇大恨，連自己黨友也經常擰擰頭，所以貿戰開打以來，親民主黨乃至中間派媒體變本加厲，負面評論排山倒海，消費者和生產者受損的報道充斥頭版。例如，美國哈利電單車（Harley-Davidson Motor Company，台譯哈雷機車公司）要把部分生產轉移歐洲逃避關稅的報道幾乎成為上周的美媒最愛，但同樣原因導致歐洲國家把一些在華生產輸美產品的生產線移到美國，卻只有日本報道了。乍看，美帝必是惶惶不可終日，「震驚」的應該是華盛頓嘛！

實情當然相差很遠。筆者上周指出，中國打這場貿戰有三不利。首先西方特別是美國，近年來已經「失去童真」，漸漸看清中共邪惡，以貿戰為序曲的一場對華冷戰勢所不免；中國打輸，可能解體，周邊民族必紛紛獨立，和蘇俄的下場一樣。其次，中國經濟中期走勢險惡，債務負擔重，勞動供應萎縮，國進民退導致喪失活力。第三，中國欠缺對美打貿戰的武器和彈藥。

中粉經常談及北京的兩個「撒手鐧」，一就是對付美國在華投資，二就是大拋手上大堆美債，但這兩招看清楚其實都不管用；若有用，早用上了。因此，中方剩下的主要武器，能用的就只有報復性關稅。然而，美方同樣用這招，彈藥卻是中方的三四倍。這是因為關稅的攻擊對象就是對方賣到己方的貨，故中方嚴重出超的那3600多億就是美方的彈藥優勢、自己的劣勢。不過，打貿戰除了要有彈藥充足的優勢，還要看本身承受攻擊的能力。

越靈活越少痛苦

關稅既是一種稅，學過經濟101的人大概都記得，政府在市場裡打稅，無論直接打在供應方還是需求方身上，市場機制都會自動分配「痛苦」，而分配的比率與哪一方須直接課稅完全無關，而是由供求雙方的價格彈性決定的：哪一方的價格彈性低一些，承受的痛苦就重一些。所謂價格彈性

---

2 恆指：恆生指數（Hang Seng Index）。

高低，其實即遇到不利因素的時候能否靈活反應；越無法靈活反應的一方，越得挨打。要靈活，一靠買方能夠「逃離」個別高關稅產品，轉而消費其他低關稅或無關稅的替代品；二靠找到其他不受關稅打擊的國家的供應商。

舉例說，玩具消費者很難逃離市場，因為小孩子的玩具消費是很難取代的，需求彈性很低；所以，若特朗普對中國製的兒童玩具打25%關稅，美國消費者只得承受此稅擔的絕大部分，中方卻幾乎完全不受影響。不過，如果美國玩具零售商能很快找到非中國進口商作替代供應，那就反過來，中國要吃全虧。所以，誰家受關稅影響比較大，完全看這供需兩方面的靈活性。

我們再看中國對美大打關稅的兩個產品——大型客機和大豆。

中國從美進口波音機忽然貴了25%，它因此會考慮把原先給波音的定單轉送空巴。問題是，生產大型飛機的設備和零部件，不是話有就有那麼靈活的；如果中國為要維持收貨時間表要求「打尖」[3]，空巴便可以、也需要提價（你猜會提多少？），甚至需把來自其他國家定單的交付日期順延；但其他國家為甚麼要捱空巴的高價和延期呢？他們大可把定單改送波音。這樣一去一來，波音縱有損失也不嚴重，反而是特朗普打鋁材等關稅，對波音不利而對空巴有利，問題才比較大。

大豆的情況幾乎一樣，但更有趣。說大豆，美國是世界最大生產商，巴西第二，但就進口中國而言，巴西第一，美國稍遜排第二。第三和第四的阿根廷和巴拉圭，出口額加起來也不過是美國的十分一不到，其他國家更未入流。大豆也不是說要就有，大幅關地增產，最少也得等上一兩個生產季才見效。已發生的是，中國向巴西多要貨，巴西從庫存和內銷擠出額外一批應付，自己卻要到巴拉圭和阿根廷補充；阿根廷今年失收，先給了巴西一部分，之後卻要向美國買。兜一個大圈，美國出口並無太大損失；美農業部估計貿戰影響輕微，今年便是對華大豆出口量也只減少一兩個巴仙。

長遠一點又如何？問題更小，因為長期供應和需求彈性都比短期高，因為無論生產者和消費者都有比較充裕的時間作反應。（這又是一個經濟１０１的定理！）中美兩國經濟誰更依賴誰，其實就是這個供求彈性哪個高哪個低的問題，不是靠打口水戰解決。

中國輸美商品，多的是中低端日用品和中等技術含量的零部件，種類繁多不可勝數；中國供應商當然有其優勢，但虎視眈眈想取代中國出口的亞洲和拉美廠商多得很，一加對華關稅，美方訂單會很快從中國跑到韓、台、越、孟、印、墨等國，相當靈活。相反，中國進口美國的產品很多是非常大宗的農礦產品（如大豆），或是技術含量極高者（如客機、芯片），取代很難，缺靈活性。

還有就是，市場經濟比國進民退的經濟靈活，各種貨品的價格彈性相對較高，這是打貿戰時對中國不利處。特朗普推銷員性格愛吹牛，講話絕不可輕信，但在商言商，他說打貿戰美國一定贏，倒有道理，不然中共怎會「震驚」？

3 打尖：插隊之意。

猛加關稅自損大

有人會問，中國對美出口順差大，打貿戰的彈藥看似不夠美國多，但可否以狂增關稅率補救？回這個問題要引用一個經濟303的定理，其實也很簡單。

貿易理論明證，小國打關稅絕不明智，唯一後果是己方消費者承擔百分百的痛苦；但是，大國打關稅就不同。定理說，大國打關稅，只要稅率「不太高」，是有淨收益的。關稅對一國而言，正面看可增加政府收入，負面看會提高本國價格，對本國買家不利，但如果稅率不太高，政府收益往往可用來補貼本國買家而有餘。特朗普看來很小心，第二輪關稅平均只打10%，很可能有淨收益，對減少美國政府赤字不無小補。

中國彈藥不夠多，已經要靠提高關稅率，因此打美國貨進口的關稅，有的已提高到40%，例如小汽車；再提高，肯定受傷更大的是自己，沒有淨收益。不過，強國黨已經下令人民閉嘴講「風骨」、「捨小家為大家」；但證據和道理都顯示，這個「大家」在這場貿戰裡不僅會受損，還很可能會輸。然而，為把美帝打個稀巴爛，關稅打到天高也不是問題。能夠為所欲為一定贏，這當然就是一黨專政自以為的最美處。

瘟疫導致仇中歧視
華僑醞釀認同裂解

2020／05／14

武肺延禍世界，死得人越多，世人仇中情緒越強烈，乃無可避免，近日來自歐美的民意觀測，基本上證實了這點，儘管鋪天蓋地的北京大外宣試圖扭轉劣勢，也未見成效，反而招致不少反彈，反映更多西方國家的人民和政府官員透過瘟疫認清了中國是何物。這是疫情還未完結，一些國家因產業掏空而不得不暫時跪地餼豬乸[1]、依賴中國醫療產品救急之際的狀況；一旦瘟疫稍歇，亡羊補牢之後，這些國家表面上親中的政客也必須順應民意，或多或少站到仇中那邊。

1 跪地餼豬乸：香港俗語，完整句為「跪地餼豬乸，睇錢分上。」意思為縱使心不甘情不願，但為了賺錢，就算跪在地上餵母豬，也在所不辭。比較接近的同義成語如「人在屋簷下，不得不低頭。」

美國帶頭仇中

從親中到仇中的態度轉變，美國更甚於歐洲，那是頗有點意外，因為美國人性格傾向開放，從來都比自視為西方文明老祖宗的歐洲人更五湖四海。三月底發表的 Pew Research Center 追蹤民意調查顯示，自二〇〇五年開始收集數據至今，對中國印象負面的美國人現在佔66%，比十五年前增加了差不多20個百分點[2]。這個增加，並不主要是特朗普總統的強硬對中態度所致，而是一個十五年來輾轉向上的大趨勢，只不過武肺加強了「正能量」。同一組調查顯示，對中國印象負面的共和黨支持者佔72%，而民主黨方面也高達62%，而且數據走勢與共和黨完全吻合，都是延續美中貿戰開打以來的升幅再創新高。

三月底的美國疫情特別是死亡人數遠未如今天。到五月八日，美國輿調新秀 Morning Consult 發表的報告進一步顯示，73%的受訪者認為中國政府是疫症大流行的主要責任人；共和、民主兩黨支持者的數據分別80%和71%。[3]民主黨因為要對付特朗普，其主要人物都盡量避免公開指摘中國是麻煩製造者，而把疫情責任指控對準正副總統，指其領導抗疫表現不佳，但特朗普對付這些指控的彈藥很多，包括民主黨當初強烈反對他率先禁止中國人入境，其後又反對他禁止歐洲人入境，卻在年初關鍵時刻挑起根本沒有勝算的彈劾案，等等。待到十一月大選臨近，特朗普以這些彈藥狂轟口齒不靈的拜登（Joseph Robinette Biden Jr.），把他打成親中派，民主黨就會十分被動，因為在選民眼中，到時再拿香跟拜也真太遲。別看現時拜登在多數民調裡領先幾個百分點，四年前春夏之際希拉莉曾經領先20個百分點，卻一樣落敗。看來，特朗普要把仇中變為他手上的一張連任勝券，殆無疑問。

歐盟跟上　日本隨後

歐洲跟美國表面上不一樣，素來跟中國客客氣氣，做生意比政治原則更重要，但骨子裡對中國的態度變化幅度和美國其實差不遠。少數經濟素來不景的國家如匈牙利、意大利、塞爾維亞、希臘和葡萄牙，都因抗疫需要打親中牌，一方面想從中國多拿好處，另一方面以此要挾核心國家開水喉解救目前燃眉之急及後武肺的嚴重經濟問題；中國方面，則樂得有機會利用這些國家的弱點去挖歐盟牆腳。德、法等歐盟核心國家加上英國看在眼裡，對中國的反感當然就比較強硬。

去年三月，歐盟在核心國家主導下，對中國的政治定位正式從二〇一三年以來的「戰略夥伴」改封為「體制對手」（Systemic Rival），並提出要重新考慮與中國的經貿投資關係。瘟疫發生後，歐盟主要成員國高級官員口中最常用的政策名詞就是經濟方面的「策略自主」（Strategic Autonomy），就是說不能讓安全攸關的物品供應過度依賴中國，此與美國聯邦政府部長級官員的話語如出一轍。

事出有故，不少歐盟國家官員這次非常氣憤，是因為年初中國傳出瘟疫之初，歐盟諸國（和美國一樣）馬上主動作出物資救援行動，中國當時要求這些國家對援助保密，這些國家大概是因為耶教《聖經》強調不要讓左手知道右手做了施捨，同意低調行事，給足中國面子；豈料疫情在歐洲急

---

2 詳見 Kat Devlin, Laura Silver and Christine Huang, *U.S. Views of China Increasingly Negative Amid Coronavirus Outbreak*.

3 詳見 Nicholas Laughlin, *Nearly 3 in 4 Americans Blame the Chinese Government for America's High Death Rate*.

速惡化之後，中國搞醫療外交之時，卻大張旗鼓，不只索價奇高，還加上政治條件，要求歐盟公開感謝中國。如此令人惡心的嘴臉，歐盟官員簡直看傻眼，卻因為人命關天，不得不吞聲忍氣，讓中國趾高氣揚了好一陣。官員要忍，但普通歐盟人和政客卻不必忍，所以民間的仇中言論和意識，都明顯加強了。歐盟議員、歐洲綠黨聯席主席萊因哈德．比蒂科夫（Reinhard Bütikofer）在一篇老實不客氣的文章最後如是說：「一句到底：這兩個月，中國在歐盟輸清光。」

全球化全面改構

不過，我認為大家最好不要和歐美人一般見識，對中國領導人和外交官員的態度作風看不順眼而氣上心頭腦充血。我自己非常喜歡習包子和他的戰狼外交團隊以真面目示人；誠實是好的。換作是像老狐狸周恩來那般的老奸巨猾者掌舵，世界各國恐怕還有一大段糊里糊塗地充當中國「戰略夥伴」的日子。

歐美如是，一向善於對北京打躬作揖彬彬有禮的日本又如何呢？繼月前安倍政府出資2400億日元（約175億港元）幫助在華日企撤資，上周五日本通過並開始實行新版《外匯及對外貿易法》，把日本上市公司其中超過一半的518所定義為敏感的「核心企業」，規定在外國方（特別針對中國）大手購入1%以上這些公司的股份之前，有關企業必須上報政府，以決定需否禁制。日本一向重視和中國的關係，視之為解決經濟恢復增長的主要動力之一，這次安倍政府為了國家安全而不惜犧牲經濟增長，其實也正好反映民間好幾年來的厭中情緒如何透過瘟疫改變日本的外交取向。

中國自二〇〇一年得美國克林頓大力幫助進入 WTO 而成為世界工廠，引出二戰之後的全球化進程的最高潮，其間西方的廠家往來中國如過江之鯽十五年，其後中國的製造成本上升，一些外國廠家於是開始另謀出路把資金轉移到其他更新興國家，但那不過是緩慢量變的經濟過程，對中國影響輕微，而且有離開的，也有新前往的，後者例如 Tesla（特斯拉）。不過，由武肺引起民間的仇中情緒，加上西方政界自華為事件曝光以來對國家安全問題的擔憂，所醞釀出的經濟策略自主，就不是那麼好應付，因為國際商政界終於悟出了一直以來在犯的兩個成本估計錯誤。

這兩個錯誤，一是投資中國時，衛生安全成本竟然完全疏忽掉了；一旦發生瘟疫，不僅在中國的工廠無法開工，瘟疫因往來過密而大舉傳到自己國家，死人無數兼且導致嚴重經濟蕭條，過去幾十年的低成本收益於是一鋪清，得不償失。一是投資中國的項目，哪怕只要稍微涉及己方國家安全，在中國威脅成為了共識的時候，也會被自己的政府要求撤資，損失嚴重。一旦有此覺悟，不難得出投資中國的正確成本估算，從中國撤資就不再是一個邊際考量，而是一個質變，一個分水嶺；後瘟疫的外資從中國移出，將如雪崩。

這不等於說全球化生產方式會解構，而是說會改構，不再以中國為主要中心。主流經濟理論中的國際貿易學說依然成立，只不過應用的時候要完整考慮所有風險成本。從中國撤出的最高檔、與國安最密切的生產將回歸歐美日。次一檔的 IT 和醫療高科技生產會撤到台韓新等與西方關係比較密切的國家；香港則因為變了一國一制，沒戲。再其次的如汽車及附屬產業會跑到墨西哥和泰國；後者武肺疫情控制得不錯，而且已是日本車廠供應本國和中國市場以外地方的主要生產基地。再低檔一些的就去南亞和東南亞其他國家如印度、印尼。

後瘟疫華僑認同裂解

服務業方面，如旅遊業、航空業情況比較糟糕。那些中國客最多前往的旅遊目的地如日本北海道、美國紐約，這次都成為了瘟疫重災區，見過鬼怕黑，以後很難再會那麼大興趣接待中國團。中國人自己也會因經濟蕭條而失去旅遊能力；以他們為主要客源的幾間中國航空公司恐怕要清盤。

台灣這次守得佳，乃是因為蔡英文總統連任了；換作是韓某上台，一定崩潰得不成樣子，這是連最親共的國民黨人也暗裡自知的，整個統派因此瘟疫而玩完，大小三通將大幅收斂，新南向政策會強化。這些都是結構性改變。

瘟疫發生後，海外華人成為了很無辜的一個群體，或多或少會遭遇其他族裔的歧視。這種歧視，泰半是出於人類避凶趨吉的本能，無可厚非；老實說，便是華裔自己，也會在這段時間裡刻意避免光顧特別是中國人開的或中國人多的唐餐館，那是同一道理。

避凶趨吉，其實包括避免歧視，問題是這次因瘟疫產生的歧視主要繫於膚色。台灣人和香港人，要避免這種歧視相當困難，尤其如果遇上陌生的歧視者，根本沒有辦法，因而成為無辜中的無辜。稍微可以避免歧視的，僅僅是在同事朋友等接觸比較密切的群體裡，強調自己來自台灣或香港而不是中國，或者壓根兒宣稱和中國沒半點地域、親屬及飲食文化關係——不吃蝙蝠！

不過，香港人要搞這種個人「大外宣」，恐怕先要過自己關，也就是說，首先得從自己內心肯定自己是香港人而不是或不再是中國人。後者對大多數海外香港人而言，一直以來都比較困難，因為沒有很大誘因或需要去作那否定，但瘟疫發生之後，過此心理關口做出「我非中國人」的自我認定，會容易多了。這當然也是一種人之常情。這種從內心而外宣、從個人而群體的去中國化重新認定，顯然會在後瘟疫時期把海外華人群體從最根本的層次一分為三，台與中、港與中之間，從無間到隔閡，從隔閡到有隙，從有隙到敵視，一步一步發展。

當然，在政治意義上去中國化容易，但從文化意義上否定自己是中國人，可能嗎？回答這個問題，我重提年前介紹過的一個論述。美國人源於英國而文化上獨立了；日本人受中國薰陶千百年也在文化上獨立了。前者發生在十九世紀三〇到五〇年代之間，也就是在愛默生發表《美國學人》（The American Scholar）的演說到內戰的那段時間裡。後者則發生在十三世紀晚期宋元交替到元日戰爭（即日本人說的兩次「蒙古襲來」——分別發生在一二七四、一二八一年）。這都是美國和日本史學界有所認定的質變期。量變在比較長時期裡不斷發生，真正的一刻來臨時，卻很急促。海外香港人的文化獨立也會一樣，起碼在第一次移民潮（一九八四年前後）或更早已開始量變，後來經歷了第二次移民潮（一九八九至九四年左右）以及〇三、一二、一四、一六、一九的「香港五反」運動，最後在今二〇二〇年的瘟疫中發生質變。

值得留意的是，無論是美國還是日本，文化獨立過後大體上都沒有否定英國或華夏文明，而是創造了自身的文化。我認為早期華夏文明到晚周的哲學，都大有可取處；其後歷朝的學術與藝術乃至民國時期的文化批判，都彌足珍貴。這些文化遺產，尋求身分獨立的香港人完全不必予以排斥，卻必須在此之外創新。武胏是中國帶給人類的大禍，卻同時逼出了全球香港人當中的一種新認同。

驚心集：後雨傘運動香港政治評論

作　　者 | 練乙錚
責任編輯 | 延雪平
文字校對 | 張家恒、傲霜、Kay、李新元、程家鴻
封面設計 | Steven
印　　刷 | 博客斯彩藝有限公司

一八四一
社　　長 | 沈旭暉
總 編 輯 | 孔德維
出版策劃 | 一八四一出版有限公司
網　　站 | 1841.co
地　　址 | 105 臺北市寶清街 111 巷 36 號
電子信箱 | enquiry@1841.co
Facebook | www.facebook.com/1841bookstore
Instagram | @1841.co

讀書共和國出版集團
社　　長 | 郭重興
發行人兼出版總監 | 曾大福
發　　行 | 遠足文化事業股份有限公司
網　　站 | www.bookrep.com.tw
地　　址 | 231 新北市新店區民權路 108-2 號 9 樓
電　　話 | (02)2218-1417
傳　　真 | (02)8667-1065
電子信箱 | service@bookrep.com.tw
郵撥帳號 | 19504465 遠足文化事業股份有限公司
客服專線 | 0800-221-029
法律顧問 | 華洋法律事務所 蘇文生律師

初版一刷 | 2022 年 9 月
定　　價 | 550 台幣
ISBN | 978-626-95956-5-5

國家圖書館出版品預行編目

驚心集 / 練乙錚著 . -- 初版 . -- 臺北市 : 一八四一出版有限公司出版 : 遠足文化事業股份有限公司發行 , 2022.09
　面； 公分
ISBN 978-626-95956-5-5(平裝)
1.1.CST: 國際政治 2.CST: 時事評論 3.CST: 言論集

578.07　　111014362